U0457072

主编简介

王官成　男，重庆武隆人，博士，教授，重庆工业职业技术学院党委书记，西南大学兼职教授、硕士生导师。教育部职业院校教学（教育）指导委员会文化素质类专业教学指导委员会副主任，中国伦理学会会员、重庆市伦理学会副会长，中国机械工业高职与中专教育思想政治工作研究会副理事长，重庆市高等职业技术教育研究会常务副会长、素质教育委员会主任，重庆市高校中青年骨干教师。主要从事伦理学、管理学、马克思主义理论与思想政治教育的教学和研究工作。公开出版专著8部；在《哲学研究》等核心期刊发表论文30余篇；担任国际合作项目《中日老人问题比较研究》中方主持人，主持国家、省（市）级课题研究10余项；荣获国家教学成果二等奖、重庆市教学成果一等奖、二等奖，重庆市首届教育综合改革试点成果二等奖、重庆市哲学社会科学优秀科研成果三等奖2项。

苟建明　女，重庆九龙坡区人，重庆工业职业技术学院教授，主要从事高等职业教育教学和管理研究。在《中国职业技术教育》等学术期刊发表论文20余篇；主持国家、省（市）级课题研究10余项；荣获重庆市教学成果一等奖、二等奖，重庆市首届教育综合改革试点成果二等奖、重庆市第五届优秀教育科研成果三等奖、重庆市第五届黄炎培职业教育优秀理论研究奖。

高校校园文化建设成果文库

高职院校文化育人的创新与实践

王官成　苟建明◎主编

光明日报出版社

图书在版编目（CIP）数据

高职院校文化育人的创新与实践 ／ 王官成，苟建明主编 .
－－北京：光明日报出版社，2018.4

ISBN 978－7－5194－4171－5

Ⅰ.①高…　Ⅱ.①王…②苟…　Ⅲ.①高等职业教育—校园
文化—研究—中国　Ⅳ.①G718.5

中国版本图书馆 CIP 数据核字（2018）第 081472 号

高职院校文化育人的创新与实践
GAOZHI YUANXIAO WENHUA YUREN DE CHUANGXIN YU SHIJIAN

主　　编：王官成　苟建明

责任编辑：史　宁　　　　　　　责任校对：赵鸣鸣
封面设计：中联学林　　　　　　责任印制：曹　净

出版发行：光明日报出版社

地　　址：北京市西城区永安路 106 号，100050

电　　话：010－67078251（咨询），63131930（邮购）

传　　真：010－67078227，67078255

网　　址：http：//book. gmw. cn

E － mail：shining@ gmw. cn

法律顾问：北京德恒律师事务所龚柳方律师

印　　刷：三河市华东印刷有限公司

装　　订：三河市华东印刷有限公司

本书如有破损、缺页、装订错误，请与本社联系调换

开　　本：170mm×240mm

字　　数：312 千字　　　　　　印　　张：18.5

版　　次：2018 年 6 月第 1 版　　印　　次：2018 年 6 月第 1 次印刷

书　　号：ISBN 978－7－5194－4171－5

定　　价：78.00 元

版权所有　　翻印必究

前　言

我国高职教育在取得巨大成绩的同时,在人才培养过程中仍然存在着不重视素质教育,特别是人文素养和职业精神培养的重大缺失。具体表现为:重技能教育,轻素质培养;重眼前就业,轻长远发展;重专项教育,轻系统培养。而随着我国经济社会发展和产业转型升级,企业从原来单纯注重学生的动手能力转变为更加注重综合素质,特别是学生良好的文化素养和人文精神,强调人的可持续发展能力。因此,高职教育发展方式的变化需要创新文化育人。

近年来,重庆工业职业技术学院以立德树人为根本,以社会主义核心价值体系为引领,融入人文素养、职业精神和职业技能,聚焦"爱岗敬业、锐意进取、精益求精、一丝不苟"的工匠精神,将工业文化、职业文化、大学文化、传统文化、自然文化深度融合,围绕社会主义核心价值体系教育、文化素质教育、中华优秀传统文化教育以及职业技能和工匠精神的融合教育,以课堂教学、实践教学、校园环境、社团活动、社会实践、顶岗实习等为载体,大力推进文化育人,系统构建了具有高职特色的校园文化生态系统,全面提升了高职学生综合素质。

由重庆工业职业技术学院王官成、苟建明主编的《高职院校文化育人的创新与实践》文集,以理论探索篇、实践育人篇、经验成果篇、活动案例篇、人物榜样篇等为叙述线索,收录了重庆工业职业技术学院领导干部、专家学者、师生员工等从不同角度、领域围绕高职文化育人的体系建设、载体创设以及路径探索等进行的富有新意的论述；选编了学校师生在实践育人过程中形成的代表性作品；收录了学校打造文化活动品牌的特色成果和案例；选取了学生和校友中的优秀人物，挖掘典型故事，发挥示范辐射效应感染和激励更多人。

本文集在编写过程中，参考了大量文献和研究成果，在此，谨向这些作者和研究者致以诚挚的谢意。由于编者学识浅陋，书中难免有一些不足之处，恳请专家、学者和读者批评指正。

编　者

2017 年 6 月 26 日

目　录
CONTENTS

01

理论探索篇

大学生创新创业教育与工匠精神培育*

摘　要:当代中国正在迈入"大众创业、万众创新"的崭新时代,这对高等职业院校的人才培养提出了新的更高的要求。在创新创业人才培养的过程中,工匠精神的培育十分重要。工匠精神的内涵包括思想、行为和目标三个层面,具体指爱岗敬业、无私奉献;开拓创新、持续专注;精益求精、追求极致。高校自身首先要回归和弘扬工匠精神,同时,要在创新创业课堂教学中培育学生的工匠精神,在创新创业实践活动中锻造学生的工匠精神,在创新学校环境文化建设中养成学生的工匠精神。

关键词:大学生;创新创业教育;工匠精神培育

我们正在迈入一个崭新的时代,这就是创新创业的时代。在举国上下"大众创业、万众创新"的热潮中,高职院校的大学生正在成为创新创业的生力军。与国家发展同向偕行,承担社会责任,是高职院校的时代使命。对大学生的创新创业教育已经成为学校教育的重要内容。在创新创业的教育中,技能方法的教育固然必不可少,但更重要的是培养学生的创业意识尤其是创业精神,因为这才是最根本、伴随学生终身的素质。因此,培育具有创新内涵的工匠精神就成了大学生创新创业教育的首要课题。

一、大学生创新创业呼唤工匠精神

随着知识经济的快速发展,全世界的创新创业正在如火如荼地进行。统计数

---

*　基金项目:重庆市2016年教育科学重点规划课题"互联网 + 背景下重庆市大学生创新创业促进机制研究"的阶段性研究成果。(课题编号:2016 – GX – 024,主持人:徐兴旺)
本文作者:徐兴旺,重庆工业职业技术学院副院长,教育学博士。

据显示,2015 年,英国成立了 60 万家新企业;美国的创业企业共获得 450 亿美元融资;印度的创业企业融资 56 亿美元,融资的水平与美国相当。自 2014 年 9 月在夏季(天津)达沃斯论坛上李克强总理首提"大众创业,万众创新"以来,创新创业已经成为当代中国经济发展的动力引擎。事实上,中国经济的每一次破茧成蝶,靠的都是创新。2016 年 3 月 5 日,李克强总理在政府工作报告中强调,要调动全社会创业创新积极性,汇聚成推动发展的磅礴力量。6 月 27 日,李克强总理在 2016 夏季达沃斯开幕式致辞中指出,以创新引领经济转型升级,深入实施创新驱动发展战略,建设创新型国家。据不完全统计,2015 年中国共诞生 75 万家创业企业,平均每 7 分钟就有一家创业企业诞生。

创新创业,教育要先行。为经济社会发展培养合格人才,是国家赋予高等职业教育的职能之一。创新创业持续发展的根本依托在于创新创业教育,否则创新创业就成了无源之水、无本之木,即使要走也不可能走得多远。创新创业教育,是时代赋予高等职业教育的根本使命。就学校来讲,要把创新创业作为对学生教育的重要组成部分,这并不是让学生都去退学创业,而是要在学校里把创业者应该具备的不怕困难、不怕失败以及团结协作的精神贯彻在学生教育之中。创新创业对于高职院校而言,应致力于培养学生的创新精神、创业素质,而不能把创新创业功利化。因此,最重要的就是在学生创新创业教育中培育工匠精神。

培育工匠精神是当代高职院校的根本使命。高职教育与企业发展、科技进步、社会繁荣紧密关联,培育工匠精神自然离不开高职教育。眼下,却有不少高职院校不够重视对学生工匠精神的培育,迫切需要补上这块"短板",走出过于重视技能传授、文化教育而忽视职业素养培育的误区,让工匠精神在职业教育中"扎根"。高职院校应当找准定位,在创新创业教育中培育学生的工匠精神,担负起培育合格人才、服务经济社会发展的历史重任。

二、在创新创业教育中深入发掘工匠精神的内涵

要培育大学生的工匠精神,首要的就是在创新创业教育中深入挖掘工匠精神的深刻内涵。在古今中外的工匠身上,我们可以从三个层面来理解工匠精神的内涵:一是思想层面,爱岗敬业、无私奉献;二是行为层面,开拓创新、持续专注;三是目标层面,精益求精、追求极致。

爱岗敬业、无私奉献。这是工匠精神的力量源泉。爱岗敬业,就是对自己

所从事的职业有一种敬畏之心,珍视其为自己的生命,爱岗敬业反映的是职业精神,是前提;无私奉献,就是对所从事的职业有一种责任担当、牺牲精神,耐得住寂寞,守得住清贫,不急功近利、不贪图名利,无私奉献反映的是个人品德,是保障。古今中外的大国工匠们无一例外都是干一行、爱一行、钻(研)一行、成(功)一行的爱岗乐业者,把工作当成学问做,把学问当成工作做,每个人身上无不蕴藏着爱岗敬业、无私奉献的孺子牛精神。在当下浮躁功利的时代,最缺的就是耐得住寂寞的人。敬业奉献是中华民族的传统美德,是一份崇高的精神。"问渠那得清如许,为有源头活水来",正是敬业奉献精神激励着一代又一代工匠匠心筑梦。

开拓创新、持续专注。这是工匠精神最为动人之处。开拓创新,彰显了工匠精神的时代气息。大国工匠们敢于创造,不人云亦云,有独立的对问题的思考和见解,有质疑前人的胆量和勇气,凭借丰富的实践经验和不懈的思考进步,带头实现了一项项工艺革新、牵头完成了一系列重大技术攻坚项目。他们在各自岗位的开拓创新正是当今中国时代精神的最好体现。他们具有善于学习、勤于攻关的金刚钻精神和传承技术、传播技能的园丁精神,排除外界纷扰,凭借执着专注,从平凡中脱颖而出。他们甘于为一项技艺的传承和发展奉献毕生的才智和精力。大国工匠们具有百折不挠、坚忍不拔的苦行僧精神,不怕苦不怕难、甘于寂寞、锲而不舍,是永远在路上的修行者。工匠精神是一种宝贵的品质,是工匠们执着于产品和品牌,心无旁骛、专心致志的品质。

精益求精、追求极致。这是工匠精神最为称赞之处。具备工匠精神的人,对产品的质量有着不懈的追求,以严谨的态度,规范地完成好每一道工艺、每一个零件、每一道工序、每一次组装,小到一根网线、大到一艘航母。精益求精,就是精通自己所从事的职业,技艺精湛。我们熟知的大国工匠,个个都是身怀绝技的人,在行业细分领域做到国内第一乃至世界第一。追求极致,反映的是职业水准,是专心专注、精益求精的鲁班精神,是努力把品质从99%提升到99.99%的精神。走捷径只能取得暂时的成功,只有精益求精,才能获得长久而巨大的成功。大国工匠守规矩、重规则,也重细节,不投机取巧,是追求卓越的完美主义者。工匠们不仅仅是把工作当作赚钱、养家糊口的工具,而是树立起对职业敬畏、对工作执着、对产品负责的态度,极度注重细节,不断追求完美和极致。工匠们将精雕细琢、一丝不苟的职业精神,全部的智慧和心血,一生的尊严和梦想融入每一个环节,做出打动人心的一流产品,给客户提供无可挑剔的体验,充分彰显了打造品牌、追求卓越的弄潮精神。

三、在深化创新创业教育改革中培育学生的工匠精神

毋庸置疑，大学生创新创业成功的概率并不高，大多数创新创业者必须做好失败的准备。创新创业要经历很多困难与挑战，面对困难和挑战必须内心强大，否则很难坚持下去。创新创业拼的就是一种精神，能够坚持到最后的才是胜利者。因此，创新创业教育，核心就是培育和锻造工匠精神。大学生在创新创业中需要的工匠精神不是从天上掉下来的，也不是大学生头脑中所固有的，而是在大学的教育中培养出来的。因此，高职院校应当承担起培养大学生工匠精神的责任，深化教育教学改革，把工匠精神的培育贯穿在创新创业教育的全过程。高职院校要采取一系列深化创新创业教育的改革措施，努力造就大众创业、万众创新的生力军。

（一）高职院校自身首先要回归和弘扬工匠精神

目前我国高等职业教育工匠精神培养处于窘境之中，难以满足经济社会发展的需要。高职院校培养工匠精神，本身就不容易，需要投入大量的资源、精心的设计、认真的引导，投入多、收效慢，不容易体现政绩，也不容易在经济上有所收益。现在商风熏得"教人"醉，市场经济的发展、事业单位人事制度的改革，等等，在给学校带来重大机遇的同时也提出了严峻的挑战。作为创新创业人才培养的主阵地，学校面临诸多的诱惑，浮躁、功利、短视、投机……高职院校，首先是学校，存在的意义就是教书育人，培养工匠精神自是题中应有之义。但教学似乎在不少高职院校中没有处于中心位置，而是从属于所谓的创收，一些优秀的教师成了创收的主力。因此，在培养工匠精神这件事上，有的高职院校恰恰缺乏的是一种广泛意义上的工匠精神，也就是把教书育人当作最高价值、最高追求的精神，在教书育人中不计名利、精益求精、抱朴守拙的精神。在高职院校中，有的人心猿意马，出工不出力；有的人比薪酬比待遇，这校望见那校高；有的人按部就班，满足于完成课时工作量……所以，高职院校需要回归，回归到教书育人的本质，回归到诲人不倦的高校精神。然而，这是一件不太容易的事。对此，相关各方当中，教育行政主管部门首先应该站出来，在政策引导中把高职院校对教学的重视、对培育工匠精神的重视放在更加突出的位置。国家要求所有高校对大学生开展创新创业教育，目的正是教授学生创业知识、锻炼学生创业能力、培养学生创新创业的工匠精神，而创新创业工匠精神正是所有用人单位首先看重

的。在工匠精神的培育上,高校的教师和教育工作者要言传身教,做好表率,发挥好示范、引领和带动作用。

(二)在创新创业课堂教学中培育学生的工匠精神

工匠精神的培育涉及人才培养。职业教育不仅仅是技术技能的教育,它的核心任务是培养人,必须坚持立德树人、育人为本、以德为先,着力培养学生的社会主义核心价值观,增强学生的社会责任感、创新精神和实践能力,获得发展自身、奉献社会、造福人民的基本素质。作为高职院校,要特别重视培养大学生的人文素养、信息素养、创新和实践素养、交流与合作素养,使每位毕业生具有从事某种职业的职业能力和职业精神,具有从事岗位的专业知识、专业技能和良好的职业态度,这就需要培养学生的工匠精神。在创新创业教育中培养工匠精神,就需要对人才培养方案进行优化重构,探索人才培养新模式,创新人才培养新体系。要开发高质量的课程、专业和学位项目,真正将创新创业教育落到学生培养的各个环节之中。要健全课程体系,打通一级学科或专业类别相近学科专业的基础课程,开设跨院系、跨学科、跨专业的交叉课程;要开发开设创新创业教育必修课和选修课。面向全校开设通识课程导引创新创业,邀请创新创业名家为学生授课;重点建设多门挑战性示范课,围绕当前互联网大数据时代的挑战性问题进行课程设计并采用小班授课。建立校内各院系和校外单位合作的平台,主要开发创新创业系列课程。开设"创业大讲堂"线上同步课堂,建设"创业慕课"平台,辐射创业学生;建立创新学院,在学习项目中充分融合创新创业教育内容。设立创业教育硕士点博士点,培养创业教育方向的硕士生和博士生。改革教学方法,广泛开展启发式、讨论式、参与式教学,把国际国内前沿学术发展和实践经验融入课堂教学。强化科研支撑,以创新创业训练计划为牵引,建设教师科研成果与学生创业项目对接网络平台,为学生创业团队组建、知识产权交易等提供支持。以校企协同创新、协同育人方式,邀请企业参与学校人才培养目标、专业人才标准、课程方案等的制定,共建大学生创新创业教育特色课程。举办专家主题论坛,让学生与大师直接对话。进行学业评价体系改革,变百分制为相对等级制,引导学生弱化对考试成绩过于功利化的追求,将课程选择的着眼点定位到真正有益于自身长远发展的能力和素质的提升上来。

(三)在创新创业实践活动中锻造学生的工匠精神

产教融合、校企合作,工学结合、知行合一,是习近平总书记对职业教育的重要指示,也是职业教育的基本教育模式。国务院办公厅《关于深化高等学校创新创业教育改革的实施意见》提出,允许大学生保留学籍休学创新创业,自主创业的大学生可将创业算为学分。由于职业教育的特殊性,工匠精神的培育更离不开企业的参与,应该充分发挥企业作为育人主体的作用。具有工匠精神的产业技术工人和现代工程师,正是当代企业广泛需要的。高职院校要通过与企业合作开展现代学徒制,由师傅手把手向学生传授,以品质为导向,追求零误差和全部100分的产品。要重视在实践中锻炼和提高学生的素质和能力,让学生在实践中摸爬滚打,增长技艺,锤炼意志。只有让学生深入实际场景,才能知道问题所在,积累经验。要为学生多途径搭建创新创业教育平台:一是模拟平台。可以在学生活动中心开辟创客空间、创业模拟沙盘以及创业咖啡角,通过虚拟经营企业,熟悉创业流程,提高创业能力。二是竞赛平台。举办全国性、区域性、学校和院系等不同层面的创新创业大赛、创业计划大赛、文化创意设计大赛、创业邀请赛、校友创业大赛等竞赛活动,培育优秀的创业团队。三是实践平台。围绕培育高新技术企业,实现科研成果的转化对接,成立创业中心、创业实验园等创业基地;创建创业空间,吸引创业团队入驻;设立创业孵化基金、创业奖学金等,举办资本相亲会等活动,协助优质创业项目与资本对接,鼓励在校生创业团队获得风险投资;建设学生发展与协同创新创业基地,推进学校创业训练营、孵化基地建设,完善设施功能。四是交流平台。打造区域内高校创新创业资源合作共享专区,联合开展创新创业实践活动;通过设立企业家创业论坛、与企业家结对子等方式,实施大学生创业导师计划,邀请知名企业家、投资人、行业专家等担任创业导师,培养学生;要通过推动学生创新创业,形成创新创业培训—创新创业竞赛—创新创业交流—创新创业孵化的全过程创新创业教育机制。

(四)在创新学校环境文化建设中养成学生的工匠精神

教育只能给人指路,而不能代替人走路。教育的效果不是取决于教育者,而是取决于受教育者,只有当一个人心底里焕发出巨大的能量,自己主动去学、去做、去改变时,一切难题才会不再是难题。今天的教育,拼命地灌输给学生很多东西,不是教知识,就是教技能。其实,更深层次的应当是教思维、教观念,特别是教心灵,赋予心灵以百折不挠的强大力量。从根本上讲,高校育人有诸多因素,而良好的环境应当是最核心的因素之一。高职院校要着力在创新创业教育中打造校园环境文化,养成学生的工匠精神。人,是环境文化的产物。每个人都生活在一定社会的环境文化之中,必定受到环境文化无孔不入的熏陶,接受环境文化无所不在的影响,被深深地打上所处环境文化的烙印。校园环境文化与大学生朝夕相伴,让其耳濡目染,对其成长潜移默化,影响重大而深远。文化素质教育的重点不仅仅是课程,而且应当有环境;不仅仅是知识的传授,而且要注重校园文化氛围的营造;不仅仅是简单的说教和灌输,更要让学生切身感悟校园文化的精神、沐浴优良的文化传统。高职院校要着力打造特色校园文化、职业教育文化、大学文化、优秀传统文化,尤其要体现学校文化与企业文化必要的二元组合。学校是人文教化的场所,反映教育者与被教育者共同参与的教育过程及其成果。高职院校既要开展活跃的学校文化,也要灌输必要的企业文化,提高学生必要的职业素质。要凝练校训校风、教风学风,创作校歌、校赋,建造校史馆、展览馆,建设文化墙、文化亭,匠心打造特色文化群雕,让学生接受潜移默化的文化熏陶。不仅进行人文建设,还要打造自然文化,赋予校园的山、水、石、树、花、草以文化、以精神,让文化元素在校园无处不在,伴随学生同生共长,天天向上。学校要创造激励学生创新创业的良好氛围,既建设有利于加强学生技能教育的学校文化,又要让学生所学专业对口企业的主流文化提前通过课堂、社团、技能竞赛、顶岗实习、讲座等形式进入校园,影响并提高学生的企业文化意识,鼓励学生积极参加丰富多彩的讲座、比赛、交流、实践活动,爱上创新与创造,感悟工匠精神的内涵,培养学生不仅要有对专业的执着坚守,对创新的不懈追求,更要有对"试错"的不屈不挠,尤其重要的是,要在纷繁复杂的环境中耐得住寂寞,经得起诱惑,守得住方向,为毕业后顺利适应工作岗位打下坚实的基础。

古人云:君子务本,本立而道生。大学之本在于育人。大学是求知的场所,也是成长的土壤,更是精神的家园。在创新创业教育中重视大学生工匠精神的培育,是国家的成功秘诀之一,不但培养了很多应用型人才,也培养了新一代员工的忠诚性;又是企业转型升级的重要途径之一,新一代员工只有具有了工匠精神,企业才可能勇立潮头、不断壮大;更是伴随学生终身的基本素质,今天的大学生是明天的建设者和接班人,只有具备了工匠精神,才能经得起风浪,抗得住挫折,立于不败之地,为经济社会发展做出应有的贡献。

参考文献:

[1]刘维涛:《让工匠精神涵养时代气息》,载《人民日报》,2016年6月21日。

[2]蒋廷玉、王拓:《大学生创业就是"办公司"? 教育专家提醒:创业教育,核心是培养创新精神!》,伯马创业(访问时间:2016年8月24日)。

[3]陈中东:《创新创业教育在于构建理想生态系统》,载《文汇报》,2016 年 7 月 29 日。

[4]周云:《培养大学生工匠精神 大学自身先要有工匠精神》,载《羊城晚报》,2016 年 5 月 5 日。

[5]刘占山:《悟职业教育现状,知职业教育未来——访中国职业技术教育学会常务副会长》,中国教育在线(访问时间:2016 年 8 月 25 日)。

浅析多元文化背景下高校思想政治教育的发展[*]

摘　要：全球化进程的不断加快，使多元文化中的优秀基因得到快速传播，并为地区经济社会的快速发展注入了新元素和新活力。与此同时，多元文化中的糟粕基因，也使思想文化价值观念面临着前所未有的严峻挑战。本文通过对多元文化综合影响因子的分析，提出了新形势下加强高校思想政治教育的路径。

关键词：多元文化；高校思想政治教育

文化是指在社会历史发展过程中所创造的物质财富和精神财富的总和。这里既包括在实践中创造的全部物质与精神成就，又包括人类本身在长期的实践过程中所形成的才能、影响力、创造力，如知识、科学、文学艺术、教育、道德、宗教、生活方式以及风俗习惯等都属于文化的范畴。文化本身有广义和狭义之分，多元文化中的"文化"既涵盖了人类的一般生活方式，包括了人类的文化知识内容和教育水准，也涵盖了一定社会、地域、群体中的人的全部生活方式。从宏观上来说，多元文化是指包括人的多种哲学价值观、信仰、观念、风格及风俗习惯等的综合体。从历史的角度来看，文化发展首先依赖于人类学习的能力以及将知识传递给下一代的能力，而每一代人也都会为当时的时代增添一些新的内容。文化的不断积累，一方面来自人们从当时的时代社会所吸收的东西，另一方面则是人们自身在劳动生活过程中的创造，当然也包括外来文化带来的一些影响。其中，外来文化的影响是文化发展过程中最值得重视、也是最复杂的因素。正如英国哲学家罗素所认为的："不同文化之间的交流已被多次证明是人类文明发展的里程碑。希腊学习埃及，罗马借鉴希腊，阿拉伯参照罗马帝国，中世纪的欧洲又模仿阿拉伯，文

＊ 本文作者：李慧萍，重庆工业职业技术学院党政办公室主任、发展规划处处长，讲师。

艺复兴时期的欧洲则仿效拜占庭帝国。"正是各种文化之间各有差异而又相互融合,才构成了一个文化大宝库,不断充盈着人们的心灵并激发催生着某种文化的革新。可见,没有文化之间的差异性,就没有文化的多元发展,就不可能出现当前如此璀璨绚丽的人类文化。

一、多元文化背景下高校思想政治教育面临的挑战

多元文化带来的不仅是新旧思想的对冲、传统观念与现代思想的重叠交错,更带来了各种不同思想和价值观的碰撞交融,这些都对人们的道德发展产生了深刻影响,潜移默化的作用于人们价值观念、思想信仰、生活态度和行为方式的形成。多元文化在开拓人们的视野,增强人们的理解能力和自主选择能力的同时,也给人们带来了道德信仰的危机、道德情感的淡漠、道德意志的薄弱和道德行为的失范等消极影响。

(一)道德信仰危机

在多元文化的社会背景下,东西方、新旧文化和思想观念激烈汇聚、冲突,人们无法判断什么是善、什么是恶,人们应该追求什么、不应该追求什么,什么是有价值的、什么是没有价值的,从而导致社会生活缺乏善恶标准,对于一些道德问题用原有的道德尺度和价值标准难以解释和辨别,出现了一些正不压邪、是非颠倒的现象,致使青年学生的道德追求缺乏目标,出现了信仰危机。信仰危机是指人们对原有良好而稳固的信仰,经过一定的困惑和忧患而产生怀疑和动摇,直至全面崩溃以及没有信仰的一种精神意识状态。道德信仰危机是指在多元文化的冲击下社会原有的道德观念、理想与规范受到怀疑与抛弃,而新的道德体系仍未确立之时,人们的精神层面呈现出一种疑虑和空虚状态。

青年学生的道德信仰危机主要表现为道德信仰的虚无。所谓道德信仰的虚无是指由于多元文化的冲击、现代化进程的加快,面对多种多样的价值观,青年学生不知如何选择,从而出现的信仰怀疑、信仰动摇以至信仰崩溃(无信仰)的精神状态。人的本质是一种社会存在,他的需求是多方面的。物质的、感官的满足固然重要,而生命意义、理想信念等终极价值问题,也是人所不能回避并渴望有所回答的。人创造了文化,并希望借助这个具有超越现实品性的意义世界来完成人自身的实现和升华,文化超越性的价值体现为人对终极关怀的自觉追求,而这个过程不仅要求人们对世界、对人生进行严肃的、深沉的体验和反思,也要求人自觉地赋予、保持文化相对独立的品格,同时给理想、信仰、意义的存在留下空间。然而,多元文化的形成、市场经济的建立及由此带来的生存环境、生存方式的转变与终极关怀形式上的品位是难以调和的。人们没有了精神支柱和行动指南,没有生命的终极解释,没有崇高理想信念的追求,人们的生存再也踩不到支撑点;在价值体验方面表现出严重的感性化倾向,追求物质生活享受和感官刺激,而忽视内在精神需求。这些具体表现为有许多青年学生不知道如何做人,不知道该做一个什么样的人,不知道如何设计和把握自己的人生,缺少对人生价值和意义的反思、探索和追求,精神空虚、颓废,经不起挫折,对生活充满失望、绝望甚至敌意,盲目地去崇拜歌星、影星、球星甚至痴迷到疯狂的境地;在社会问题上则对国家、人民缺乏热爱,对社会事务缺乏关注,对全球问题缺乏担忧,对公共规则缺乏遵守。

(二)道德意志的薄弱

所谓道德意志是个体在实现道德目的的过程中,根据目的自觉地支配和调节自己的行为,克服各种困难,从而实现目的的心理过程。它是调节行为的内部力量,是人利用自己的意识,通过理智的权衡作用去解决道德生活中的内心矛盾与支配行为的力量。道德意志在道德行为面临艰难选择时起着至关重要的作用。道德行为的完成某种程度上有赖于道德意志的坚定性。道德意志坚强的人能够明确自己行动的道德目的和社会意义,进而根据道德目的自觉地调节自己的行为(控制自己的情绪,约束自己的言行),能够以充沛的精力和坚韧的毅力百折不挠、坚持不懈地克服各种困难,实现预定的道德目的。而道德意志薄弱者难免会发生动摇,他们认识不到自己行动的真正意义及其社会价值,对自己的行动缺乏独立精神,常常是犹豫、徘徊、易变,有的则是一意孤行、专横跋扈,对自己的行为缺乏理性反思。

在目前的社会转型过程中,新的道德体系尚未建立之时,在多元价值的冲击下,追求现实物质享受的潮流无时无刻不在影响着青年学生。由于青年学生道德认识能力不强、道德意志能力薄弱,因此他们对道德理想信念的追求以及对道德规范的遵循在现实的物质利益面前显得异常脆弱。很多青年学生把西方尤其是美国的价值观念奉为圭臬,从内心深处发出对西方文化的渴望、追随和全盘接受,在行为上更是积极学习并模仿,尤其突出的表现是价值取向和行为方式上的极端个人主义、消费主义和拜金主义。

(三)道德情感的淡漠

道德情感是道德主体的道德需要是否得到满足而引起一种内在体验。它是人们从道德原则出发,从社会所制定的道德范畴出发判断自己和他人的思想、意图、行为、举止是否符合社会道德行为准则而产生的情感体验。它直接体现了客体与主体道德需要之间的关系,是人们把自己或他人的行为与已经转化成自身道德信念的社会道德行为准则加以比较的结果。如果自己的思想行为与社会道德准则相符就会产生愉快、幸福等肯定的情感,否则就会产生彷徨、痛苦等否定的情感。18世纪时一些哲学家就指出,道德情感是道德的基础,是人的道德行为的内部动力,对人的行为有巨大的调节作用。因此,它不仅在于把社会的道德要求内化为个体的需要,而且能引导人们对事件进行道德评价,推动人们采取某种道德行为,从而把内在的道德要求外化为道德实践,既丰富了人们的内心生活,带来心灵的满足,又能在受到利诱与挫折时增添信心与力量。如果缺乏道德情感,即使有道德认识,也只能停留在表面上,而不是出于内心的道德行为。正如前苏联教育家苏霍姆林斯基所说:"道德情感——这是道德信念、原则性、精神力量的血肉和心脏。没有情感的道德就变成了干枯、苍白的语句,这语句只能培养出伪君子。[1]"

而随着多元文化带来价值观的多元化、是非标准的模糊化,使得青年学生的道德意识、道德情感逐渐淡漠。这具体表现在:对亲人无孝敬之心,对老师无尊敬之心,对学校无热爱之心,对同学无友谊之心,对社会无关爱之心,有的只是怀疑、冷漠、牢骚、怨恨;遇到危难之事,奉行"明哲保身"信条,袖手旁观,见危不扶,见难不助,见死不救。再加上现代化进程的进一步加深,人们的生活方式发生了很大变化,生活节奏逐渐加快,人与人之间的交流开始减少,很多青年学生更愿意生活在自己狭小、封闭的空间中,而不愿与外界进行交流,对家庭生活不关心,对班级事务不热心,对社会问题不留心。道德情感逐渐淡漠,使得崇高的道德人格不再被人们奉为楷模,道德失范行为也不能使人感到内疚,甚至使人们在面对恶劣的道德失范行为时也能做到无动于衷。

（四）文化认同危机

当代西方文化中,强调绝对的自我、追求物质享受和感官刺激的非理性主义逐渐取代了理性主义,成为文化的主流思潮,正被一些青年学生所接受,并逐渐由浅层次上的文化消费发展成深层次上的政治认同,由感性欣赏变为理性追求,不加抵制地接受西方文化,从而使他们的世界观、人生观、价值观发生扭曲和错位,政治意识淡化。尤其是享乐、色情、暴力、吸毒等许多发达国家的社会毒瘤,通过

---

[1]　陈澄如:《重视培养学生的道德情感》,载《江西教育》,1986年第4期。

国际互联网、商贸往来、出境考察、国际旅游、对外文化艺术交流等形式,必将对高职生的社会行为、生活方式、价值观念、审美情趣、伦理道德、人际交往等产生巨大的影响。美国前总统国家安全顾问布热津斯基指出:"冷战结束后,西方社会的消费主义的精神特性却改头换面地取代了伦理标准,物质享受上的纵欲无度越来越主宰和界定着个人生存内容与目标,导致这些社会道德败坏、文化堕落、精神空虚现象严重滋生与蔓延……①"这种消费主义文化对像我国这样的非资本主义社会构成的危害更大。在我国,年轻人尤其是大学生,特别是来自城市的学生,许多是吃着肯德基,喝着可口可乐,穿着耐克,看着西方动漫,听着英文原声歌带长大的,他们比其他社会群体更容易接受西方文化。青年学生在享受着、体验着西方文化时尚的同时,忽视了对社会责任、生命价值的终极关怀和执着追求,失去了文化的、历史的、生命的深度,在一定程度上出现了道德沦落、文化自绝、精神空虚的迹象。精英文化在西方文化的强烈冲击下,"有不少人用西方的知识结构打造自己的知识体系,用西方的概念和思维方式解释我们的学术,用西方学术构成方式和文化构成方式包装自己。"②在理性文化层面,精英文化借鉴西方文化来构建新文化是无可厚非的,但如果机械地照搬西方理念和文化模式,忽视了民族纽带的维系,只能导致中国文化的民族特征丧失,造成对本民族文化的认同危机,威胁中国文化的安全。

(五)意识形态的斗争趋于复杂

高校是继承和传播文化的高地,是多元文化互动的前沿阵地,也是思想意识形态斗争的主要场所。现代信息技术的高速发展为西方政治文化的外溢提供了强有力的手段。在多元文化背景下,意识形态的斗争获得了新的表现形式,以往那种激烈对抗的冷战气氛,被掩盖于经济、政治、社会、文化等各种形式的交往与活动中,意识形态问题呈现出前所未有的复杂性。特别是以美国为首的西方国家,借助文化的多元化发展趋势,大肆进行意识形态渗透和文化的"软权力"扩张,鼓吹"西方文化优越论""世界文化一体化",到处消解着发展中国家的民族文化,使文化成为推行其霸权主义和强权政治的软武器。在多元文化背景下,愈益深入的西方意识形态的渗透,极易导致一些大学生对本民族传统文化的背弃,对社会

---

① 刘薇、王娇楠:《国家利益视域下维护国家文化安全的战略选择》,载《内蒙古社会科学(汉文版)》,2014 年 9 月第 35 卷第 5 期。

② 章敬平:《文化:失落的身份证》,载《秘书之友》,2000 年第 2 期。

主义和共产主义信仰的动摇。

二、多元文化背景下高校思想政治教育发展路径

（一）加强思想引领，在与各种错误思潮比较中加强思想政治教育

马克思主义理论从其诞生以来，就一直伴随着与错误思潮、敌对势力的斗争和较量。翻开马克思主义发展史，我们看到的正是一部马克思主义理论在与错误思潮做斗争、与敌对势力相较量中不断走向成熟、走向胜利的光辉历史。可以说，正是因为马克思主义理论敢于同错误思潮和敌对势力做斗争，因而在斗争中不断丰富和发展了自己。马克思主义理论自身发展的这样一个特点，决定了在开展思想政治教育的过程中，也必须做到在与各种错误思潮相比较中不断加强思想政治教育。而且，一般来看，正确的思想总是同错误的思想相对立而存在的，人们接受一个思想往往也是在两种思想激烈碰撞、相互比较之后进行取舍的。引导人们在比较中鉴别，能够充分发挥人的主观能动性，满足人们自我认知、自我选择的主体性心理需求，从而达到在比较中接受教育的良好效果。正如习近平同志所指出的："改革在中国只有进行时，没有完成时。①"当前，中国改革已进入深水区，牵一发而动全身，要敢于啃硬骨头。我们的改革是全面改革，包括经济、政治、文化、社会、生态文明领域，还包括中国共产党自身建设制度改革。在改革开放和建立社会主义市场经济的大背景下，正确的思想与错误的思想相互交织，进步的观念与落后的观念相互影响是不可避免的，马克思主义与反马克思主义的斗争，唯物主义与唯心主义的斗争将是长期的复杂的。尤其是在当前各种理论、思潮纷繁复杂的背景下，增强青年学生运用马克思主义理论辨别是非的能力，自觉坚持马克思主义的政治立场，而不是跟着感觉走、赶着潮流走，显得更为迫切。面对这种形势，思想政治教育必须以更加开放的态度和勇气，以更加与时俱进的方法和路径，不断引领理论交锋和思想斗争，有效地帮助青年学生分清正确与谬误，厘清是非界限，深刻理解并领会马克思主义理论的科学性和先进性，切实增强自身的政治鉴别力和免疫力。

（二）发挥两个课堂作用，坚持知识教育与情意教育的有机统一

马克思主义理论具有严格的科学性与彻底的革命性高度统一的特点，决定了

---

① 习近平：《习近平在主持十八届中央政治局第二次集体学习时的讲话要点》，载《习近平治国理政》，人民网，2015 年 7 月 20 日。

思想政治教育必须把知识教育与情意教育高度统一起来。这就要求学校要在强调思想政治教育知识性的基础上更加重视情意教育在思想政治教育中的重要作用。它是在对受教育者系统传授马克思主义理论知识,使受教育者系统掌握马克思主义理论基本观点的同时,深刻领会马克思主义的精神实质和理论品质,并用以指导受教育者形成良好的思想政治品质。学习马克思主义,并不是要求把我们的头脑变成塞满马克思主义理论知识的仓库,而是要获取一个观察分析和解决问题的科学的思维方法,掌握认识世界和改造世界的思想武器。因此,在开展思想政治教育的过程中,必须充分发挥马克思主义理论品质以及马克思主义者们的个人人格魅力对青年学生思想政治品质形成与发展的影响和熏陶作用,不断地用马克思主义理论品质造就青年学生的思想政治品质,把马克思主义的优秀精神变为青年学生的内在智慧,增强马克思主义理论的感染力。在教育教学过程中,要充分发挥情意因素对学生接受、理解马克思主义理论的作用,把课堂讲授与实践锻炼有机结合起来,充分发挥两个课堂的作用,高度重视实践环节对青年学生接受、理解马克思主义理论的重要作用,切实加强实践环节的教学。

(三)优化环境,营建高校思想政治教育良好氛围

环境在高校思想政治教育系统中,既是外部条件,又是作用和改造的对象。作为高校思想政治教育过程中的外部条件,它对高校思想政治教育系统中的其他要素以及整个高校思想政治教育效果都具有重要的影响作用;而作为高校思想政治教育系统的作用对象,它的变化则又充分体现了高校思想政治教育的效果状况。在文化多元化的背景下,高校思想政治教育面临着严峻的挑战,同时也迎来了良好的发展机遇,只有不断优化思想政治教育的环境,顺应文化多元化的浪潮,并抵制文化多元化带来的负面影响,才能够发挥好高校思想政治教育的积极作用。早在2004年中共中央、国务院发布的《关于进一步加强和改进大学生思想政治教育的意见》就进一步强调了环境因素对大学生思想政治品德形成与发展的重大影响,认清当前高校思想政治教育环境存在的突出问题,采取切实有效的措施使高校思想政治教育在一种良性的环境中运行是提高高校思想政治教育效果的客观需要和必然选择。大致说起来,当前高校思想政治教育环境建设主要涉及以下几个方面:一是政府要发挥主导作用为高校思想政治教育营造一个良好的外部环境;二是高校必须采取切实有效措施,充分利用自身的资源优势积极主动优化内外部环境,增强自身吸引力;三是充分调动各方面力量采取多样化的形式营造良好的各种小环境,如社区环境、家庭环境和舆论环境。就当前而言,尤其是要对

大众传媒特别是互联网加强管理和运用,因势利导,化不利因素为有利因素推动大众传媒环境建设,尽可能地建立有特色的网站吸引大学生前来浏览,开展丰富多彩的网络思想政治教育活动,这是推进高校思想政治教育健康发展、提高实效的重要环节。

(四)尊重差异,包容多样,继承借鉴人类优秀文化成果

文化是在人类长期的社会实践活动中不断积淀而成的,是人类历史的结晶。每个国家或民族的文化都蕴含了独具特色的价值信仰、风俗习惯、道德理念、行为习惯等核心特质以及政治、法律、思想、道德、艺术、宗教、哲学等意识形态,凝聚了一个国家或民族的精神实质,它们都是人类智慧的结晶和共同财富,体现着人类积极勇敢的精神状态,并能促进人类社会的不断前行。党的十七大报告指出,"坚持以社会主义核心价值体系引领社会思潮,尊重差异,包容多样,最大限度地形成社会思想共识。"十八大报告进一步强调,"社会主义核心价值体系是兴国之魂,决定着中国特色社会主义发展方向。要深入开展社会主义核心价值体系学习教育,用社会主义核心价值体系引领社会思潮、凝聚社会共识。"多元文化的存在与发展要求我们超越原来思想政治教育的文化视野,增加其文化的包容性,在高扬主旋律的同时,注意以开放的心态,处理好中西文化、古今文化的关系,对不同文化体系中的人类思想文化进行比较,取其精华,去其糟粕,走古今相承、中西结合的创新道路,才能不断丰富高校思想政治教育内容,增强吸引力、感召力。

参考文献:

[1]陈爱国:《大学生思想政治工作概论》,吉林大学出版社2005年版。

[2]陈笃彬:《大学生思想政治教育理论与实证》,人民出版社2010年版。

[3]陈华洲:《思想政治教育方法论》,华中大学出版社2005年版。

[4]陈立思:《当代世界思想政治教育》,中国人民大学出版社1999年版。

[5]陈庆凯:《新时期提高大学生思想政治教育有效性的方法》,载《文教资料》,2003年版。

[6]邓演平:《大学生思想政治教育论》,湖南大学出版社2010年版。

高职特色校园文化建设策略*

摘　要:本文从高职院校的目标定位是为各行各业培养高素质技术技能型人才出发,分析提出高职特色校园文化建设必须走校企合作、将校园文化与行业文化、企业文化互动融合的道路,提出了高职特色校园文化建设的策略。

关键词:高职特色;校园文化;路径

教育部、共青团中央在《关于加强和改进高等学校校园文化建设的意见》中明确指出:"高等学校校园文化是社会主义先进文化的重要组成部分。加强校园文化建设对于推进高等教育改革发展、加强和改进大学生思想政治教育、全面提高大学生综合素质,具有十分重要的意义。"近年来,各高职院校为实践校园文化建设都做出了不懈的努力。然而,由于历史发展短、文化沉淀不足等原因,校园文化建设仍存在许多问题,体现在照学照搬本科院校,没有自身特色等。因此,研究构建高职院校特色校园文化的路径,是一项亟待解决的课题。

一、高职特色校园文化的内涵

高职校园文化是反映高职校园特色的文化活动和文化环境以及师生共同信念和追求的校园精神的总和,它反映了高职院校师生在价值取向、思维方式、行为规范、精神状态上的一种团体意识和精神氛围,是学校凝心聚力、开拓创新、与时俱进的精神力量。

高职院校具有双重属性,一是姓"高",即是高等教育的组成部分,其校园文化自然应该具有高等教育校园文化的内涵和共性;二是姓"职",即是职业教育的高

---

*　本文作者:陈光洪,重庆工业职业技术学院人事处处长,副教授。

层次,因此,其校园文化建设又应该具有自身鲜明的职业教育特征,不能一味"拷贝"普通高校的校园文化模式,更不能只是中职学校的涂脂抹粉或改头换面。高职院校的定位是培养面向基层,面向生产、服务和管理第一线职业岗位的实用型、技能型专门人才,是以服务为宗旨,以就业为导向,以行业、企业、社会区域为依托,这个定位决定了高职院校的校园文化建设必须走校企合作的道路,校园文化与行业文化、企业文化的互动交融有助于更好地发挥校园文化的德育功能和企业文化在学生职业精神培养中的特殊作用。因此,高职特色校园文化应是一种以职业素质教育为主题,以校企合作平台为载体,将校园文化与行业文化、企业文化互动融合的文化形式,它既反映高职院校的办学思想和服务宗旨,又能体现行业、企业的文化内涵和精神特质,是二者的良性互动和深度交融。

二、构建高职特色校园文化的重要意义

构建高职特色校园文化,对彰显高职院校办学特色,提高人才培养质量,提升学生就业能力等方面具有重大意义。

第一,是体现高职院校办学特色的需要。随着高等职业教育的大力发展,走特色发展、重内涵建设已经成为高职院校的必由之路。高职教育培养的是服务一线需要的高素质技术技能型人才,这就要求高职院校必须加强与行业、企业人才培养的互动,构建高职特色的校园文化正是这种互动的体现,这既是高职院校发展的需要,也是提升企业核心竞争力的要求。这种融入了行业或优秀企业核心文化的特色校园文化有助于深化高职院校的办学理念、加强校企合作、突显办学特色。

第二,是培养学生良好职业素养的要求。企业员工的素质决定了一个企业的核心竞争力,高职教育培养出来的学生进入生产一线,其职业素质的高低也与企业的发展息息相关。员工的职业素质包含了职业能力与职业素养两个方面,职业素养的内涵包括忠诚、敬业、责任、规范、协作等,它代表的是一种职业精神,反映的是一种职业态度。从企业考核招聘学生的情况来看,他们既注重学生的职业能力,更重视学生的职业素养,他们不只是需要高技能人才,而更需要具有良好职业素养的高技能人才,因为这才是企业的立业之本和保持良性发展的必要条件,所以高职院校在着重培育学生职业技能的同时,不能忽视职业素养的培养和教育。要使培养的学生在校园文化的熏陶中潜移默化形成良好的职业素养,使其符合企业对高素质技能型人才的需求,就需要构建校企文化理念合一的高职特色文化,以优秀企业的核心文化、行业精英的先进事迹营造良好的职业氛围,倡导责任意识、创新意识、竞争意识,弘扬爱岗敬业、团队合作、诚实守信、创新奉献的职业精神,从而帮助学生树立正确的职业观念,为学生更快地适应社会需要,更好地服务企业奠定良好的素质基础。

第三,是实现学生零距离就业的需要。国家对高职院校人才培养目标的科学定位,决定了绝大多数高职院校毕业生都将到企业就业,这必然要求高职院校要主动面向企业,融入企业,同时也要求高职院校学生了解企业,适应企业,热爱企业,迅速融入现代企业文化氛围中。但目前高职毕业生跳槽频繁的现象,反映出高职毕业生缺乏找准职业定位、迅速适应企业环境的能力。为改变这一现状,就需要学校为学生提前融入企业文化生活,养成职业习惯创设条件、营造氛围。高职院校只有在推进校园文化建设的过程中不断丰富深化高职校园文化内涵,打破校园文化和企业文化的有限疆界,推动校企文化相互借鉴、渗透、融合,使企业文化的价值观念在高职校园文化中得到内化,丰富、拓展校园文化建设内容,凸显校园文化职业特色,使学生在校期间就内聚企业文化所需的基本职业素养,树立良好的就业心态,帮助学生就业后迅速适应企业环境、融入企业文化,缩短就业磨合期,平稳、快速地从"学生"转变为"员工",实现零距离就业。

三、构建高职特色校园文化的途径

(一)对接企业打造环境文化

高职院校在校园规划建设过程中,可以把产业、行业、企业和"高职教育"的文化内涵转化为"文化符号"融入校园环境和实训基地建设中,构建生产型实训条件与环境,营造职业化氛围。

对接企业的现场环境来规划布局实训场地。按照企业生产管理和工作过程的要求,高职院校可以根据各个专业的特点,将实训室按照相应企业的内涵和标准进行建设,并布置相应的安全标识、行为标识、管理制度等,形成真实或仿真的训练环境,实现"教学、培训、生产、产品开发和技术创新"等四大功能。结合 CIS (企业形象识别系统)标准构建企业文化环境。高职院校可以结合 CIS 标准,对实训基地进行统一、规范、系统的环境建设,包括职业教育理念、职业态度、职业技能、职业素养、品质管理、成本管理、现场管理、安全管理、团队精神等多个方面的内容,实现文化环境的职场化。

（二）比照企业管理构建制度文化

根据职业院校人才培养的目标定位，其办学离不开"校企合作，工学结合"和"就业导向"，其制度建设应体现企业元素。按照行业和企业所需人才的核心素质和能力标准制订人才培养方案，建设开放式职业教育课程体系、开发课程和教材；按照企业的管理模式组织教学与实训，引入企业管理理念，运用现代企业管理方法，完善实验实训基地管理制度和评估指标体系，推进工学结合顶岗实习管理机制，使学生职业技能培养和职业道德养成合而为一，帮助学生"在工作中学习，在学习中成长"，养成良好的职业行为、职业道德、职业情感、职业品质和职业习惯。

（三）打造特色校园文化活动品牌

校园文化活动是传播校园文化的重要载体，是学校品牌形象塑造的主体。高职特色校园文化活动品牌是在丰富多元的校园文化中，通过融入企业精神和文化内涵，提取、总结、凝练校园文化特色，最终形成的长期发展规划的文化精品，它在全校师生中具有较强的影响力和号召力，能够吸引广大师生积极参与，是学生成长成才和提升就业竞争力的助推器。

高职院校可以利用成熟的校企合作平台，秉持始终贴近社会、企业发展需要、高职院校育人目标和中心工作需要以及高职学生成长成才的实际需要，邀请校内外、企业界等行业组织的专家、学者共同研讨制订校园文化活动品牌发展规划，建立校、企共同定期开展活动的长效机制；通过项目运作等方式，依托行业企业、依托专业建设平台，大力打造职业技能大赛、校企文化艺术节等具有高职特色的品牌活动项目，营造相似的职场文化，为学生发挥专业特长、提升职业素质提供舞台；积极鼓励二级院系组建各类专业特色社团，使学生在专业教师的指导下，在拓展学生专业知识的同时受到浓厚的职业精神的感染和熏陶。高职院校品牌文化活动项目的设计完善，应始终本着以培养高素质高技能人才、全面提高职业素养为目标，以营造校园文化和企业文化互动融合的氛围为重点，充分考虑学生的实际学习情况及必备技能、素养提升，充分体现高职院校校园文化的职业性和实践性特点，依托专业、企业的强力支撑，使它既满足学生的内在需求，也体现学校的办学特色，发挥其重要的育人功能。

（四）密切行业开展社会实践活动

高职特色校园文化除应凸显"职业"特色外，还要充分发挥在实践环节上企业文化的社会现场功能。高职院校要充分挖掘校企合作实践平台，以岗位认知、教学实训、暑期"三下乡"社会实践、毕业顶岗实习等为实践项目，紧密契合专业特点开展行业企业调研、行业发展政策宣讲、综合技能特训、校企文化交流等紧密联系行业的社会实践活动。学生通过参观访谈、岗前培训、动手实作、课题研究、调研宣讲等多种形式的实习实践活动,吸纳优秀的企业文化精髓,在提高实际动手操作能力的同时增强了提升职业素养的意识,对企业文化、人才需求、用人机制、职业发展等情况有了正确充足的认知,减少了从学校到社会的心理落差,找准职业定位,明确了职业目标;同时也增进了学校与企业互动,深化了校企合作内涵。

总之,尽管高职校园文化与企业文化之间客观存在差异性,但是在培养企业所需高素质高技能型人才的共同目标下也能够得到最有益的互动,而如何去进一步创新和完善构建高职特色校园文化的途径和方法,仍将是高职院校今后一段时间为之努力的一项重要任务。

参考文献:

[1]罗孝友、王恩周:《论高职院校校园文化对企业文化的有效吸纳》,载《琼州学院学报》,2010年第4期。

[2]朱发仁:《高职院校"企业化"校园文化研究》,电子科技大学出版社,2007年版。

[3]朱权、高星:《校园文化与企业文化互融性的思考》,载《齐齐哈尔大学学报》,2010年第2期。

[4]蒋家胜:《论校园文化与高职院校品牌竞争力打造》,载《中国成人教育》,2010年第8期。

[5]韩玉凤、张国林:《高职校园文化建设要突出行业特色》,载《天津职业院校联合学报》,2010年第3期。

校企合作中的文化冲突管理模型研究*

摘　要:在国家大力提倡全面提高职业教育教学质量以及推进专业服务对接产业能力提升的大环境下,实现专业和相关产业的"双向"发展,校企合作便是能够实现互利双赢的一条道路,校企合作发展到今天模式上已趋于成熟,而在实际的合作中仍然会出现很多冲突,尤其是文化冲突,目前仍是阻滞校企双方可持续发展和长期合作的绊脚石。本文通过问卷调查,对校企合作文化冲突进行分类并分析冲突的原因,初步建立起校企合作中的文化冲突管理模型。

关键词:文化冲突;过程管理;长效机制

校企合作是目前职业教育改革有效的实践平台,校企合作符合职业教育发展的内在规律,有利于促进职业教育发展。《教育部关于深化职业教育教学改革全面提高人才培养质量的若干意见》(教职成〔2015〕6号)在关于推进产教深度融合方面强调,为了实现职业教育教学改革,提高专业服务产业能力,要深化校企协同育人,强化行业对教育教学的指导,推进专业教学紧贴技术进步,生产实际,有效开展实践性教学。

而校企合作过程中文化冲突却一直阻滞着校企双方良好的可持续合作。学校的文化侧重人为本,而企业则侧重盈利为先的理念,在技能需求和技能培训内容共享前提下,因企业和学校的文化价值观不同,导致校企合作过程中的文化冲突。当冲突出现时,如果不加以管理控制,甚至会导致校企合作的终止。文化

---

* 本文作者:邵云雁,重庆工业职业技术学院管理与航空服务学院院长,副教授;秦虎,重庆工业职业技术学院通识教育学院院长,副教授;陈栋,重庆工业职业技术学院管理与航空服务学院办公室负责人。

冲突可导致双方知识、利益、权利、资源、目标、方法、意见、价值观、程序、信息和关系等冲突,这些冲突会在高职院校人才培养模式、专业建设、师资建设、课程建设、实习实训基地建设和顶岗实习、就业等校企合作的各个方面产生影响。校企合作的长效机制的研究也便成了目前专家学者们着眼的热点问题。

一、国内外研究现状

(一)国外研究现状

达尔齐的调查报告中显示,82%的学者希望增加与产业界的联系,而产业界希望与学术界合作的只有 52%,产生这种差别的一个重要原因可能是来自政府对大学进入技术创新过程下游的压力;吕思安研究表明,企业为技术人员把时间用在合作研究的执行方面制定相应的激励措施,提供所需资源时,企业高校间的技术转移才会成功;加勒特等从宏观的角度对产学研合作创新进行了研究,剖析不同制度环境下产学研合作的特征。在实践层面,主要发达国家也成功形成了适合本国的、行之有效的、不同特色的、多元化的校企合作模式,德国的"双元制"、英国的"工读交替"、日本的"产学合作"、澳大利亚的"TAFE"模式、美国的"CBE"模式、俄罗斯的"学院—基地企业制度"模式和新加坡的"教学工厂"模式等硕果累累,为世人所称道。这些都是我们今天研究适合中国国情的中国特色校企合作模式时可以借鉴的宝贵经验。美国著名犯罪学家塞林的文化冲突理论认为,文化冲突产生的重要前提有三个:一是不存在不属于任何社会团体的个体,二是不存在不属于社会集团的文化规范,三是任何个体的行为准则都是其所处的社会集团文化规范的体现。文化冲突通常发生在不同文化区域或文化圈相互接壤的中间区域,或是在建立殖民地过程中某一文化圈的规范文化以强权为背景向宗主国文化圈扩张时,或是在移民过程中某一文化圈的成员移居到另一文化圈之后,这就是著名的"初级文化冲突"视角。该理论对于我们研究不同类型组织之间的文化冲突提供了借鉴。

(二)国内研究现状

谢科范论证了产学研结合的四种现代模式;顾佳峰以北京大学为例研究如何从交易成本节省的角度来管理校企合作,进而构建有效的管理机制;景临英从心理学角度研究校企合作博弈;朱桂龙、李奎艳重点分析了几种大学—企业合作绩效影响因素评价模型;任素宏构建了合作创新中知识产权风险影响因素体系,并运用该体系对企业间合作创新中技术秘密风险的影响因素进行了分析;钟利红、邓之宏分别从高校和企业两个方面研究校企合作的动因;陈文宾等将校企合作模式分为:专家咨询模式、资源共享模式和订单培养模式三种;邓之宏等研究的三重螺旋模型认为高校和企业之间的合作关系在社会创新系统中起到了越来越重要的作用。

（三）综述

校企合作作为职业教育改革创新的关键环节,国内外学者们从不同的角度和方位针对校企合作以及校企合作中出现的冲突和问题进行了深入分析,但大多是分析校企合作的重要性、管理机制建立、影响合作的因素,分析针对出现的问题如何建立长效机制等,但很少专家学者从文化冲突的解决过程入手,基于过程管理对冲突的出现进行过程控制,并建立相应长效机制。本文将从文化冲突的出现和甄别入手,针对文化冲突建立过程管理下的长效机制模型。

二、问题描述

本文通过调查问卷形式面向 30 所高校和 30 个企业进行了校企合作中冲突原因的调研,以文化冲突的视角对影响校企合作长效机制建立的诸多因素进行观察和分析,以打破影响校企合作长效机制建立的文化瓶颈,探寻文化冲突管理的校企合作长效机制建立的对策,并将所有因素进行汇总、归纳为 4 类冲突,如表 1 所示。

表 1　文化冲突的类型和体现

序号	冲突类型	冲突体现
1	校企合作中的价值观冲突	企业招聘中存在性别歧视;学校很难获得企业的技术服务项目;学校教师到企业生产实践的积极性不高;学生流动性大与企业组织忠诚需求的矛盾;学生就业期待值与行业企业现状的落差;学生职业素养与企业用人要求存在差距;学生高就业率与低满意度的矛盾;校企双方合作诉求的差异;校企双方核心价值观的差异;校企双方投入产出不平衡;学生在顶岗实习期间轮岗机会少;企业对参与学校科研、教改工作不热心;学校不易获得企业奖助学金或经费赞助。
2	校企合作中的制度冲突	企业很难派出兼职教师到学校长期任教;企业兼职教师聘用、管理及考核制度不完善;企业短期用工与学校教学进程的冲突;缺乏政府财政、税收等优惠政策支持;校企合作工作尚未纳入双方工作考核、评估和激励制度中;校企合作双方未建立合作工作机构,缺乏专职工作人员;校企合作工作经费保障不足;校企双方管理制度的差异。

续表

序号	冲突类型	冲突体现
3	校企合作中的行为规范冲突	学校很难获得企业设备、设施捐赠;订单班学生流失严重;校企双方未搭建有效的沟通平台。
4	校企合作中的环境冲突	学生顶岗实习期间的安全管理;校企双方人际关系的差异;校企合作宣传媒介载体单一,缺乏新媒体的介入。

通过调查数据的分析,对冲突影响重要的因素体现见图 1 所示。

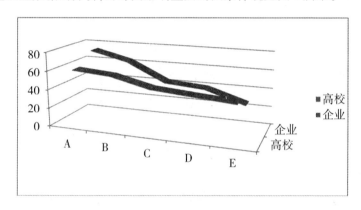

图 1　文化冲突因素中权重前 5 位的因素

注:高校:

A - 学生就业期待值与行业企业现状的落差(60%)。

B - 企业很难派出兼职教师到学校长期任教(56.7%)。

C - 学生在顶岗实习期间轮岗机会少;校企双方合作诉求的差异(46.7%)。

D - 企业兼职教师聘用、管理及考核制度不完善(43.3%)。

E - 学生高就业率与低满意度的矛盾;学校不易获得企业奖助学金或经费赞助(40%)。

企业:

A - 企业兼职教师聘用、管理及考核制度不完善(73.3%)。

B - 学校很难获得企业设备、设施捐赠(63.3%)。

C - 企业招聘中存在性别歧视(43.3%)。

D - 学生在顶岗实习期间轮岗机会少;学生顶岗实习期间的安全管理(40%)。

E - 学生职业素养与企业用人要求存在差距;学生流动性大与企业组织忠诚需求的矛盾(26.7%)。

通过分析高校和企业调查问卷中冲突体现排名前5的因素不难发现,校企合作中不管是高校还是企业看来都存在着校企合作中的价值观冲突、制度冲突、行为规范冲突和环境冲突四种冲突类型,针对这些冲突应该如何建立基于过程的管理模型呢? 接下来,本文将根据这四种冲突建立过程管理模型。

三、过程管理模型

校企合作中的文化冲突的出现是伴随着表 1 中的一个或几个因素出现的,这些因素的出现是过程性的,往往在合作之初这些因素都会隐藏或潜在地存在着,双方可能是看不到也感觉不到的,一旦有冲突因素出现,双方便开始进行解决该冲突。

冲突的解决往往可能通过一个阶段是无法解决的,需要 2 个或以上的过程才能解决。因此,基于冲突因素出现和解决的过程,本文认为,文化冲突的解决包括冲突的识别、冲突的预警、冲突的缓冲、冲突的干预、冲突的转化和冲突的融合 6 个过程阶段。

(一)过程管理阶段概述

1. 冲突的识别

学校和企业作为校企合作的主体应该在合作出现冲突前、冲突中和冲突后始终保持对文化、冲突捕捉的敏锐性,这样才能及时甄别文化冲突的来源,有效控制文化冲突的发展。比如建立校企合作工作专门机构,成立校企合作委员会,安排专门的人员和办公场所,保障投入,持续收集校企合作动态信息,形成校企合作工作数据库,并在企业调研、走访、项目推进和数据分析基础上形成相应的校企合作年度报告,及时反映合作成果和面临的问题。问题往往就是文化冲突的表现,常常危及校企合作的正常运行和良性发展。发现问题就是冲突识别。识别冲突的层面、种类,我们可能面临的冲突是积极的或消极的、建设性的或破坏性的、可预见的或不可预见的、价值观的或制度上的或规范上的或环境上的、局部的或整体的、短期的或长期的等等,不一而足。识别就是为了分类,分类则有利于冲突的预警。

2. 冲突的预警

文化冲突出现的过程是一个渐变式过程,如从业者对待工作岗位的态度往往是由好奇、热情变成消极、怠慢,然后变成抱怨、辞工心切,从入职到怠工甚至离职，从业者总会经历一个渐变过程，而且会以言行表现出来，并非是一蹴而就的。同样的，校企双方在合作中的冲突也非"一日之寒"，因此在关键环节设置干预措施，可以将冲突涉及的类型、部门、人员、初步解决方案纳入预警机制，文化冲突的预警就是对冲突的初步解决方案，是基于对冲突的分类形成的针对类型问题的解决方案。显然，面对实际发生的文化冲突，仅有类型解决方案是不够的。冲突预警不能解决的问题，就逐渐转变为第二个状态——冲突的缓冲。

3. 冲突的缓冲

文化冲突的缓冲是基于文化冲突的预警方案解决不了或者出现了不可预测的冲突时对冲突现象进行的一种减缓或转移压力的机制。冲突缓冲的主体往往从校企双方会扩展至校企之外的第三方、第四方等，如行业协会、媒体等。缓冲往往意味着对文化冲突的进一步细分，即将类型冲突细化为缓解冲突、主体冲突或资源冲突等。冲突的缓冲并非根本的解决了问题，往往只起到表层的放缓、减慢、减轻冲突带来的破坏性冲击的作用，仍不能完全避免文化冲突的进一步发展。

4. 冲突的干预

文化冲突的干预是对缓冲方案实施后仍无法避免的发展态势进行必要的治理。通常需要一方或者双方做出调整或让步，提出冲突治理的解决方法。比如在企业很难派出兼职教师到学校长期任教的问题上，企业从长远角度缩减新入职人员培训成本来考虑时，可能愿意做出让步。又如，在企业短期用工与学校教学进程的冲突上，学校为了满足企业重要工作节点短期用工需求，可能做出教学进程和教学方法的调整，更多引入将典型行业工作节点（如物流行业的"双十一"）以校外实习方式植入实践教学体系，改变学校"单导师"指导为校企"双导师"指导方式。当然，文化冲突的干预也并非能够完全解决二者的冲突，特别是面对来自政策、法律等方面的瓶颈问题时，则需社会多元外力相助。为此中央和地方已出台多项促进校企合作的相关政策，以减少、消除这种超出校企双方能力的社会制约因素，如2010年的《国家中长期教育改革和发展规划纲要（2010—2020）》《教育部关于职业院校试行工学结合、半工半读的意见》《教育部关于充分发挥行业指导作用　推进职业教育改革发展的意见》等确定了政府主导、行业指导、企业参与的职业教育办学机制，《沈阳市职业教育校企合作促进办法》《河南省人民政府关于印发河南省职业教育校企合作促进办法（试行）的通知》《宁波市职业教育校企合作促进条例》、重庆市教委提出的"重庆市落实举措促进职业教育校企合作"等都在不同层面上为搭建校企合作桥梁提供了制度保障。

5. 冲突的转化

文化冲突的转化正如文化冲突本身的存在一样是无法回避的,只要存在文化冲突,就必然需要控制、消减、剖析、化解消极冲突,通过调整、妥协、权衡、代谢、转移、过滤等达成积极冲突的转化。消极的冲突就是对校企合作产生破坏性的相互抵触,是一种危及合作关系或超出冲突主体解决能力的阻碍性冲突,这种冲突一般来说都是企业和学校在现实情况下不允许让步或者不能解决的冲突,冲突主体往往处于比较被动的状态。比如校企合作工作保障经费问题,不是简单地从学校或企业收益中支出的问题,而是涉及校企合作主体的动力问题,涉及另一个受益主体——国家、社会的责任问题,必须从法律和政策层面来解决。

而积极的冲突则是暂时无法解决或者经过冲突主体的调整、妥协、过滤转换为双方可以相互接受、包容并引发制度建设动力的建设性、促进性冲突。比如,企业兼职教师工作时间与学校正常教学时间的冲突,通常学校会尊重企业兼职教师的工作时间,将教学时间调整到周六、周日,当然相应的我们的教学管理和学生管理工作也需要延伸服务。这种调整显然带来了学校更多的人力、时间投入,也会引发学校人才培养工作的制度改革。

6. 冲突的融合

文化冲突的融合指具有不同特质的文化通过相互间接触、交流、沟通进而相互吸收、渗透、学习,在求同存异的基础上形成主体文化的自我改造和主体文化之间的意愿、知识、利益、权利、资源、目标、方法、意见、价值观、程序、信息和关系等的关联性乃至共享的过程。文化冲突的融合不是消除了文化冲突,而是不断促成新的文化冲突的出现和管理。

(二)文化冲突管理的模型设计

基于对文化冲突的过程管理,我们试图寻找每一个过程之间的关系,建立文化冲突管理模型(见图2)。

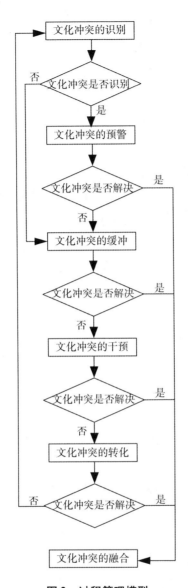

图2 过程管理模型

该模型的过程表述为:一旦冲突出现,通过对表1中所有因素进行识别,识别出是因为哪个因素导致的该冲突,然后进入预警阶段,即通过双方事先达成的协议、合同等预先方案处理;一旦该问题通过预警方案解决不了,或出现无法预测的问题时,则进入冲突缓冲阶段,即校企双方之间进行沟通、协商,提出临时性应急方案,防止冲突扩大、升级;若缓冲未有效解决问题,则需对文化冲突进行干预,即借助行业协会、政府等外力参与冲突的管理;对干预仍收效甚微的冲突则需要对冲突进行进一步分类识别,分析筛查冲突引发的核心因素,将消极冲突转换为积极冲突,最终实现冲突的融合,形成由合作理念、合作制度、合作行为、合作环境共同构建的"合作文化"。显然,这是一个由表及里、由浅入深、由常规到应急到新常规的过程。

四、总结

本文从校企合作中的文化冲突因素调研出发,分析了导致文化冲突的因素,进行了权重排列和分类分析,基于文化冲突出现的过程提出过程管理的六阶段模型,即文化冲突的识别、文化冲突的预警、文化冲突的缓冲、文化冲突的干预、文化冲突的转化和文化冲突的融合,以期能为促进校企合作水平和质量的提升做一些探索性的尝试。

参考文献:

[1]吴树山等:《试论我校企合作的发展态势及其对策》,载《科学进步与对策》,1997 年第 6 期。

[2]许陈红:《"双主体"办学模式下的校企文化冲突及其管理》,载《职教文化》,2014 年第 2 期。

[3]刘登梅:《几种国外职业技术教育模式给我们的启示》,载《天津职业技术师范学院学报》,2001 年第 5 期。

[4]徐吉洪、李澎林:《冲突与超越:文化视野下的校企合作》,载《现代教育管理》,2011 年第 7 期。

[5]刘力:《产学研合作的历史考察及本质探讨》,载《浙江大学学报》(人文社会科学版),2007 年第 2 期。

[6]颜楚华、邓青云:《构建校企合作长效机制的理性思考》,载《职业教育研究》,2009 年第 2 期。

[7]赵久香:《校企合作发展历程及研究现状概述》,载《齐齐哈尔工程学院学报》,2011 年第 6 期。

[8]王怡等:《基于动态合作博弈的校企合作长效机制研究》,载《中国市场》,2012 年第 41 期。

浅议网络时代高校思想政治教育有效性探析 *

摘　要:随着信息化技术的飞速发展,网络化给大学生的思维方式、价值观念、行为模式带来了深刻影响。与传统媒体相比较,网络化对大学生思想政治教育工作既是机遇又是挑战。如何利用好网络平台,创新高校大学生思想政治教育途径,是思政教育工作者亟须研究解决的重要课题。

关键词:网络时代;大学生;思想政治教育

互联网以其独有的方式和特征,引发了一场新的技术革命,它极大地丰富了人们的生活、工作和学习的内容,也为人们提供了更多的机遇。同时,网络的开放性、交互性、高速性及自由性也为思想政治教育带来了全新的发展机遇。因此,积极把握这一机遇,努力探索网络时代高校思想政治教育的有效途径是当前高校思想政治教育工作的当务之急。

一、网络时代大学生思想政治教育工作的机遇

(一)为大学生思想政治教育构建"新桥梁"

网络时代的到来,与传统媒体技术相比有了新的飞跃,信息量大,传播速度快,覆盖面广,已经成为当代大学生学习和生活的重要方式。思想政治工作者可以借助网络时代对大学生进行世界观、人生观、价值观的教育,传播先进思想文化,宣传科学民主,使思想政治教育途径更加多样化,不受制度和传统模式的制约,丰富了教育的信息量,提高了教育的效率。

＊ 本文作者:袁希,重庆工业职业技术学院党委宣传部副部长,副教授。

（二）为大学生思想政治教育增强"亲和力"

思想政治教育工作传统方式缺乏亲和力,比较难以深入到大学生的日常生活中。网络传播方式,非常适合大学生渴望平等交流的心理习惯,在网络的虚拟环境中,使大学生消除了心理戒备,将内心深处的苦闷倾诉出来,教育工作者与大学生可以通过短信、微信、论坛、QQ 等形式自由地讨论交流,这就大大地增强了思想政治教育的针对性和有效性。

（三）为大学生思想政治教育增加"互动性"

传统的大学生思想政治教育具有单向灌输、简单说教的特征,而在网络平台上,大学生思想教育工作却是双向交流,互动多元的特征。许多枯燥定义式的教育内容,被生动形象的直观教育形象所取代,大量图文并茂的资料使大学生乐于接受,从而积极参与,这就调动了大学生接受思想政治教育的主动性和参与性。

二、网络时代大学生思想政治教育工作的挑战

截至 2012 年 6 月底,我国网民数量达到 5.38 亿,手机网络用户规模达到 3.88 亿,手机微博用户也达到 1.7 亿人。万事万物都具备两面性,因此网络也等同一把"双刃剑"。它如同一个绚丽而且充满奇幻色彩的"潘多拉盒子",给思想政治教育带来前所未有的机遇的同时,也带来了巨大的挑战。

（一）不良信息产生的影响

根据网康互联网内容研究实验室长期对互联网信息的监控和研究,发现了大量充斥着违反法律、违反道德、破坏信息安全等类别的不良网络信息。我们可以通过 2016 年网康互联网内容研究实验室的统计结果,看出在网络中违反法律、违反道德、破坏信息安全三种不良信息所占的比重:

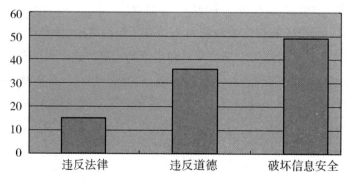

图 4.1　网络不良信息比重分布图

从图4.1所示可以看出来,违反道德的不良信息在互联网不良信息分布图中占有很大比重。通过对不良信息的梳理,可以将这些给人们的日常生活带来了巨大的危害的因素归纳为以下几点:网上诈骗,如钓鱼网站等,极大地威胁了公民的财产安全;充满黄色暴力的内容,污染了广大网民的心理健康,摧毁了青少年世界观、人生观、价值观;网络言论不真实对民众的危害是严重的,例如2011年3月16日,在北京、广东、浙江、江苏等地发生的"抢盐风波"。

同时,网络上还充斥着一些违背公民道德伦理的信息,极大地颠倒了人们的价值观。如:网络上出现的求包养、伴游、代孕等业务,倡导以不择手段的方式获取金钱,对人们的意识形态产生了强烈的冲击。面对这种情况,我们一定要加大思想政治教育的力度,杜绝不良信息的传播。

(二)网络的虚拟化导致网民道德的失衡

曾有一名互联网的发明者表示,网络是一个"没有政府、没有警察、没有军队、没有等级、没有贫贱、没有歧视"的理想世界。在虚拟的世界里,人们可以在屏蔽一个个虚拟的身份之后,随心所欲地在网络上发表自己的见解,而不拘泥世俗和现实,甚至不承担任责任。正因为网络的虚拟,让一部分人的道德责任感逐渐缺失,通常真正的约束来源于人们内在的道德约束,内在约束力不强的,很难抵制网络诱惑,甚至把一些违反法律、违反道德的网络活动看成一种显摆自己高超计算机技术的方式。

(三)网络时代对教育工作者素质的挑战

传统思想教育模式通常都是课堂灌输理论,这种灌输方式使得传播方式是单向的,由教育者将信息传播给教育对象。然而,当网络平台逐渐被广大学生接受的同时,这种传统思想教育模式靠一对一、一对多的面授方式就完全被打破。由于网络具有共享性、平等性等特征,教育对象具备双重身份,即信息的接受者和享用者、信息的生产者和传递者,教育的模式也由以前的单向传播逐步转化为目前的双向互动。与此同时,教育者更应当提高自身理论水平,善于从网络中获取丰富的资料来充实自己。

(四)网络时代造成了人们现实情感的缺损

网络时代虽然开启了一扇与世界沟通更为便捷的大门,但是如果缺乏自制、过度沉溺的话,会让人们逐步产生现实感情的缺失,从而逃避现实生活中的人际交往。这种快速追求效率的生活方式也会带来一定的负面影响,如人们长期面对电脑,久而久之会产生人们对现实生活冷淡的倾向,从而导致无法适应现实生活中真实的人际交往;目前网络上大量的虚假信息让人真假难辨,人们为了防备被骗,很容易产生防范、多疑的心理,从而使坦诚交往的机会变少,安全感降低。

三、网络时代大学生思想政治教育工作的创新举措

（一）提高自身素质,树立与时俱进的观念

随着网络时代正在以高效的速度覆盖大学生群体,作为高校思想政治教育工作者,要不断地提高自身素质,树立与时俱进的观念。所谓"观念是行动的先导",在新媒体时代,只有不断转变工作理念、工作方法,借助大众传媒这一高效载体,才能有效地传播高校思想政治教育工作。与此同时,作为高校思政工作者更应该意识到网络时代带来的紧迫性,要特别重视网络平台的思想塑造和政治传播的特性,要站在统一的高度维护好高校的安全和稳定。高校传统的政治宣传和思想教育方式更应该在这一特定时期,紧跟网络时代的步伐,充分利用网络这一便利的工作载体和工作平台,进行巩固国家意识形态安全的政治理论宣传。

（二）构建网络教育平台,创新思想政治教育模式

在网络的大环境下,如何构建新媒体多元化的平台,如何做到信息渠道沟通的畅快,是高等院校特别需要注意的问题。首先,高校要与时俱进,建立思政网页、微博、微信等新媒体平台,做到信息的及时发布,及时沟通,让学校与学生、教师与学生、学生与学生这些群体之间,可以通过网络这一平台畅通无阻地沟通,有利于及时把握舆情,掌握真实动态,让思想政治工作与维稳工作更具主动性和前瞻性。其次,要利用网络平台的优势,逐步把它融入大学生思想政治教育系统中,让"现实世界"与"虚拟世界"无缝链接,思政工作者不断探索"网上引导"和"网下教育"相结合的教育模式。让思想政治教育与新媒体真正交融,做到交叉覆盖、相辅相成。

（三）加强大学生自律教育,提高网络道德水平

不可否认,网络信息的丰富性对开阔大学生的眼界,帮助他们了解新鲜事物具有正面作用,但是信息的丰富伴随着信息的爆炸、信息的污染,网络上流动的各种冗余信息成为干扰大学生选择信息的"杂音"。作为高校,首先,要提高大学生网络道德水平,树立大学生正确的责任感和道德羞耻心,不能随随便便逾越道德底线,如不能从事有害于他人和社会的网络活动等。同时,要不断提高学生利用网络平台进行社会交往能力以及正确获取信息的能力,如"网虫"上网时精神亢奋,下网后精神倦怠,消极应对自己的学习和生活,热衷于网络社会中的虚拟交

往,忽视现实社交,脱离集体和社会实践。因此,合理引导学生网络人际关系,帮助学生成为独立自主的网络主体显得尤为重要。其次,网络的开放性易导致大学生不道德和违法行为的产生,如恶意交友,浏览黄色、暴力的网站,更有甚者认为传播病毒、黑客入侵、盗用网银是一种"彰显才华"的行为。因此思政教育工作者要加强学生作为传播者道德义务的宣传,引导他们不断加强社会责任感和道德意识,使他们具备"真、善、美"的辨别意识。

(四)开展丰富多彩的校园文化活动,营造和谐健康的校园氛围

作为思政工作者,应多了解当代大学生思想动态,了解他们"习以为常"的网络表达方式和接受习惯,根据他们的需求,积极组织一些丰富多彩的校园新媒体活动,营造一种和谐健康、积极向上的校园文化氛围。如可以通过借助网络技术,开展马克思主义大众化,积极推广和普及中国特色社会主义理论体系,以及社会主义核心价值体系,使网络平台成为教育引导大学生的有效渠道,让大学生通过网络这一平台,在潜移默化中受到影响,从而自觉树立起正确的世界观、人生观、价值观,使他们具备一定的媒体道德意识和相应的法律观念,能够主动对有害信息进行"屏蔽"。

总之,高等院校作为培养和造就高素质人才的重要基地,必须充分认识和加强网络时代大学生思想政治教育工作的重要性和紧迫性。要抓住机遇,扬长避短,充分利用好网络时代的优势,探索出一条改进大学生思想政治教育工作的新方法、新途径,为全面推进素质教育,培养社会主义建设合格人才提供强有力的精神动力和思想保证。

系统论视角下的校园文化建设[*]

　　摘　要:从系统论的角度分析校园文化的构成要素,包括人的要素、软体要素、硬体要素。其中,人是高校校园文化建设这个系统中的主体因素。校园文化建设具有一般系统的相关性、目的性、环境适应性、整体性的特征。校园文化建设必须准确定位其功能,协调发展各个要素,重视校园文化建设的发展性。

　　关键词:校园文化;系统论;人本;系统特性

　　校园文化建设不仅仅是道德教化的问题,而且是关系到一个学校能否自立,教育能否成功的大事。校园文化成为体现学校建设特色不可分割的一部分。德国柏林洪堡大学副校长 Hans Juergen Proemel 教授在第一届"世界一流大学"国际研讨会上认为:"德国的大学要成为世界一流大学,必须建设好校园文化,使大学成为教师、学生和校友们的精神家园。要建成世界一流的大学,首先要建设好一流的校园文化。"

　　运用系统论方法来分析校园文化建设的文章中,有的人从系统论的角度讨论如何加强思想道德建设的问题,主张把大学社会思想道德建设放到学校这个整体系统去考察,有的则从文化社会学的角度,来分析高校校园文化系统,认为高校文化系统的构成要素包括主体(人)和文化成果,并且强调了人的主体意识在这一系统中的作用。我们认为,校园文化建设作为学校建设不可分割的一部分,必须用系统论的观点,从体系的角度整体规划、精心设计,以形成机构健全、内容全面、全员参与、运转协调的新格局,更好地服务于学校育人为终极目的。

---

　　* 本文作者:陈相亮,重庆工业职业技术学院基建后勤处副处长,讲师。

一、对校园文化系统的一般分析

系统是由相互联系、相互依赖、相互制约和相互作用的若干事物和过程所组成的一个具有整体功能和综合行为的统一体。系统的突出特性表现为系统各要素之间的相关性、系统自身的目的性、系统的整体性等。

学校是一个系统,它包括在教育这个大系统中。而校园文化建设,是学校这个系统的子系统,它有自身的要素及作为系统的相关的特性。

(一)校园文化的构成要素

所谓校园文化就是在学校环境中,由学校管理者和广大师生员工在教学、科研、生产、生活等各个领域的相互作用中所创造出来的一切物质和精神产品以及创造过程。校园文化建设的本质是人的相互作用所创造出来的物质的文化产品、精神产品及这种创造过程。因而,我们把校园文化建设的要素大致划分为三个部分:人的要素、软件要素、硬件要素。

1. 人是高校校园文化建设这个系统中的主体因素。这里的人包括:学生、教师、行政管理人员、后勤服务人员等。我们应该注意到的是这里所说的"人"是具有主观能动性的,他们既是校园文化的建设者,同时又是校园文化的享受者。人的主观能动性的发挥对校园文化建设这一系统的发展和完善,起着极其重要的作用。在此,我们应该强调学生,特别是作为高校的学生,在校园文化建设中的重要作用。对高校学生来说,他们已经具有了对自己行为负责的能力,他们与学校的教职工、管理人员一样,在校园文化建设中具有同等重要的地位。从社会文化学的角度看,校园文化就是具有主体意识的人的交往,以及在相互交往中所形成的共同的信念和共同的意识。校园文化建设的关键之处,在于使学校的广大师生员工、管理人员、产生认同感,只有这样,才能更好地发挥他们的主观能动性,才能更好的建设校园文化。

2. 校园文化的软件要素主要指各种精神的产品。包括:各种制度、各种信息(书籍中、影像中及网络中的等)、校风、校训、学风、班风、教风、各种活动(学术活动、各种庆典、社团活动、体育活动、文体活动等)等。校园文化建设就是要通过各种制度的建设,通过对校风、学风、班风的建设,并通过各种活动形成一所学校核心性的价值观。这种价值观的形成就是校园文化建设的过程。一所高校存在的价值主要体现在它与众不同的学术信仰上。高校是传承文化,钻研高深学问的殿堂,学术活动应该作为高校校园文化建设的重中之重来抓。对学术的信仰能够把各方面力量集中起来,形成独具特色的大学精神。这是校园文化建设的最高目标。

3. 校园文化的硬件要素包括:校园绿化、校园基础设施、图书馆、校报、校园网络、各种音像设备、各种体育设施,以及休闲娱乐设施、食堂、宿舍、教室、各种社团活动室等。校园文化的硬件要素是校园文化建设的物质保障,同时它自身又是校园文化建设的成果。特别是硬件部分自身所具有的教育意义,已经引起了学者们的研究兴趣,隐性课程的开发便是一例。硬件要素作为全校师生员工共同生活、学习、工作的地方,它的建设规划应该征得全校师生员工的意见,使其建设自身成为校园文化建设的一部分。校园文化建设的风格应该和学校的发展特色有机地融为一体,而不应该片面的追求宏伟的建筑。

(二)校园文化建设的系统特性

校园文化建设是一个系统,它自然具有系统的共性。这主要表现在:

1. 相关性。校园文化建设的各个要素之间是紧密相关的。校园文化建设的硬体要素和软件要素是紧密联系,不可分割的。校园文化建设的硬体要素是校园文化建设的物质载体,校园文化建设的软件要素是校园文化建设的精神保障。同时两者又是相互包含,相互作用的。校园文化建设的硬体要素,自身也包含着软件要素的教育意义。校园文化建设的硬体要素和软件要素共同服务于同一个目的,就是培养人、塑造人,实现学校独具特色的大学精神。而人的要素作为主体性的要素,其主观能动性的发挥又反作用于校园文化建设的硬体和软件部分。三者是相互联系,相互作用,缺一不可的。

2. 目的性。校园文化建设的目的和学校这个大系统的目的是相一致的。高校校园文化建设的目的表现为培养人、塑造人。校园文化的建设应服务于、服从于学校的总体目标,优化学校的育人环境,其最终目标是为了学生的发展。在当前的市场经济背景下,校园文化建设的目的还表现在形成高校的办学特色,增强高校的市场竞争力,以保证高校在市场经济的环境下获得更好的发展。

3. 环境适应性。从广义上看,社会文化环境是校园文化建设的外部环境。校园文化建设的系统与社会大环境之间总有物质、精神和信息的交流。它的建设既受到社会这个大系统的影响和制约,同时又反作用于社会。例如,学校的相关建筑设施要从当地的人文地理环境出发,和周围的环境能够有机的融为一体。从狭义上说,高校建设是校园文化建设不可分割的一部分,高校校园文化建设服从于高校建设的总体安排。校园文化建设只有适应高校自身的发展才能更好的发展,才能更好地促进高校的发展。

4. 整体性。校园文化各个要素之间相互作用,相互联系,不可分割。校园文化建设的软件要素是核心,硬体要素是物质保障。没有软件要素的建设,校园文化便无从谈起。同时没有硬体要素的建设,校园文化便没有了物质的保障。二者是相互依赖,共生共存的关系。校园文化建设的根本在育人,人的要素是校园文化建设的主导性因素。校园文化建设离不开人的主观能动性的发挥。没有人的参与,校园文化建设便没有了意义。校园文化建设正是在各个要素的共同作用下,实现了校园文化建设的整体性的育人功能。

二、关于搞好校园文化建设的几点建议

(一)校园文化建设的功能定位问题要明确

校园文化建设是一个系统,它与学校的发展,社会的进步是密不可分的。由此出发,我们可以得出校园文化建设的功能是多方面的。对校园文化建设的功能的分析,我们可以从学生、学校和社会三个纬度进行。其中从学生的角度来定位,校园文化建设的功能为:育人功能、满足功能。从学校角度出发,其功能分为:导向规范功能、管理功能、优化功能、激励功能、调节功能、宣传功能。从社会角度来看,其功能分为:政治导向功能、社会整合功能、社会化功能、生产功能。学校是一个综合体,一所成功的学校,才能更好地担负起培养人才、钻研学术、服务社会的重任。因而,对校园文化建设功能的定位应主要着眼于学校自身的发展,形成具有特色的校园文化。这样,才能更好地发挥高校各种组织功能。唯有如此,才能更好地实现学校培养人才的终极目标。

(二)系统看待校园文化建设,协调发展各个要素

系统具有整体性,它的整体功能远远大于各部分功能之和。只有校园文化建设的各个要素协调发展、有机结合,才能更好地发挥它的整体性的功能。首先,要调动学校师生员工的积极性和创造性,只有充分调动人们的主观能动性,才能更好地发挥全校师生员工的想象力和创造力,为学校的发展建言献策,更好地建设校园文化。其次,要搞好基础设施的建设,搞好校园的物质环境和文化环境,特别是要加强校园绿化以及教室、宿舍、食堂环境的建设,这样才能更好地为校园文化提供较好的物质保障。再次,搞好校园文化的软件的建设,综合运用各种信息传媒手段,加强对校园文化意识的宣传和建设,这样才能为校园文化功能的实现提供精神的保障。总之,校园文化建设的各方面不可偏废,应综合考虑人的要素、软

件要素、硬体要素三方面的要素,使之协调发展,只有这样才能更好地发挥校园文化的功能。

(三)对当前校园文化建设中出现的新问题要有足够重视

校园文化的建设同教育事业的发展、经济社会的变革是密不可分的。所以校园文化建设也是处于不断的发展变化之中。当前我国正处于社会转型期,各种思想冲击着校园,校园文化的建设必须直面这些问题对学校造成的影响。特别是高校后勤社会化改革、大学城的兴建、高校合并、网络的迅猛发展等,这些都在不同程度上冲击着校园文化的建设和发展。对这些新的现象都需要我们运用系统论的思想去分析,去解决,以营造良好的校园环境,提高学校的教学质量。

参考文献:

[1]康继鼎:《教育系统工程简明教程》,西南大学,1997 年版。

[2]胡绍林、陈新政:《校园文化研究观点综述》,载《哲学动态》,1991 年第4 期。

[3]刘鑫:《高校校园文化研究综述(上)》,载《六安师专学报》(综合版),1997 年第 3 期。

[4]李希贤:《系统论对典型研究的适用性》,载《黄石师院学报》,1984 年第1 期。

[5]盛惠珍:《浅谈以系统方法构建中学思想政治工作的途径系统》,载《龙岩师专学报》(社科版),1997 年第 2 期。

高职院校人文素质教育现状与对策研究[*]

摘　要:针对高职院校人文素质教育重技能、轻人文,重专业、轻基础,重功利、轻素质的现状,分析其成因,提出加强高职院校人文素质教育的对策和建议。

关键词:高职院校;人文素质教育;现状;对策

教育部颁发的《关于加强大学生文化素质教育的若干意见》指出,加强大学生文化素质教育是时代发展的要求,是高等教育改革和大学生全面发展的需要;党的十八届三中全会通过的《中共中央关于全面深化改革若干重大问题的决定》要求,教育领域应该继续深化改革,要针对培养人格完善健全、道德品质全面发展的学生做出积极的探索与改革;《国务院关于加快发展现代职业教育的决定》(国发〔2014〕19号)指出高等职业教育的基本任务是培养"高素质劳动者和技术技能人才",强调要"全面实施素质教育,科学合理设置课程,将职业道德、人文素养教育贯穿培养全过程"。高等职业教育作为"社会职业人才的摇篮",担负着为全社会培养全面发展的高技能人才的重任。高职教育在从规模扩张到内涵提升的发展过程中,在培养"职业人"的同时,重点关注作为"社会人"存在的高技能人才的文化素质教育和科学人文素养的提高,显得尤为迫切。

一、高职院校人文素质教育的内涵

（一）人文素质的内涵

人文素质是指人们在人文方面所具有的综合素质或达到的发展程度,是由知

---

　* 本文作者:苟建明,重庆工业职业技术学院教授;李慧萍,重庆工业职业技术学院党政办公室主任、发展规划处处长。

识、能力、观念、情感、意志等多种因素综合而成的一个人的内在的品质,表现为一个人的人格、气质、修养。人文素质主要包括四方面内容:人文知识、人文思想、人文精神和人文方法。

(二)人文素质教育的内涵

人文素质教育是指将人类优秀的文化成果,通过知识传授、环境熏陶以及个体实践活动等方式,使之内化为个体稳定的内在道德品质与气质修养。人文素质教育内容包括三个方面:首先是关于人文基础知识的教育。主要是针对个体的思想道德、政治素养、语言文学、民族文化等方面进行人文学科的教育;其次是关于人类意识形态的教育。内容包括被主流社会所共同遵守的道德观、价值观以及行为规范等;最后是对气质修养的教育。通过对个体进行人文基础知识、意识形态的教育,把优秀文化知识成果内化为受教育者稳定的内在品质。

(三)高职人文素质教育的内涵

在遵循高职教育发展规律与特性的基础上,通过对学生进行人文知识传授、人文精神渗透、人文环境的陶冶等途径,把优秀的人文素质知识内化成学生内在品质与修养,引导学生学会做人,培养学生适应社会的能力,使他们不仅仅是一个懂技术会操作的“职业人”,更是一个具有健康人格和强烈社会责任感的“社会人”。

高职人文素质教育包含人文知识教育、人文思想教育、人文精神教育和人文方法教育等内容,其核心是“学会做人”,终极目标是人的全面、可持续发展。具体目标为:第一,培养良好的思想政治素质;第二,培养良好的道德品质;第三,培养良好的职业素质;第四,培养健全的人格、健康的心智;第五,培养良好的审美情趣;第六,培养可持续发展能力。

二、高职院校人文素质教育现状

长期以来,受功利和实用主义的影响,在高职院校中不同程度地存在着重技能、轻人文,重专业、轻基础,重功利、轻素质等现象。为迎合市场需要,部分高职院校过分重视专业技能和职业能力的培养,忽视学生全面素质的提高,致使高职学生的人文素养不断缺失,人文素质教育现状令人担忧。主要存在以下问题:

(一)人才培养定位:重技能、轻人文

高职院校人才培养的目标是培养“高素质劳动者和技术技能人才”,但部分高职院校只重视过分狭窄的职业技能培养,忽视学生基本素质培养。把专业技能教育和人文素质教育对立起来,认为人文素质教育只是文化基础课教师的任务,并不是全体教师的共同责任,使人文素质教育和专业技能教育成为两张皮。高职教育单纯"能力至上"以及"职业至上"的偏向,使学生变成了工作机器。部分高职院校认为学生人文素质教育的高低对就业影响不大。当前高职院校需要重点转变认识上的几个误区:一是把人文科学排斥在科学范围之外,仅仅承认自然科学才是真正的科学;二是把高职培养目标定位在单纯的职业技能培养上,认为人文素质教育在工科专业人才培养中无足轻重,并非人才素质的必备要素;三是急功近利,急于出效果、出成果,仅仅用考试成绩来量化人文素质教育工作,忽视学生精神修养过程。

(二)课程体系设置:重专业、轻基础

虽然在全面推进素质教育理念的指导下,高职院校人文课程的设置有了很大进步,但与专业技术类课程相比,仍处于可有可无的副科地位。部分高职院校的课程体系过于专业化,缺乏人文性。在专业课程设置上过分注重专业技术知识教育,忽视文化基础课程的教育。主要表现在:一是人文课程数量偏少。除了开设思想政治课以外,其他人文课程几乎寥若晨星,远远不能满足学生心理需求;二是体现人文精神的课程少。人文课程侧重于增加学生的基本知识或追求一些应用技巧;三是人文课程的课时少。人文课程常常为专业课程"让路"。在这种模式下培养出来的学生专业知识丰富但知识面狭窄,知识结构不够合理,学生交际能力、独立思考能力和创造能力都受到一定程度的限制。对于需要发挥创造力的专业来说,如广告设计等,其审美能力起到关键作用,而审美能力的高低则是人文知识潜移默化的结果。另外,高职学生毕业后从事的职业,很多需要群体合作,这就对学生综合素质提出更高要求。学生积极健康的心态、完善的思维品质和良好的交际能力,都需要由人文教育来塑造。

(三)师资队伍建设:重功利、轻素质

高职师资队伍的人文素质水平直接影响学校人文教育的质量和学生人文素质的水平。由于课时和教学任务的双重制约,部分教师在教学过程中只注重专业知识传授而缺乏对学生思想的引导和沟通,缺乏对学生理想观、价值观的教育,对学生进行责任与奉献、诚信与利益等方面的教育也很少。高职院校在教学体系中也缺少鼓励教师进行人文素质教育的激励机制。

三、加强高职院校人文素质教育的对策和建议

(一)确立高职科学教育与人文教育融合的办学理念

在科技高度发达、智能化机器越来越广泛地应用到生产领域的今天,技术越先进,对人的素质和文明程度的要求就越高,高科技和高情感是现代社会腾飞的双翼。如果只有高技术的单翼,那么,现代社会就会由于科学技术的滥用而导致重大灾难。因此人文教育和科学教育的融合、或者说科学教育的人文化将是必然的趋势。首先,一方面要转变当前忽视人文素质教育的错误认识,树立科学和人文并重的正确观念,为高职院校实施人文素质教育提供良好的舆论氛围;另一方面,社会已进入全面建设小康社会时期,全面发展不只是指由科学技术的进步所维系的社会经济的发展,当然也包括了社会人文精神的提升。其次,要加强对高职院校人文素质教育工作的领导。根据实际情况制订好本校人文素质教育工作的整体规划,安排好人文素质教育在学校全局中的位置,协调好人文素质教育本身的布局,转变功利主义的办学思想,树立起正确的教育价值观。

(二)构建科学合理的高职人文素质教育体系

1. 拓宽专业口径

一段时间以来,高职院校开设的专业过于专门化,导致学生的知识体系不全面,结构不合理,不完全适应社会需要。我们应该立足于培养复合型人才和学生综合素质的提高,让他们既有所需的专业知识,又有较高的人文素质,而不是只掌握某一部分知识的"专业人才"。因此,必须拓宽专业口径,充实专业内涵,多建综合性学科专业,力争文理交叉渗透。

2. 优化课程设置

一是开设专门人文素质课程,将人文素质课纳入人才培养方案,确保其在课程体系中课时的稳定性。二是加强教材建设,适时更新教学内容。三是改革课堂教学,提高教学效果。四是增加选修课,满足学生个性化需要。当前高职人文素质课程主要由以下三类构成:一是思想政治和法律类,主要包括"思想道德修养与法律基础""毛泽东思想和中国特色社会主义理论体系概论""形势与政策"等。二是文史哲及艺术类,主要包括"中国传统文化""大学语文""中外文学史""科技发展史""中西方哲学思想简介""美育""艺术欣赏"等。三是专业辅修类,主要包括"社交礼仪""应用写作""大学生心理健康""就业指导""职业生涯规划"等。

3. 在专业教学中渗透人文素质教育

人文素质教育单靠几门人文课程是不能解决问题的,关键是要在各专业课程的教学环节中渗透人文教育。无论是社会科学或自然科学,都分别有真、善、美的人文因素存在,教师在教学过程中,要努力挖掘每一学科本身的真、善、美的内涵,把人文精神的培养渗透于各专业课程的教育中,让学生在接受专业知识教育的同时,受到浓厚的人文精神熏陶,逐渐领会蕴含其中的做人道理,从而努力提升学生的人格和品质。另外教师在传授知识的同时,要充分利用其人格魅力去感染、启迪学生,通过自身的言谈举止以及气质修养给学生以深刻的影响。

4. 充分发挥第二课堂的人文性

由于高职院校三年课内学时仅仅只有 1600 ~ 1800 学时,全部学时中有 30% ~ 40% 左右时间在实践性教学过程中,利用第一课堂去开设人文素质教育课程的时间非常有限。因此,第二课堂是高职院校实施人文素质教育最有效、最实际、最直接的载体。开办第二课堂,一是积极组织建立学生人文艺术社团,引导其健康发展。二是邀请专家学者和社会知名人士举办各类人文讲座,启发学生思维,激发学生情智。三是在第二课堂中配合人文素质课开展选读书目活动。

5. 加强高职院校学生的社会实践

学生参加社会实践活动,是加强人文素质教育的重要途径。知识的积累主要靠学习,而素质的提高主要靠实践。因此,加强高职院校学生的文化素质教育不能停留在上课、读书、听报告这个层面上,除学校组织的各种活动外,还必须引导和创造条件让学生在生活事件、社会实践、社会调查、科学考察、科研活动中自觉提高人文素质。

6. 重视隐性课程教育

一是重视校园物质环境建设。通过有计划地在校园内修建人文艺术景点,公共场所悬挂教育大师们的塑像与格言,开辟艺术画廊、科技橱窗,主办各种有意义的学术讲座、科技文化活动,活跃学术氛围。努力创造一个绿色、生态、文明、环保的优美环境。二是重视制度规范建设。科学、规范、完善、稳定的规章制度有助于学生形成良好的道德品行,反之,则很难使学生产生归属感,不利于学生健康个性的塑造。三是重视校园精神文化建设。首先,确立具有高职特色的办学理念。办学理念凝结着学校的精神文化,支配着学校的发展方向,对学校核心竞争力的形成起着强有力的精神支持。同时,要充分发挥校训的作用。校训基于校园文化并引领校园文化的建设,是学校的灵魂与精髓。其次,强化思想政治教育,把思想政治工作贯穿教育教学全过程。再次,加强校风、教风、学风建设。通过抓教风、学风、校风建设,通过教育工作者的言传身教和师生员工的身体力行,在管理和服务过程中,传递和弘扬浓郁的人文精神。

(三)打造一支高素质的师资队伍

教师是实施人文素质教育的关键,是培养学生人文精神的根本。教师的思想境界、文化品位和言谈举止对学生有潜移默化的作用。因而高职院校要培养一支技高为师、德高为范的教师队伍,注重专业知识和人文知识的结合教育,以自身良好的素质引导学生树立科学态度、科学精神。高职教师在具备"双师型"职业素质的同时,应具备较为全面的知识结构和综合能力,还应具备现代教育理念和人文素质。高职院校应当把人文素养和人文教育能力作为衡量教师水平的必要条件,改革教师技能评价体系,加强教师职业人文素质的培训,使其在具备专业技能和实践能力的同时也具备丰富的人文知识和素养,实行鼓励教师进行人文教育的激励机制。高职院校可以通过开展自我学习、在职进修、普及培训、竞赛活动等方式提高广大教师的人文素养,建立一支由学术带头人、优秀中青年教师、客座专家等组成的教师队伍。

社会的竞争归根到底是人才的竞争,特别是人才质量的竞争,而人才质量不仅体现在人才的专业知识和技能上,也体现在人才的素质上。高职院校应该提高对加强学生人文素质教育的重要性和紧迫性的正确认识,采取切实有效措施为国家培养更多的专业知识丰富、综合素质高、适应能力强的创新人才。

参考文献:

[1]金耀基:《大学之理念》,三联书店2001年版。

[2]朱爱胜:《高职文化素质教育的"知"与"行"》,载《无锡职业技术学院学报》,2013年第2期。

[3]何磊、王娜:《高职院校人文素质教育体系构建探析》,载《河北广播电视大学学报》,2012年第3期。

[4]袁振国:《当代教育》,教育科学出版社2004年版。

[5]邵军:《高职工科院校人文素质教育研究》,载《南京师范大学》,2004年。

浅谈人文素养对高等职业教育的影响 *

摘　要：随着社会经济的不断发展，高职院校培养出来的人才与企业转型升级对高技能高素质的复合型人才的需求存在一定差异，提升学生人文素养成为高职院校人才培养的重要课题。高职院校需要从校企合作、人才培养模式、校园文化建设、师资培训等方面进行改革，加强学生人文素养的培养和提高，培养出符合时代发展和企业需求的复合型人才。

关键词：高职教育；人文素养；校企合作；复合型

随着我国经济的快速发展，现代社会对专业人才的要求越来越高，不仅仅是需要技术应用型人才，更是需要具备高尚的职业道德和精湛的专业技能的复合型人才。目前多数高职院校重视对学生知识传授和专业技能训练，却忽略了人文精神的培养。现代高职教育不仅应着眼于学生技能水平的提升，更应该关注人文素养的提升。

一、人文素养的内涵

"人文"一词最早在我国出现于《易经》中，贲卦的象辞上讲："刚柔交错，天文也。文明以上，人文也。观乎天文以察时变，观乎人文以化成天下。"明确提出"人文"概念，指人事之理，也就是人性教化。[1]人文素质是以文化为底蕴，以人为主体的、内在的、本质的社会文化综合能力。人文素养的灵魂，不是"能力"，而是"以人为对象、以人为中心的精神"，其核心内容是对人类生存意义和价值的关怀，这就

---

* 本文作者：邓璨，重庆工业职业技术学院党委组织部（党校、统战部）组织科（统战科）负责人。

是"人文精神"。

我国著名教育家蔡元培先生提出现代教育应从德、智、体、美四方面和谐发展的教育理念。同时,综观我国现代培养出的优秀人才可以发现,尽管他们从事着不同的研究领域,但都有一个共同的特点,集专业技能和人文素养于一身。如我国"两弹元勋"邓稼先在专业技能上,组织和领导了中国核武器的研制与发展,成功地设计了中国原子弹和氢弹,把中国国防自卫武器引领到了世界先进水平。他毅然放弃国外的舒适生活,把生命献给了国家。而影响他做出这样的决定,正是他始终不变的信仰——爱国敬业、为国奉献的人文精神。

二、加强人文素养的必要性

(一)高职院校教育现状

高等职业院校以学生能否就业作为人才培养的标杆,将就业率作为衡量人才培养与办学水平的重要依据。但就近年来各高校实践的结果来看,单一的就业导向,在社会上形成了一种片面追求高就业率的培养误区。[2]学校只注重用人单位的需求,甚至一些学校为了迎合用人单位,学生在校培养时间仅仅一年,就被推荐到企业参加顶岗实习。虽然这样解决了学生的就业,但是这一部分学生显然也成了学校高就业率的牺牲品、企业简单重复作业的机器,其很难有良好的职业发展前景,更不用说有多高的人文素养。

高职学生与本科学生相比,在校时间较短,且学校教学模式为保证学生快速掌握知识,对学生个性的发展和创新能力的培养产生了一些阻碍。部分高职院校过分重视专业技术的学习和掌握,在专业设置上范围相对狭窄,忽视了学生人文素养和综合能力的培养,导致学生知识结构单一,难以满足当今社会所需的创新性复合型人才的需求。

高职院校多采用"校企合作、工学交替"的培养模式,很多学生直接服务于企业的一线工作,目前推行的"现代学徒制",更强调学校与企业紧密合作,理论与实践相结合。实践证明,在这样的培养模式下,学生的实际操作能力和水平快速提升,使得高职学生比本科学生在工作中能够更快时间上手。但同时也存在着一些问题,大部分的校企合作,在实际中并没有以学生为主体,去培养学生对所学专业的认知和企业文化的熏陶,仅仅着眼于企业提供的岗位工作内容。这样,学生在实践中只是收获了工作内容熟练操作的技能水平的提高,对学生了解专业、从事所学专业并没有带来更多的正面影响,甚至可能带来负面影响。这也可能是造成现在社会上出现大量的学生从事工作与所学专业不对口的一部分原因。学生就业岗位与所学专业长期不对口的现象会给学校开设专业造成极大的影响,同时也浪费了大量的教学资源。

(二)高职院校学生全面发展的需要

在市场经济的大环境下,当代高职学生偏重专业技术知识,过于注重知识、技能的传授,而忽略了人文知识的学习,忽视了人生观、价值观等人文精神的培养,致使高职学生成长出现了单向度、碎片化的倾向。思想深度不够,文化底蕴不足,认识较感性,思考问题较简单,分辨是非和抵制错误思想的能力较弱,且缺乏学习主观能动性。同时,文化涵养不够,影响其不注重个人修养,在生活和工作中缺乏沟通技巧。

加强人文素养教育,通过人文知识的学习、人文环境的熏陶、人文活动和社会实践的锻炼,以及人文精神的感染,有利于使高职院校学生升华人格,提高境界,激发爱国主义情感;有利于高职院校学生开阔视野,活跃思维,激发创新灵感,为他们在校学好专业以及今后的发展奠定坚实的文化基础和深厚的人文底蕴;有利于培养基础扎实、知识面宽、能力强、素质高的人才。

(三)时代发展和国家高等教育改革发展的需要

世界科学技术不断地发展进步,同时也引领着物质财富的快速增长,科学技术的发展和教育受到了社会的极大重视,却冷落了人文素养的培养,随之带来了许多社会问题。当今各国正积极将科学技术教育与人文素养教育结合起来,培养高素质高技能人才,建立起社会各界的和谐关系,有利于社会的可持续发展。[3]

三、人文素养与高等职业教育的融合

我国高等职业教育对社会输送技能型人才做出了巨大的贡献,但仍然存在着不足。现代企业的用人要求不断提高,学生虽能在就业初期快速进入到工作岗位,但后期的职业发展却有着局限性。因此,社会要求高等职业教育不能仅仅停留在注重技能实践,更应该紧跟社会需求,加强人文素养和职业道德的提升,培养出更多的高技能高素质的复合型人才。

(一)注重校企合作中文化交流

高职院校坚持"校企合作、工学交替"的培养模式,不仅应提高学生的专业技能水平,同时也需要提升学生人文素养和职业道德。这就要求学校和企业的合作不能只是工作内容的合作共赢,更要求真正深入到校企文化的交流与融合。

1. 重视企业文化的融合

在校内专业实训室模仿企业工作环境进行布局,张贴安全标语、生产操作流程、安全操作规程,使学生走进实训室就像进入真正的企业工作场景。[4]通过严格的职业技能训练环节,持续不断地熏陶学生感悟和体验优秀的企业文化,感受和实践企业精神。无论是校外实习还是顶岗实习,企业都应对学生进行企业文化的培训,把自身作为一个企业人去了解企业,深入认识所学专业和行业发展前景,让学生跟紧时代的变化,甚至创造出更多创新性的改革和举措。

2. 推进"现代学徒制"模式的实施

切实推进"现代学徒制",利用校企合作的订单班或校外实习的机会,建立起师徒关系,师傅在教技能的同时,将自身积累的职业素养和习惯也传授给学生,促使学生形成良好的职业道德素养。

(二)将人文教育融入高等职业教育

1. 改革人才培养模式

高职院校应以提升学生的职业素养为导向,改革人才培养方案,加强人文课程的开设,拓宽基础课程,精炼专业课程,对理工科专业开设文学、历史、艺术等人文课程,对文科专业开设自然科学课程。在专业知识的传授过程中,将专业实践教育和人文素养教育有机结合起来,充分挖掘和发挥专业课程对人文素养形成的潜移默化作用,把人文教育的有关内容渗透到专业课程教学中去,使学生在学好专业课的同时,也提高自身的人文素养,真正做到教书育人。最终实现专业实践教育与人文教育有效融合,将两者不断渗透和转化,与时俱进,形成合理有效的人才培养模式。

2. 开设专题讲座

高职院校应充分利用自身资源,根据自身情况,从本校中挑选精通文化教育的教师,也可从校外聘请学术专家或行业骨干开设专题讲座。从社会和企业的角度分析人文素养提升的重要性,营造学术氛围,促使学生对人文教育引起重视,发自内心地渴望学习人文知识,不断提升自身人文素质修养。

3. 加强校园文化建设

积极地构建校园文化,加强对校训、校规、校徽、校歌、校史等一系列校园文化宣传,合理布置人文景观,优化学习环境,营造良好的校园人文氛围。用精神感染学生,用文化塑造学生,将人文精神深化在学生的心中。高职院校应广泛开展社团活动、校园文化艺术节等各种文化活动,组织学生团体进行文化兴趣和社会实践活动,调动学生对人文社会学科的兴趣,积极发挥学生的主观能动性,在实践中培养团队协作精神,提高自身的人文修养。

4. 加强师资培训

教师在教学过程中不可替代,也起着主导作用。学生对于知识的学习和积累、文化素养,都受到了教师潜移默化的影响。然而不少高职院校教师自身文化底蕴不足,对学生文化素养的提升产生了阻碍。提高高职院校教师自身的人文素养,是在专业教学中渗透人文教育的必要前提,也是提高学生人文素养的根本基础。学校应加大师资培训力度,在不断夯实专业技能的同时,加强人文素养的培养和提升。积极发挥教师的表率作用,达到言传身教真正的统一,用实际行动影响学生人文涵养的积累。

综上所述,现代社会对人才的需求不再停留在单一的技能型人才,高职院校应始终把提升学生的职业素养,培养出具备高尚的职业道德和精湛的专业技能的复合型人才放在首位,不断寻求多种途径培养和提升学生的人文素养,更快更好地为社会输送更多的有用之才。

参考文献:

[1]齐莹:《传承中华传统文化,提升高职院校学生人文素质》,载《出国与就业(就业版)》,2012 年第 5 期。

[2]宋晓燕:《基于"文化育人"理念的高职院校人才培养模式研究》,载《当代教育科学》,2014 年第 15 期。

[3]中华人民共和国教育部:《关于加强大学生文化素质教育的若干意见》教高〔1998〕2 号文件。

[4]李河水:《充分发挥文化育人载体的作用》,载《人民日报》,2013 年 7 月22 日。

论大学生素质教育思想的精神实质和重要性[*]

摘　要:积极推进大学生素质教育,不断提升大学生综合素质,是适应时代发展要求的一种科学全面的教育理念,是以"重视全面发展,突出创新精神和实践能力"为核心的一种人才观、质量观和教育观,是促进大学生健康成长的重要举措。

关键词:大学生;素质教育;精神实质

"素质教育"一词是于20世纪80年代中后期在我国首次被提出的,但素质教育的思想却源远流长,并不仅限于中国国内,也不仅限于现当代。学者们普遍认为,素质教育思想的起源在中国可追溯至先秦时期,在西方则可追溯至古希腊时期。我国素质教育理论在形成与发展过程中吸收了诸多教育思想的营养,例如全面发展教育、人本主义教育、主体性教育、个性教育、全民教育、教育民主化、终身教育、教育国际化等等思想,其中全面发展教育思想、人本主义教育思想、主体性教育思想、个性教育思想等四种思想对我国素质教育的影响最大。正确认识大学生素质教育需要把握以下问题:

一、知识、能力、素质三者之间的关系

起初高等教育比较重视传授知识,到工业化以后,面对新科技革命的发展,人们逐渐意识到培养人的综合素质的重要性;高等教育的重心也转向了能力的培养。众所周知,教育必须适应社会和科技的发展,从这一角度来分析强调素质培养的思想是有深刻道理的。但是,我们不能把素质与知识和能力分离开来。它们三者是相互影响、相互作用的。知识是能力和素质的基础,没有知识作为前提,能

---

　*　本文作者:许尚立,重庆工业职业技术学院党委宣传部网络信息管理科负责人,助教。

力的形成只能是一句空话,素质的形成更无从谈起。人的能力的形成以人的知识的掌握为基础,一个人的能力越强则他获取知识的能力就越强,有人认为,人的能力和知识的比例应该是5:4。素质、知识、能力三者当中,素质处在更高的层次,在人的成长过程中素质在人的发展和对社会做出的贡献方面起着核心作用。在传授知识、提高能力和培养素质三个方面,只有把培养素质放在重要的地位,才能适应经济和社会发展的大趋势。

二、大学生素质教育针对性比较明显

有学者指出,对我国高等教育现状的认识,要一分为二。一方面,已经有了一套较为完整的教学、管理和思想政治工作体系;另一方面,还有许多地方不能适应社会主义市场经济,不能适应当代科技发展的趋势,还有不少缺陷。强调大学生素质教育主要是针对现有教育的以下缺陷而言:其一,专业划分过于狭窄,知识结构分割过于细致,长期以来使学生的学科视野受到很大的局限,具体表现就是学理科的学生对社会学科知识很贫乏,学文科的学生在自然科学知识方面相对较弱。其二,文化陶冶的偏弱,使大学生的人文素质、文化底蕴在某些方面落后于时代的发展和社会的进步。长期以来,人文教育在非文科教育中地位相对偏低,基本上停留在几门政治课的基础上。大学应是精神文明建设的辐射源,目前的状况与这一要求很不相称。其三,功利导向的过重,在大学生全面素质的培养和扎实的基础训练方面影响很大。首先,在大学生寻找工作、提高社会适应能力、改变自身在社会中的地位等方面的教育表现出一定的功利性;其次,教育在培养人的情操、拓宽人的视野、坚定人的理想目标、提高道德素养、积累文化知识、构建和谐的人际关系、开发人的大脑、培养创造性思维等方面具有很强的非功利性。教育通过提高人的素质间接地推动社会的发展。在高等教育的过程中对教育非功利性的忽视必然会削弱教育的教化作用,影响教育的效果,导致教育精神目标不明确,学生在人类与社会的整体观念以及对社会的责任感方面责任心不强,缺乏做人与做事的深厚根基。其四,大学生的个性发展受到很多原则的共性约束,长期以来影响大学生全面发展。目前教育存在一种重共性轻个性、重一致轻多样的偏向,如果用千篇一律的标准考核、要求学生的话,会阻碍学生的个性发展。其五,在现实教育中,片面教育严重影响着学生的健康发展。例如搞德育的忽视智育的发展,搞智育的忽视体育的发展,严重忽略了教育的出发点和落脚点必须放在提高人的全面素质上。其六,高等教育中教师对学生的单向灌输,忽视了教育过程中

学生的主动参与。

三、深刻把握大学生素质教育的精神实质

大学生素质教育是指以德育教育为核心,以提高学生综合素质,培养学生创新精神和实践能力为重点,造就适应社会发展需要的高级专门人才,最终实现人的全面发展的教育。高校实施素质教育,是全面贯彻党的教育方针的必然选择,概括起来说大学生素质教育主要包括以下方面的重要内容:

大学生政治素质教育。政治素质是指人们在社会活动中所必需的基本品质和内在基本条件,主要集中体现在一个人的人生观、价值观、政治立场、政治方向、政治参与技能等方面。大学生政治素质主要表现在以下三个方面:第一,是指要树立马克思主义的世界观和人生观、价值观,能够运用辩证唯物主义和历史唯物主义的观点去观察问题、分析问题和解决问题。第二,在现代思想观念方面,要树立现代意识(主要包括公民意识、民主法制意识、平等意识等)。第三,在政治立场、政治观念方面,要求树立共产主义的远大理想,拥有坚定不移的正确的政治方向,坚决拥护党的方针和政策。培养大学生的政治思想素质是培养21世纪社会主义建设者和接班人的首要任务。大学生政治思想素质如何,直接关系到当代大学生自身的发展,21世纪人才的政治方向和中国的政治前途。所以,大学生只有把握时代脉搏肩负历史重任,坚定建设中国特色社会主义的理想信念,才能成为建设社会主义的高素质人才。

大学生道德素质教育。道德素质具有丰富的思想内涵,包括高尚的社会公德(主要包括文明礼貌、助人为乐、保护环境)、良好的职业道德(主要包括办事公道、诚实可信、爱岗敬业、奉献社会等)、正确的世界观、人生观、价值观、文明的行为美德(主要指爱护公物、文明行为举止),等等。道德素质教育对高等院校中对大学生的培养和发展起着重要的导向、动力和保障作用。目前把德育与素质教育有机地结合起来是加强和改进高校道德素质教育的关键,使之在大学生全面发展的过程当中起到核心保障的重要作用。因此,必须切实加强大学生道德素质教育。

大学生人文素质教育。人文素质是指人们在人文方面所具有的综合品质(具有一定的人文社会科学知识、较高的人文美学修养)或达到的发展程度。人文素质从广义来说指一个人成其为人、发展成为人才内化于主体的精神品格。这种精神品格在宏观方面综合表现为民族精神中的精神文化,同时也体现出了人的气质和价值取向。从狭义来说指内化于人的人文知识和技能。

　　大学生创新素质教育。大学生创新素质教育主要体现在:强烈的创新意识、显著的创造个性、出众的创造才能,概括来说就是为完成创新创造活动而具备的一种积极的心理品格(主要包括进取心理、事业心理、勇敢心理、自信心理、独立自主心理、坚韧心理等)。美籍奥地利经济学家熊彼特曾对"创新"这一概念做了解释,他指出:"我们所说的创新,就是一种新生产函数的建立,或者说是,把全新的生产要素和生产条件相互组合并引入到生产体系中去。"具体来说这种新组合包括以下内容:第一,引入新产品;第二,引进新技术;第三,开辟新市场;第四,开拓并利用原材料作为新的供应来源;第五,实现工业的新组织。当然,创新不仅是在生产和经济领域中的创新,还包括其他许多方面的创新。较强的创新能力是大学生在知识竞争的时代必备的素质,也是大学生全面发展的动力。面对科技飞速发展的挑战,大学生创新能力的培养势在必行。

　　大学生身心素质教育。大学生身心素质教育是身体素质与心理素质的合称,身体素质是指大学生应具备的健康体格、全面发展的身体耐力与适应能力、合理的卫生习惯与生活规律等。心理素质是指大学生应具备的稳定向上的情感力量、坚强恒久的意志力量、鲜明独特的人格力量。良好的大学生身心素质是大学生素质教育的重要目标,也是人的全面发展的重要保障。

　　大学生科学文化素质教育。大学生科学文化素质是其他素质的基础,是大学生素质教育的切入点和出发点,它直接关系到其他素质的形成和发展。如果大学生没有较高的科学文化素质,必然对其他素质的培养造成极大的不利影响。因此,必须加强大学生的科学文化素质教育,不断地提高大学生的综合知识素质和能力,培养教育大学生成为具有较高科学文化素质和能力的人才。

　　大学生专业技能素质教育。专业技能素质主要是指大学生经过专业教育培训后,自身所掌握的专业学科知识和能力在其生活工作中的具体体现和应用。大学生所拥有的专业和职业技能的素质,应该是专业知识扎实、基础牢固,有利于学科间的相互渗透,并能够很好地掌握所学专业的方法技能。同时,还要求具有理论与实践相结合的能力,能够灵活地运用所掌握的专业知识。

　　大学生个性素质教育。个性素质是指一个人的整体精神面貌,即具有一定倾向性的心理特征的总和,在思维、性格、品质、意志、情感、态度等方面不同于其他人的特质,这个特质对于大学生来讲表现于外就是他的言语方式、行为方式和情感方式等等,遇到问题和困难时有自己的行为意识,不轻易被人左右,有主见、有创见地去办好事情。

大学生审美素质教育。审美素质是人的个性素质的一种境界化表现,是人与世界形成的一种无功利的、形象的和情感的关系状态,也是人们根据自身对某事物的要求所作出的一种对该事物的美丑看法。在高等教育中,审美素质教育对大学生良好素质的养成,起着特殊重要的作用,有利于提高大学生发现美、欣赏美、创造美的素质和能力。

大学生素质教育与人的全面发展具有内在统一性。它是新时期人的全面发展理论在社会主义条件下的具体运用,也是马克思主义关于人的全面发展理论在新形势下的新实践。如何更好地实现人的全面发展,科学实施大学生素质教育,仍需深入研究。

参考文献:

[1]《马克思恩格斯选集》(第1-4卷),人民出版社1995年版。

[2]李洪波、刘颖、任泽中:《大学生素质教育机构的立体网状运行机制探索》,载《江苏高教》,2015年第1期。

[3]陶晶晶:《高等院校大学生素质教育系列丛书》,东南大学出版社2011年版。

[4]邹渝:《大学生人文与科学素质教育读本》复旦大学出版社2011年版。

人的全面发展与大学生素质教育内在联系研究*

摘　要:大学生素质教育是指以德育教育为核心,以提高学生综合素质,培养学生创新精神和实践能力为重点,造就适应社会发展需要的高级专门人才,最终实现人的全面发展的教育。如何科学实施大学生素质教育,是实践和理论面临的重要问题。因此,深入分析大学生素质教育和人的全面发展的丰富内涵,正确把握大学生素质教育与人的全面发展的内在统一,积极促进大学生的全面发展,具有重要的理论和现实意义。

关键词:大学生;素质教育;全面发展;内在联系

当代大学生素质教育是全国乃至全世界关注的重大问题,也是世界各国高等教育改革与发展的一个共同要求。人的全面发展是马克思毕生关注的重要问题,根据马克思的人的全面发展理论,大力发展教育事业,将大学生的素质教育与生产劳动相结合,是马克思主义人的全面发展思想在新形势下的新实践,也是马克思主义关于人的全面发展学说在社会主义条件下的具体运用。

一、人的全面发展的基本内涵

马克思主义人的发展理论是一个开放、发展的科学体系,它不是封闭、一成不变的,而是具有与时俱进的理论品格。如何理解人的全面发展? 人的全面发展是人以一种全面的方式,也就是说,作为一个完整的人,占有自己的全面的本质。马克思认为,作为类存在物,人的本质是自由的活动,也就是实践活动,集中表现在劳动方面;作为社会存在物,人的本质在其现实性上是一切社会关系的总和;作为

---

* 本文作者:许尚立,重庆工业职业技术学院党委宣传部网络信息管理科科长。

完整的个体的人来说,人是自然因素、社会因素和精神因素的统一体,人的本质就是人的个性。与此相联系,人的全面发展在马克思那里无疑表现出多方面的规定性。

一是人的劳动能力的全面发展。早在19世纪,马克思就肯定了教育与生产劳动相结合的命题,把生产劳动与教育的结合作为"提高社会生产的一种方法"与"造就全面发展的人的唯一方法"。人的劳动能力的全面发展包括人的活动的全面发展、人的需要的全面发展、人的能力的全面发展。人的活动的全面发展还表现为人的需要和人的能力的全面发展。"任何人如果不同时为了自己的某种需要和为了这种需要的器官而做事,他就什么也不能做。"人的能力是实现需要的手段,是主客体对象性关系得以建立的必要条件之一。人的需要的全面发展,意味着需要随着活动的全面发展愈益形成包括生存、享受和发展等层次递进的丰富体系,个人按照自己的活动发展合理的需要并将低层次的需求当作满足发展"自由个性"高层次需要的前提。人的能力的全面发展就是人全面地发展自己的一切能力,并在实践活动中发挥自己的才能和力量。教育与现实社会和现实生活的有机结合,造就具有新的时代特质的人,是教育改革的必然趋势,也是新的历史条件下素质教育与生产劳动相结合的新的特征。

二是人的社会关系的全面发展。社会关系是劳动实践活动的展开,社会关系决定着一个人能发展到什么程度。在人类初期不发展的特征之一就是个人没有丰富的社会关系,在范围上主要是血缘和地缘关系,内容上由于活动本身的不发展,从而造成社会关系呈现出简单、贫乏的特征。社会关系的全面丰富意味着个人与他人不单作为社会群体中的一员,并且还作为个人与他人发生各种关系;人们摆脱以往个体、分工、地域、民族的局限性,形成了各方面、各层次的社会联系;人们的政治、法律、伦理、宗教、文化等关系全面生成,并且得以协调与和谐发展。人的社会关系的丰富性,必然包含着人的社会交往的普遍性。而交往的普遍性则意味着随着生产力、分工和交换的发展,个人作为独立的主体越来越积极地参与各领域、各层次的社会交往,个体之间的交往、个体与群体和社会的交往得以广泛建立和实现;人的物质交往和精神交往充分发展,同时摆脱了相互之间的分离状态,他在每个个体中有机统一起来,并形成良性互动;交往从自发的自然共同体、社会共同体交往转向世界共同体交往,个人越来越成为世界性的公民,并同世界的生产发展实际相联系,同时利用人类生产的成果丰富和提升自己。个人的生存和发展必须依赖社会的进步与发展,个人是社会中的个人,个人具有明显的社会性,而素质教育就是要培养人的一种社会活动,使个人能够不断地适应社会发展的一种人类活动。随着素质教育的发展和社会的进步,处理好个人与社会的关系,能够更好地促进二者的共同进步。个人在接受教育的过程中,不断提升自身能力的同时也促进了人的社会关系的发展。人的社会关系的不断进步必然对个人的发展提出新的要求,这就要求个人不断提升自我,不断地接受先进教育,更好地适应人的社会关系的发展。可见,素质教育中的个人与社会的关系是相互联系、相互促进的,必须协调好二者之间的关系,更好地促进个人和人的社会关系的共同发展和进步。

三是人的个性的全面发展。人的素质和个性随着人的活动的多样化、社会关系的丰富化形成和发展起来。人的素质的普遍提高,表现为人的生理素质、心理素质、思想道德素质和科学文化素质等发展和完善,以及各种素质之间的均衡协调发展。人的个性的发展表现为个人主体性水平的全面提高,个人独特性的增加和丰富。也就是说,人的自觉能动性、创造性和自主性得到全面发展,个性的同步化、模式化、标准化被消除,个性的单调化、定型化被打破,每个人都追求并保持着独特的个性、社会形象和能力体系,显现着自己独特的存在,呈现出与众不同的差异性,社会也因此而充满生机和活力。需要进一步指出的是,马克思所说的"人的全面发展"中的人,不是抽象、孤立的人,而是指现实的、具体的、社会中的个人,不是"某一个人",而是"每一个人"。因为"一个人的发展取决于和他直接或间接进行交往的其他一切人的发展,要不是每一个人都得到解放,社会本身也不能得到解放"。人的全面发展不仅仅指"全面",而且包含着"自由、充分、和谐发展"。事实上,全面发展、自由发展、充分发展、和谐发展在"每一个人的发展"内部都是相互联系、不可分割的。培养学生个性全面发展的优势是落实素质教育的现实需要,是夯实素质教育的基础,是学生思想道德、科学文化、身体心理、劳动技能等诸种素质形成和提高的内在动因。

二、大学生素质教育的基本内涵

素质是在人的先天生理基础上,经过后天教育和社会环境的影响,由知识内化而形成的相对稳定的心理品质。归纳当前对素质及素质教育的有关论述,以下说法具有一定的代表性。素质是"蕴蓄于中,形之于外",是一切已学过的东西都"遗忘"掉的时候所剩下的,是知识"内化"和"发展"后的沉淀。"内化"是指通过教育,知识所反映的最本质的东西已转化为稳定的个性心理品质,"发展"是指通过知识量的积累和质的飞跃,形成的思维创造能力。素质教育其哲学意义就是一种教育思想,核心在于强调作为主体人的基本综合素质的养成与发展,基本目的就是把一个人在体力、智力、情绪、伦理各方面因素综合起来,使他成为一个完善的人。美国哈佛大学校长尼尔·陆登廷所言"大学要提供无法用金钱衡量的最佳教育,这种教育不仅赋予我们较强的专业技能,而且使我们勤于思考、勇于探索,塑造健全完善的人格。"高校的教育不仅要抓好智育,更要重视德育,还要加强体育、美育和社会实践的教育,使这几方面相互渗透、协调发展,使从事科学研究的人开始懂得鉴赏艺术,从事艺术创造的人逐渐了解科学。所以说大学生素质教育从本质上说就是一种世界观、人生观、价值观和审美观的教育。

高校实施素质教育,是全面贯彻党的教育方针的必然选择,概括起来说大学生素质教育主要有以下几点内容:

一是思想道德素质。首先包括坚定的社会主义信念、正确的政治方向、科学的世界观,其次是高尚的道德情操。二是人文素质。人文素质是指具有一定的人文社会科学知识、较高的人文美学修养、高尚的道德情操和审美能力。三是创新素质。创新素质主要体现在强烈的创新意识。四是法律素质。法律素质是指作为社会个体存在的人在法律知识占有、法律知识运用以及法律意识具有等方面所具备的素质。五是科学文化素质。科学文化素质是一种基础性的素质,它对其他素质的形成和发展具有很强的渗透力和很大的影响力。六是专业技能素质。专业技能素质主要是指所从事的专业和职业技能的素质,应该是专业知识扎实,厚基础、宽口径,善于进行学科的交叉和渗透,并掌握所攻读学科的方法论。七是个性素质。个性素质是指一个人的整体精神面貌,即具有一定倾向性的心理特征的总和,在思想、性格、品质等方面不同于其他人的特质。

三、大学生素质教育与人的全面发展学说的内在联系

(一)大学生素质教育与人的全面发展具有统一性

大学生素质教育与人的全面发展在概念上的说法有一定区别,为什么二者具有统一性呢? 大学生素质教育是人的全面发展理论在现阶段教育中的实践和运用,人的全面发展是大学生素质教育理论中的一个重要概念,是我国指导各级各类学校的教育方针。正是大学生素质教育的提出,给人的全面发展的落实提供了手段保障和具体的规定性与操作性。大学生素质教育的精髓在于实施人的全面发展理论,大学生素质教育强调大学生素质的全面发展,一是从德、智、体、美、劳

等方面全面发展一个人的素质;二是从表面的和潜在的两方面去发展一个人的素质,传统教育已对前者作过不少说明和强调,而后者却常被教育实践所忽略,要想真正地发展一个人的潜在素质,从根本上讲就是要实施一种主体教育,尤其是主体人格的教育,所以,大学生素质教育是贯彻教育方针的最有利的教育模式。大学生素质教育结构中各素质要素,既是实施人的全面发展理论的出发点,又是实施全面发展理论的归宿,即根据每个受教育者原有的素质和特点,经过全面发展理论的指导,最终达到人的素质的全面提高和发展。素质教育与全面发展教育都是实现我国教育目的的重要手段。我国目前正处于综合国力发展兴旺的阶段,教育目的的基本精神就是培养德、智、体、美、劳全面发展的人。要实现这一教育目的,就必须构建与之相适应的教育。大学生素质教育与人的全面发展理论是全面发展和个性和谐发展相统一的教育,是全面实施德、智、体、美、劳三位一体的整体化的教育。可见,大学生素质教育与人的全面发展理论本质上都是为了实现人的基本素质的全面发展。

(二)大学生素质教育是人的全面发展理论的具体落实

关于大学生素质教育是人的全面发展理论的具体落实的理解还需要从理论的基本内涵来解释。任何一种真正的理论,都具有三重基本内涵:其一,它以概念的逻辑体系的形式为人们提供历史地发展着的世界图景,从而规范人们对世界的自我理解和相互理解;其二,它以思维逻辑和概念框架的形式为人们提供历史地发展着的思维方式,从而规范人们如何去把握和解释世界;其三,它以理论所具有的普遍性、规律性和理想性为人们提供历史地发展着的价值观念,从而规范人们的思想与行为。理论的三重内涵表明,理论不仅是解释性的,而且是规范性的;理论不仅是实践性的,而且是超实践性的。大学生素质教育目标体系的建构丰富了人的全面发展学说的目的论。人的全面发展理论以马克思主义关于人的全面发展学说为指导思想,就人的全面发展的内涵,无论哪一层次(人的身体和精神的全面发展,人的活动能力首先是生产活动能力的多方面发展,人的身体和精神的全面、充分而自由的发展)都适合作为大学生素质教育的指导思想。大学生素质教育的提出明确指明就是要全面提高和发展大学生的综合素质。如果建构起一个较完整的素质教育目标体系,按"组合质变"原理来优化发展个性,那么,不但是落实了人的全面发展理论的思想(方针),而且也丰富了这一思想的目的论。结合理论的三重内涵来分析,人的全面发展理论不仅具有解释功能,而且在大学生素质教育实践的意义上具有规范和引导功能。因此,需要我们从人的全面发展理论的基本内涵及其功能更加深刻、全面地掌握人的全面发展理论与大学生素质教育实施的关系。

（三）大学生素质教育是人的全面发展的具体深化

大学生素质教育内涵极其丰富，正如有人说的那样，从观念上看，大学生素质教育是一种教育思想；从目的上看，大学生素质教育是一种教育目标；从存在上看，大学生素质教育是一种教育过程；从方法上看，大学生素质教育是一种结构性的教育机制。这说明了大学生素质教育是一种体现全面发展思想的教育模式，是人的全面发展的具体化。从哲学观点看，人的全面发展与素质教育是一般与特殊的关系。大学生素质教育作为一种教育模式，无论从整体结构，还是各构成因素，都有别于应试教育。大学生素质教育以全面发展为核心，通过围绕这个核心的诸构成要素以及整体合力，保证人的全面发展的实现，使学生生动活泼地、轻松愉快地获得知识，向课堂45分钟要质量。正是由于素质教育这种教育模式，从而保证人的全面发展的落实和实现，保证人的全面发展不再是为一句空话。就大学生素质教育与人的全面发展理论的内容而言，当前对大学生素质教育内容的概括主要有思想、人文、创新、法律、身心、科学文化、专业技能、个性发展、审美修养等方面，这样，它就比人的全面发展理论包括的德、智、体、美、劳诸项内容显然是更广泛、更深刻、更具体了。由此看来，大学生素质教育是在补充了的人的全面发展理论，发展了的人的全面发展理论的基础上，再一步思考，为什么要"补充"和"发展"呢？因为人的全面发展理论具有动态性的发展概念，内容是根据时代需要实时更新的，那么现阶段社会主义各项建设事业的实践进程，就客观地提出了实施大学生素质教育的要求。

参考文献：

[1]《马克思恩格斯全集》（第42卷），人民出版社1979年版。

[2]《马克思恩格斯选集》（第1卷），人民出版社1972年版。

[3]郑琦：《论马克思人的全面发展理论》，载《黑龙江社会科学》，2009年第6期。

[4]《马克思恩格斯全集》（第3卷），人民出版社，1960年版。

[5]唐勇：《素质教育与全面发展教育》，载《淮北煤师院学报》，2002年第1期。

浅议传媒载体对于高校思想政治教育的影响[*]

摘　要:自古至今,传媒的载体多种多样,从原始时期的口口相传,再到古代的书信、官报,直至今天的四大媒体:电视、广播、报纸、杂志,传媒总是以一种信息的提供者的姿态出现。随着传媒的飞速发展,其正成为大学生获取信息和社会生存资源的重要途径,也是环绕于高校思想政治教育的重要现实环境,本文围绕传媒对高校思想政治教育带来的积极和消极的双重影响进行分析。

关键词:高校;传媒载体;思想政治教育

新媒体是新的技术支撑体系下出现的媒体形态,如数字杂志、数字报纸、数字广播、手机短信、移动电视、网络、桌面视窗、数字电视、数字电影、触摸媒体等。新媒体的优势主要体现在其实时性、可参与性和传播方式的多样性。随着传媒的快速发展,并深入高校,作为高校思想政治教育者有必要加强对传媒载体的研究和建设,以应对传媒发展带来的新情况、新问题,提高高校思想政治教育的针对性和实效性。

一、传媒载体对高校思想政治教育的积极影响

(一)传媒载体为高校思想政治教育创造了新的教学方式

大众传媒的发展,为高校思想政治教育提供了一个新的环境。首先,高校学生可以随时随地在网上接受教育,突破了时间和空间上的限制,使得传统高校大学生被动接受教育状况有所改善,学生自觉主动地参与到思想政治教育中,拥有了平等的参与权,形成互动式,其接受效率也大大提高。其次,大众传媒迅速、及

---

* 本文作者:刘镭,重庆工业职业技术学院党政办公室档案科负责人。

时、准确地给高校学生提供了大量丰富的信息资源,覆盖面广,更新速度快,既省时又省力。再次,大众传媒可以利用多种灵活手段为高校学生提供真实的表现效果,自然、轻松、感染力极强、没有强制性,因而在高校大学生中的感召力、影响力、渗透力十分强大。尤其是网络技术的发展,从更深层次影响了高校大学生的精神世界,高校学生可以在统一层面上自由交流,没有时空的限制,真正做到"秀才不出门,便知天下事"。

(二)传媒载体完善了高校思想政治教育学原理的理论体系

首先,研究思想政治教育传媒载体有助于丰富和完善思想政治教育学原理的理论体系。思想政治教育传媒载体能够为思想政治教育理论的研究提供更为广阔的实践空间,使得思想政治教育理论联系实践,主客体之间的联系更为密切,能够更为便捷、灵活、方便地传递主客体之间的信息,也使得思想政治教育主客体之间的互动性大大提高。这些变化给思想政治教育开辟了一条新的道路,既有挑战,又有机遇。新情况的研究,理论更好地指导高校学生的实践,实践反过来推动思想政治教育理论的丰富与发展。其次,作为思想政治教育载体之一的思想政治教育传媒载体的发展会通过思想政治教育主客体素质的提高、信息获取方式和信息容量的改变等深刻影响思想政治教育管理载体、思想政治教育文化载体和思想政治教育活动载体等。加强对思想政治教育现代传媒载体与其他思想政治教育载体相互关系的研究,探讨彼此间协调运行的机制,合力解决现实运行中产生出的一些新的问题,这对于拓展思想政治教育载体研究空间,完善现有思想政治教育载体理论体系具有深远的意义。

(三)传媒载体是高校思想政治教育工作的有效延伸和有益补充

传媒载体对于高校大学生的影响是客观存在的,这点是毫无疑问的,与此同时,传媒载体对于高校大学生的影响是远大而深入的。这就奠定了传媒载体在高校思想政治教育中不可替代的作用,它必不可少的特点使其成了高校思想政治教育的一个重要载体。众所周知,在传统条件下的思想政治教育,其主要的阵地就是"两课"教育,除此之外,只能通过日常的思想政治教育和管理的渠道辅助高校思想政治教育的进行。但是这两种进行高校思想政治教育的方式从形式上而言相对比较单一,很难吸引高校大学生的兴趣,使其主动参与其中。与之相比,现代传媒载体就具有很多传统教育方式无可比拟的优越性,它的传播内容新颖丰富,而且传播时效性强,对于国内外的重大事件、热点新闻都能够作出最及时准确的报道,因而其对高校学生更具有吸引力,能使其自发主动地参与其中。对于传媒载体进行科学合理的利用,充分发挥传媒载体自身存在的优势,对高校大学生进行有效的引导,这样不仅有利于促使高校大学生开阔视野、拓展空间,有效地对其功能进行延伸,而且使其成为高校思想政治教育的有益补充,增强高校思想政治教育工作的实效。

二、传媒载体对高校思想政治教育的消极影响

任何事物有其两面性,大众传播媒介就像一把"双刃剑",既给高校大学生的校园生活带来积极的影响,也会产生其消极作用。由于大众传播媒介传播的信息良莠不齐,可能会不利于高校大学生树立正确的行为规范,不利于其健康人格的养成,形成正确的思想观念,对其心理适应的培养等方面产生一定程度上的消极影响,这种影响应该引起各方面的重视。

(一)大众传播媒介导致高校大学生世界观、人生观和价值观的冲突和失衡

不良社会风气的冲击是校外原因,高校德育本身缺乏力度是校内原因,大学生的逆反心理是内在原因。在如今的信息社会,大众传媒在带来庞大的信息量的同时也导致大量"信息垃圾"的出现,各类负面信息不仅弱化了思想政治教育的效果,也导致学生个体的伦理认知、道德规范的冲突更加直接、激烈,而对于这类信息污染,政府、学校有时却很难控制信息的来源和渠道。这就造成许多负面影响,一方面各种西方不良的文化、生活观念和方式、价值理念通过大众传媒广泛传入,有关色情、暴力以及西方资产阶级意识形态的各种言论、文化理念等通过网络等传媒方式泛滥;另一方面在市场经济条件下,一些大众传媒一味追求商业化效益,为制造轰动效应而不惜迎合社会上某些庸俗、消极乃至不健康的思想潮流,将健康的内容和灰色文化混杂在一起,使社会舆论环境变得复杂化,"追求感官享乐""个性自由""追求物质利益的最大化"等庸俗观念都直接或间接冲击和影响着当代大学生的政治观点和道德伦理观念,使一部分大学生的人生观、价值观、世界观与社会主导的价值观念、伦理道德相偏离,这不仅导致一些大学生精神世界的失落,也导致个别学生人格发生畸变,甚至出现盲从心理和非理性的行为。

(二)大众传播媒介改变高校大学生人际关系模式,诱发个体心理障碍

大众传播媒介给高校大学生带来了很多新型的沟通交流方式,进而在很大程度上提高了高校大学生之间沟通的效率,但是新型交流方式的应用与发展使得人们的沟通与交流大都借助于网络和手机等进行,使得交流双方之间见面的机会减少,从这个角度来看,不利于人们面对面进行情感交流,使得人们的感情逐渐地疏

远。在当代,高校大学生用于人际交往的时间相较于以前大大减少,更多的大学生更热衷于上网、看电视、看电影,而不是花时间与朋友、亲人进行沟通交流,久而久之,就会导致情感上的疏远与匮乏,从而诱发各类心理问题,例如焦虑、苦闷、压抑、神经过敏等,如果对此放任不管,严重者在此基础上可能会发展成为自闭症和抑郁症等患者,这种心理障碍会造成高校大学生的社交障碍。近年来,网络引发的心理疾病正逐渐凸显,一些学生有时甚至不吃饭、不睡觉,沉溺在虚拟空间中,企图从中找到心灵上的慰藉和精神上的寄托,从而将现实中的理想信念和责任抛之脑后,断绝在现实生活中的人际关系,不与现实中的人沟通交流,由于上述心理,使得网瘾、互联网痴迷症和网络孤独症等疾病在当今社会屡见不鲜。在客观上不利于社会正常的人际关系模式的建立与形成,不利于形成和培养高校大学生对社会的适应力,严重阻碍了其与其他高校学生或者社会成员的沟通与交流,成为其成长的障碍。

参考文献:

[1]欧阳海青:《浅析网络环境下的社会主义荣辱观教育》,载《长沙铁道学院学报》,2008 年第 2 期。

[2]李琳琳:《大众传媒对高校德育的影响及对策研究》,载《河北师范大学》,2010 年。

浅议新媒体环境下加强高校
思想政治理论课教学的必要性*

摘 要:随着高等教育体制改革的进一步深化以及现代教育技术的发展,新媒体技术作为最受大学生欢迎的现代教育技术已经广泛应用到了教学当中。本文以高校思想政治理论课为例,对新媒体技术在课堂中的应用进行探讨,并针对高校思想政治理论课教学现状提出了新媒体技术在高校思想政治理论课中应用的必要性。

关键词:新媒体技术;思想政治;课堂

新媒体时代的到来,逐渐改变着人们的思想、思维以及行为方式,对高校大学生的学习方式也带来了一定的影响,这就给高校思想政治理论课教学带来了挑战和压力。目前,已经有很多高校将新媒体技术应用到了思想政治理论课教学当中,这是新时期高等教育发展的必然要求,也是满足学生日益增加的求知欲的要求。

一、新媒体环境下加强高校思想政治理论课教学具有重要的意义

(一)加强思想政治理论课教学是新媒体时代的开放性以及价值多元化的必然要求

随着新媒体技术的发展,大学生获取信息的渠道空前广泛,速度异常迅速,各种各样的媒体成了大学生生活中不可或缺的一个重要组成部分,这也使得大学生接触社会的方式更加广泛和多样。大学生们可以通过电话、互联网、各种宣传媒

---

* 本文作者:刘镭,重庆工业职业技术学院党政办公室档案科负责人。

体与社会广泛的联系,他们再也不是躲在象牙塔里的"两耳不闻窗外事,一心只读圣贤书"的另类群体,而成为虽身居校园,却"国事、家事、天下事,事事关心"的群体,并乐于通过新媒体的各种手段参与其中。

(二)加强思想政治理论课教学是促进大学生成长成才的迫切需要

新媒体已经成为大学生生活的一部分。"80 后""90 后"青年人已经成为新媒体时代的直接参与者和见证者。他们易于接受新事物,喜欢追求新鲜好奇,乐于游戏娱乐。新媒体的开放性和虚拟性也极易导致大学生忽视现实社会的道德约束,而放纵自己,形成新媒体内外的不同人格,不利于大学生的成长成才。在新媒体技术高速发展、信息瞬息万变的今天,高校必须紧跟时代发展步伐,把握时代脉搏,坚持正确的政治方向,弘扬红色的主旋律,从解决大学生思想实际问题入手,不断优化思想政治理论课教育教学,做到"以科学的理论武装人,以正确的舆论引导人,以高尚的精神塑造人,以优秀的作品鼓舞人",使大学生真心喜爱思想政治理论课程,终身受益,健康成长。

二、高校思想政治理论课新媒体教学具有传统媒体不可比拟的优势

在新媒体尚未兴起前,传统思想政治理论课教学主要依赖的是教师,教师依据教材,借助以文字为主的黑板板书,通过系统讲授完成知识的传输。教育素材一般来自于各种传统媒介和教育者自身的社会阅历。教材是依据高校思想政治理论课的课程标准编写的,是对马克思主义经典理论的基本阐述和对中国具体实践的经验总结。教师讲课中的口头表达方式是人类交际中最基本、最重要的行为之一。黑板板书则是对教学内容提纲挈领,完整展现教学中的思维过程,具有高度概括性,且能较长久保留,所以板书作为传统载体不可取代。然而新媒体载体则形式多样,生动形象,集文字、声音、图像、动画于一身,通过多种样态调动人的所有感觉器官,眼、耳、口等,给学生视觉、听觉和实时交流等多方面、多兴奋中心的刺激,使学生更容易全身心参与融入课程中。

新媒体载体承载的内容浩瀚博大,其开放性使学生能够便捷获取与课程相关的大量信息。同时,新媒体更新速度快、传播交流速度快,各种信息能够通过网络、无线通信技术在第一时间散播到世界各个角落,学生能以最快速度掌握与课程相关的信息。知识的流动性决定了其更易于传播、搜寻和转化。教学内容及其所蕴含的价值导向通过新媒体载体具有更强的直观性和感染力,因此通过新媒体载体,教学内容更容易为学生所接受,学生更愿意主动参与到思想政治理论课知识学习过程中来,思想政治理论课教学也因此具备了更强的主动性和吸引力。

虽然在新媒体环境下,学生获取信息能力增强,但是在有效获取思想政治理论学习资源方面并不占有优势。在海量搜集到的信息中甄选有价值的信息费时费力,而教师对课程更熟悉,总体把握能力更强,教师利用新媒体,可以为学生提供有针对性的、更直接有效的学习资源。首先,教师依托新媒体可以向学生提供相关课程的辅助学习资源。包括课程的相关通知信息,也可以提供预习材料、复习资料、答疑信息、前沿信息等辅助学习资源。其次,依托新媒体可以向学生提供相关课程教师的授课视音频资料。最后,依托新媒体,教师可以向学生提供相关课程的拓展性学习资源,包括学生感兴趣但课本上没有的相关资源。

社会主义核心价值观与西方的各种价值观相互交流、交融、交锋,新媒体强化了社会价值多元的现状,使大学生价值取向更为多元化。教师应以主流价值观念和正确的思想观念引导、校正学生成长的路径。任何时代,脱离教师的主导,学生的成长容易产生偏离和失误,新媒体环境下,教师应当在与学生的思想碰撞、观点交锋、价值冲突中,引导学生积极认同马克思主义主流意识形态和价值观念,认同并传播社会主义核心价值观,增强对网络上的信息知识的鉴别力,抵制西方腐朽的政治主张和价值观,培养自己的自制力、自律性和社会责任感。这是教师在思想政治理论课新媒体教学中,寻求新的更有效的方式占据教育的主动性、更好地发挥主体性的重要方面。

现代通信技术和网络技术支持下的思想政治理论课教学,赋予了学生极大的空间和自由。移动学习带来了思想政治理论课随时随地学习的新体验。随着技术的不断进步,3G、4G 网络的日益普及,用于移动学习的设备体积越来越小,更方便随身携带,无线网络的速度也逐步提高,学习者可以比较便捷地通过无线网络获得学习信息,冲破固定时间、固定地点、固定方式学习的限制,学习者自由性和灵活度大增。思想政治理论课教学因此具有了某种开放、自由、宽松的状态,学生在课堂讲授之外,主动学习的动机增强,接受教育的意愿也更为强烈。同时,在学习时空选择性加强的同时,学习资源更为丰富,而随着媒介融合趋势,文字、图片、音频、视频相结合,使思想政治理论课内容更生动地呈现出来,提高学生对课程的接受度。新媒体技术的发展为学生主动性学习愿望的满足提供了可能。

新媒体支持下的思想政治理论课教学,有利于确立主体—主导模式。从学生的角度以及学生对教师的启发和影响角度而言,学生是主体,学生的主体地位需要得到确认。学生不是知识和道德的接受容器,而是一个自我建构的主体。新媒体以其强大的技术优势和交互特性,为学生进行自我教育、自我提升、自我成长建立了新的平台。教师要改变态度,通过完善自身,特别是通过对新媒体的掌握来巩固自己的主体地位,强调这一点,并非弱化教师在教育中的主体地位,事实上,一个好的教师,在交互主体之中,依然是以一个强主体的方式存在,只是对教师的素质提出了更高的要求,包括思想素质、业务素质和新媒体驾驭的技术素质。在新媒体应用过程中,具有较好新媒体素养的教师能够有效掌控整个教学舞台,教师不再是一个独角戏演员,而是一个编剧和导演。课堂的主角是学生,思想政治理论课舞台真正让渡给学生,教师的主导作用通过学生表演、思考和成长来实现。教师真正要做的是设计课程、激活知识和创造体验,引领学生参与进来,主动进行自我思考、自我创造。教师作为思想成长的指导者和引路人发挥作用。因此,新媒体环境下,教师依然在发挥主导作用,只是教师不再是唯一发出的声音,取而代之的是对话,是多元主体之间的有效对话。

参考文献:

[1]潘文庆:《网络化对高校思想政治教育主体素质的新要求》,载《华南师范大学学报》(社会科学版),2004年第4期。

[2]于运国:《文化交汇对大学生思想政治教育的影响及对策研究》,载《东北师范大学》,2014年。

[3]于瑞、石中叶:《新媒体对高职学生思想教育影响的探索》,载《常州工程职业技术学院高职研究》,2014年第1期。

基于马克思主义的大学生宗教观教育研究*

　　摘　要:青年学子是国家强盛和民族复兴的中坚力量,宗教思潮在高校校园的滋生和蔓延不仅影响青年大学生的个人成长发展,更影响社会主义事业的兴衰成败。研究结合大学生特征深入探讨了高校校园中的大学生宗教信仰动机、宗教信仰组织及其宗教信仰效能等方面的内容,从中厘清了基于马克思主义的大学生宗教观教育特点,据此给出明确马克思主义宗教观的教育原则,变革马克思主义宗教观的教学内容和创新马克思主义宗教观的教学方法等具体对策,从"管用"和"有效"两个角度来创新基于马克思主义的大学生宗教观教育新模式。

　　关键词:马克思主义;大学生思想教育;宗教观教育

　　经济全球化进程推动文化的全球化进程同步发展,由此掀起全球化"宗教热"的新浪潮。在全球化宗教热潮的冲击下,大学生的宗教信仰热度持续上升,继而使得全国高校的思想政治工作者面临着与宗教信仰争夺大学生的思想阵地的新挑战。大学生思想政治教育工作者应当清醒地认识到,高校思想阵地被宗教势力侵扰的问题固然是在文化全球化冲击下的自然演化结果,但其中也有高校思想政治教育工作者自身教育工作方法不得当、教育内容偏离学生需求的问题。青年学子是推动国家富强和民族复兴大业的中坚力量,高校大学生的宗教信仰问题不仅是其私人的意识形态问题,更是事关国家建设大业兴衰成败。在大学生信仰宗教的总人群呈现持续上升的背景下,如何厘清当前大学生宗教信仰的内涵及其特征,从中找寻出当代大学生的思维方式和影响因素,有针对性的引导当代大学生客观认知宗教信仰问题,在"反求诸己"的基础上树立符合社会发展大趋势的人生

---

　　* 本文作者:杨清荧,重庆工业职业技术学院讲师。

观、世界观和价值观。

一、基于马克思主义的大学生宗教观教育特点

（一）宗教信仰动机

首先，与宗教在普罗大众中传播更多是基于对现实价值追求的动因不同，高校大学生的宗教信仰形成动机主要源自于部分大学生在对人生意义和人生价值追求的过程中所呈现出的一种用异质性意识形态来对冲正统性意识形态的精神性价值。引导大学生在精神世界中步入宗教领域的原动力是大学生内在所具有的天然的青春期叛逆心态，他们在旺盛的荷尔蒙刺激下更偏好于对既有的思想意识形态教育的产生内生性心理排斥，试图通过找寻新的意识形态内容来取代正统化意识形态教育内容在其大脑中所占据的位置，由此导致具有强大精神控制力的宗教闯入其意识形态中。

其次，现实冲击诱发大学生的意识形态困惑。诱导大学生产生宗教信仰的初始动因在于大学生的精神性诉求，但这并不排斥现实世界价值体系对大学生的意识形态的影响。在现实世界的价值体系与大学生既有的价值体系产生冲突时，大学生会产生对既有的世界观和价值观的怀疑，并希冀从一个新的价值观体系中获得一个他们期许的"合理"回答。在漫长的历史长河中所形成宗教价值观体系对于现实社会中暴露出的各类型问题都有着较为圆滑的回应，虽然这一回应并不一定能够彻底解决各类人群的价值观诉求，但却可以让信众获得心理层面的慰藉，以一种精神麻醉的方式来暂时性解脱现实世界价值观体系对其精神世界的冲击。

再次，意识形态冲突影响大学生信教行为。与普通的信徒不同，大学生的宗教信仰过程充斥着各类思想斗争与价值观冲突，这是大学生在长期的马克思主义教育体系下接受熏陶的结果。作为当代大学生，其思想价值体系中深深地烙上了现代马克思主义宗教观教育的内容，这导致宗教信仰在向其思想阵地发起攻击的过程中，将会激发正统价值观与宗教价值观之间的剧烈冲突。考虑到多数大学生都具有更丰富的情感认知和理性判断能力，这使得他们在接受宗教价值观的过程中需要面对更为强烈的心灵挣扎与思想斗争。

（二）宗教信仰组织

成建制的宗教组织活动缺乏对大学生信教群体的控制力。与信教的普罗大众不同，大学生信教群体因其好动特征和较强的自我意识群体特征而更缺乏积极意愿来参加特定的宗教组织活动。大学生在学校期间通常会较为频繁地参加各

类学校社团活动,加之高校教学安排的日常课程内容较为紧凑,故多数大学生缺乏足够的时间和精力来参加"正式的宗教活动"。通常而言,大学生会对成建制的宗教组织活动有着天然的抵触情绪,他们会觉得与参与较为规范的宗教组织会给其学习和日常生活带来不必要的麻烦,而且会觉得规范性宗教组织中的成员来源的复杂性会降低与其他教徒之间的沟通交流效率,不能有效解决他们希冀宗教组织来解决的精神问题。虽然各类宗教组织会通过定期或者不定期开展宗教活动的方式来加强对教徒的思想意识形态的渗透力,但由于多数大学生信徒具有较高的文化素养和对宗教有着迥异于其他信徒的特殊的个性化诉求,这就削弱了宗教组织对大学生的精神世界进行持续侵蚀的力量。

家庭教会组织对大学生信教群体的渗透力较强。大学生信教群体与大众信徒对宗教的诉求有着显著差异,这一差异即大学生信教群体更偏好于从宗教信仰中获取适度的情感满足。分布在高校周边和潜伏在大学教师群体中的家庭教会型组织通常采取对教徒进行情感关怀的方式来争取他们。对多数大学生信教者而言,这种从情感关怀角度来感化信徒的高校周边家庭教会组织显然更具感召力。这些由外籍教师、留学生、大学教师及其家属为骨干所形成的小微型宗教组织更易于打造浓郁的家庭氛围和亲情感。家庭教会所营造出大学生信徒难以拒绝的温馨和宽松的宗教活动氛围,不仅可以引导信徒们一起参与唱诗、祷告、查经论道等宗教活动,而且还可以经常组织包括春游、秋游、聚餐等外围宗教活动以增进信徒之间的情感交流,在满足大学生信徒情感关怀的基础上潜移默化地影响了大学生的精神世界。

(三)宗教信仰效能

宗教影响大学生信徒的社会价值观。在大学生的渐进式信教过程中,宗教内涵的价值观念自然向大学生群体的思维深处渗透,使得大学生信徒将宗教教义中所内含的价值观念内化为自己的价值观念,从而对大学生的意识形态产生根本性的改造,进而影响到大学生信徒们对当代社会的价值判断和对我国执政党执政行为的价值判断。这是因为当大学生信徒令自己的精神世界屈服于宗教体系的统治时,他们对待现实世界的基本观念和对待当世人生的基本态度就会发生显著变化。他们虽然仍然保留了部分的理性思考能力,但这份理性思考能力是在他们所思考对象的利益与宗教所代表的利益不产生根本冲突的情形下发生的。为此,大学生信徒会在主动将宗教利益放在自我利益之上的同时,也将宗教利益放在现实社会中不信教群众的利益之上。由此产生的信教群体和不信教群体之间的利益冲突会破坏大学校园的宁静氛围,撕裂大学校园和谐的师生关系和同学情谊,为制造不和谐校园埋下了宗教的隐患。

宗教的政治化内容影响大学生信徒的政治立场。宗教本身虽未直言自身的政治化诉求,但任何宗教都是由特定的宗教领袖来领导,其教义都是由具有特定社会背景和意识形态诉求的宗教人士来宣讲。在当前以基督教为代表的强势宗教主要是由资本主义社会所赡养的现实环境下,试图排斥宗教的政治化诉求是掩耳盗铃式的不明智行为。世界上多数宗教通常通过宣称自我的"善"的一面来争取信徒,通过劝善行善的方式来破除信徒的心理抵御防线,这些宣扬以奉献方式来实现其"利己利他"目标的诉求,对于那些具有社会正义感和使命感的当代大学生具有较强吸引力,使得部分大学生错误地认为若要在社会中找寻到公平、正义、宽容和慈善,非求助于宗教而不可得。这就将共产党及其所秉持的共产主义信念排斥在践行社会公平正义之外,从根源上取代了党对高等教育和当代大学生的领导权。再者,现代宗教披着人性关怀的外衣,由这层外衣所提供的对大学生的心理调适功能可以给予大学生以较强的心灵归宿感和人际交往安全感,恰好弥补了当代大学生的心灵诉求的缺失。

二、基于马克思主义的大学生宗教观教育模式

(一)明确马克思主义宗教观的教育原则

明确意识形态与科学手段相统一的原则。马克思主义宗教观教育的基本立场是在结合中国宗教国情基础上来继承和发展马克思主义宗教观。这要求思政教育工作者要在结合大学校园宗教思潮蔓延特点和大学生信徒的个性化思想需求的基础上,创造性地提出对大学教育阶段的马克思主义宗教观教育问题的基本看法、教育态度和教学方法,并将其提炼为基本的教育原则来加以落实。对于校园宗教传播,思政教师要提高其政治敏锐性,加强马克思主义宗教观教育的内在政治导向性,用马克思主义的唯物史观来重构其宗教观教育的基本立场,并在充分借鉴宗教学、哲学、政治学、社会学、传播学、计算机软件科学、高级统计学等学科最新进展的基础上来搭建马克思主义宗教观教育的基本观点,有力地夯实马克思主义宗教观教育的科学基础。考虑到宗教思想在大学校园中的渗透是一个渐进的历史过程,它符合社会动力学特征,为此,思政教师应当将马克思主义宗教观教育放入社会历史进程中来分析,带入大学生思想演进过程中去研究,植入马克思主义系统理论知识来深入认知,用社会学的、历史的眼光来审视其中的科学性、

发展性和前瞻性。

明确"精以致用"的原则。马克思主义宗教观教育并非空中楼阁,正因为其核心观点具有强大的时间指导价值,故决定马克思主义宗教观具有强大的生命力。思政教师要从理论联系实际角度出发,结合当代大学生的知识体系、社会阅历和意识形态特征来设计马克思主义宗教观教育内容,确保教育内容与教育对象的实践需求的一致性,使其从内心认知到马克思主义宗教观教育的管用性、有效性。所谓"管用",系指马克思主义宗教观教育可以帮助大学生解决他们在日常学习和生活过程中所遭遇的各类思想困惑,化解纷扰大学生的各类意识形态冲突,有效满足其改造主观世界的价值需求;所谓"有效",系指接受马克思主义宗教观教育基本观点的大学生的生活质量可以得到显著改善,学习效能得到显著提升,能够从物质上到精神上都给马克思主义信仰者带来切实的效用。为此,思政教育工作者应当根据学习者的不同学习能力来设定恰当的学习内容,并以此为据来对马克思主义宗教观教育内容分清难易并作教学取舍。在教学过程中,思政教师应当结合马克思主义宗教观教育的基本思想来提炼精华,不可强调理论性而忽视实践性,而应当去粗存精,去伪存真,力求马克思主义宗教观教育内容的精干、精练,力戒烦琐化、神秘化,以生活化教学内容来取代纯理论内容,大力突出案例教学,确保马克思主义宗教观教育能入脑,能落地,能执行。

(二)变革马克思主义宗教观的教学内容

马克思主义宗教观教育问题实质是高校思想政治教育工作者与宗教界人士争夺高校大学生的意识形态阵地的问题。在文化全球化冲击下的宗教全球化进程中,高校应当积极推进思想政治课程的现代化进程,结合当前思想阵线的最新需求来变革大学生思想政治课程教学内容,将当代大学生的宗教需求纳入到思想政治教育的正规渠道中,用马克思主义基本原理、毛泽东思想和中国特色社会主义理论来客观公正地解读各类宗教教义的基本思想。在各门课程设计中要统筹考虑到课程特点与马克思主义宗教观教育工作需求之间的匹配性,在课程教学设计时要因材施教、因教施策、有所侧重。

在马克思主义基本原理概论课程教学设计上,考虑到该课程的理论性较强的特征,课程设计者应当将该课程作为对大学生信徒们宣讲马克思主义宗教观的骨干课程。在该课程的教学设计上,思政教师应当从马克思基本原理的角度来着力解读宗教系统的产生根源、发展历程、壮大动力和消亡之必然性,并将上述内容以理论阐述和案例分析的方式融入各章节教学过程中,对大学生展开潜移默化的思想攻势,将马克思主义宗教观的基本教育思想烙在大学生脑海中。由于马克思主义的基础之一是唯物主义,而宗教理论则是建立在唯心主义基础之上的,二者在对世界构成要素这一根本性问题的认知上存在无法弥合的鸿沟。为此,思政教师可以从物质构成世界这一角度来揭示宗教之本质,指明宗教无非是人类对于以"神"为符号的外部力量对人脑及其日常生活的支配活动所产生的幻想,它产生于人类的社会实践并作用于人类的意识形态,继而以遥控人类意识形态的方式来影响人类的生产与生活实践并从中获利,用以支持以宗教为生的人群的自身生存与发展。

（三）创新马克思主义宗教观的教学方法

推动认知教学向信念教学方法的转变。强化对大学生的"马克思主义宗教观"教育效能的关键点在于深入洞悉大学生的精神诉求并基于此来创新教学方法。当前大学思想政治教学体系更为偏重于以思想政治知识教学为主导来提升大学生对于马克思主义的认知水平,这一教学方法虽可满足大学生的求知欲望,但却忽视了作为具有独立思维个体的大学生的主观性精神诉求。当代大学生是思想较为活跃,个体独立意识较为突出的一代青年。这使得传统基于马克思主义知识体系的思想政治课程教学模式难以满足当代大学生丰富的内心世界需求,转而建立基于马克思主义信仰体系来重构思想政治课程教学模式成为思想政治教师创新教学方法的当务之急。思政教师应当摸清思想政治教育规律,结合当代大学生的思想动态特征和行为特点来设计思想政治课程教学体系,从变革受教育者的意识形态着手来创新教学方法,引导大学生将马克思主义的意识形态作为自我的内生性需求来主动学习,并外化为自己的实际行动。

实施互动式马克思主义宗教观教育方法。传统大学生信徒马克思主义宗教观教育活动表现为教学内容从思政教师单向传播给学生。这一教学方法忽视了作为学习主体的大学生在课堂表达自我观点的个性化需求,结合学生特征来建立互动式马克思主义宗教观教学新方法是有必要的。思政教师若想实现马克思主义宗教观教育整体目标,不仅要让学生获得马克思主义宗教观的基本知识,而且要将马克思主义宗教观的相关思考方法、学习技能、现实问题解决之道、建构正确情感世界的态度等方面的目标有机地结合起来,以确保该类课程的目标可被"整体实现"。为此,变革传统的思想政治教学模式并建立契合大学生意识形态发展需求的新型师生关系和课堂秩序已经刻不容缓。这种新型师生关系和课堂秩序的建立要求思政教育工作者破除传统"单向式"教育理念和教学方法,转而建立起以人为本式教育方法。思想政治教育工作者应当立足于社会主义市场经济大环境中,坚持"以人为本"教育理念,把大学生的个体思想发展目标与社会意识形态发展目标融合为一体。思政教育工作者应在尊重大学生暨课堂信息接受者主体地位的同时凸显大学生的个性化思想需求和利益诉求,将践行大学生思想需求视为教育目标而非手段。思政教师应当从知识内容、思想方法和情感交流等角度与大学生展开实时互动,在课堂营造角色平等氛围、创设多向性交流模式,在有效引导受教育者走自由全面发展之路的同时,将马克思主义宗教观教育内容移植到大学生的意识形态体系中,切实提高马克思主义宗教观教育大学生信徒针对性并增强其实效性。

参考文献:

[1]张华军:《整合的自我:教育视角下杜威晚期思想中的宗教观解读》,载《教育学报》,2016 年第 3 期。

[2]张磊:《高校思想政治理论课加强马克思主义宗教观教育的思考》,载《南方论刊》,2015 年第 5 期。

[3]叶蕾:《新疆高校马克思主义宗教观教育的历史回顾与现实思考》,载《新疆大学学报》(哲学·人文社会科学版),2015 年第 2 期。

[4]杨渊:《大学生民族文化认同教育调研及策略研究》,载《教育与职业》,2016 年第 2 期。

工匠精神对职业院校人才培养的影响*

摘　要:随着工匠精神的热度不断升高,对于以培养技能型人才为主要目标的职业院校来说有重要影响,促使职业院校在校园文化、学生思想教育、教学、师资、校企合作等方面进行人才培养方面的转变。同时,职业教育中工匠精神的培养也是国家经济转型、职业院校发展以及学生自身发展的必然要求。

关键词:工匠精神;职业教育;人才培养

2016年3月5日,李克强总理在《政府工作报告》中提到,鼓励企业开展个性化定制、柔性化生产,培育精益求精的"工匠精神"。[1]不仅是在"两会",李克强总理在过去一年中的会议、考察等行程中频繁使用到了"工匠精神"一词,引起社会各界的热议,使其成为2016年十大流行语之一。2016年5月,李克强总理在考察东风商用车重卡新工厂时也提到,"中国制造"的品质革命,要靠精益求精的工匠精神。足以看出李克强总理对工匠精神的重视程度,希望在工匠精神的引导下,推动"中国制造"完成一场"品质革命",确保中国经济保持中高速、迈向中高端。由于职业院校是高素质技术技能型人才的培养摇篮,旨在培育拥有较高专业技术的"工匠"。因此,工匠精神的提出在职业教育领域引起了强烈的反响与共鸣,为职业教育的发展指出了方向。

一、工匠精神的内涵

受中国传统文化的影响,人们对于"工匠"二字还存在一些偏见,通常第一反应就是木匠、鞋匠、石匠等职业,认为工匠是一种机械重复的工作者,是一种体力

---

* 本文作者:马春梅,重庆工业职业技术学院管理与航空服务学院教师,硕士研究生。

劳动者,所谓的工匠精神也就是社会底层劳动者所具有的一种劳动精神。与中国对工匠的传统看法相违背的一种现象是,许多具备工匠精神的产品往往是奢侈品牌,在质量和工艺上无可挑剔,比如瑞士的手表制造行业,由于要做到完美必须耗时长、成本高,因此价格也就更高。就算做不到如奢侈品牌那般极致,在产品制造过程中将工匠精神作为指导思想,也会生产出受到广大消费者信任和追捧的产品,如德国人严谨到令人觉得可怕的工匠精神所带来的效果是其生产的产品质量在全世界范围内得到认可;日本丰田的精益化生产,也是典型的具有工匠精神的企业的杰作,每个人都在自己的工序内确保品质,进而造就全员工匠流水线。

因而,我们认为,工匠精神是指工匠对自己的产品精雕细琢、精益求精、追求完美的精神理念。工匠精神的目标是打造本行业最优质的产品,生产出同行业者无法匹敌的卓越产品,工匠们热爱和专注于提升自己所在领域的技能。工匠精神强调在生产过程中精益求精、一丝不苟、专注、坚持、敬业、淡泊名利。

充分而客观地理解了工匠精神的内涵,才会领悟到在职业院校人才培养过程中强调工匠精神的重要性,工匠精神是职业教育的极致追求,职业教育的最高目标就是培养符合现代经济发展要求的"工匠"。

二、工匠精神在职业院校人才培养中的重要性

(一)工匠精神是国家经济发展转型的必然要求

在中国几千年的历史中涌现出了不少能工巧匠,他们坚守着自己内心那份工匠精神,才有了长城、故宫等举世闻名的历史古迹,也才会有对世界产生巨大影响的四大发明。中华人民共和国成立以来,中国人民也是凭借着对工匠精神的坚持,在艰苦的环境中制造了原子弹、氢弹,修建了人民大会堂。但是,随着经济的逐渐发展,企业更多的是追逐经济利益而忽略了产品的质量,工匠精神在产品制造过程中逐渐被遗忘。导致部分中国制造的产品存在质量上的粗制滥造,进而影响了中国制造的声誉,以至于无法满足消费者对高品质的需求,很多消费者形成了一种国产货质量不好的惯性思维。中国的经济发展要转型,要变"制造大国"为"制造强国",由"中国制造"转变为"中国智造",提高自主创新能力。[2]正是因为这个原因,李克强总理在2016年《政府工作报告》中提到工匠精神,只有重拾工匠精神,中国才能制造出高质量、高品质的产品,赢得国内外消费市场,振兴我国的民族工业。[3]

职业院校的学生毕业后直接参与产品的设计或者生产,是中国制造的一线主

力,是我国实现经济转型的中坚力量。在职业院校的人才培养中,只有弘扬工匠精神,才能助力中国经济实现转型。

(二)工匠精神是职业院校自身发展的必然要求

职业院校与一般大学的本质区别就是,职业院校培养的是技能型人才,因此必须重视企业对人才的需求。企业希望职业院校的毕业生具备较高的技能,同时还要有良好的基本素质。因为经验、知识和能力可以在工作中逐步培养,但科学正确的职业认知和态度的培养则必须在学校形成。因此,职业院校在进行人才培养的过程中,除了加强对学生专业技能的培养,还应顺应时代的发展,注重培养学生的工匠精神,让学生以敬畏的心态对待自己所选择的职业和岗位,培养对自己的产品精雕细琢、精益求精、追求完美的工匠精神,增强学生的综合竞争力和职业核心竞争力。

而事实也证明,具备工匠精神的学生更受企业欢迎,他们在自己的领域认真钻研、任劳任怨,将平凡的工作做到不平凡,为企业创造了价值。技能高、素质好的毕业生也会为职业院校带来良好的社会声誉,有助于扩宽学生的就业面,同时也会吸引大量的生源,实现职业院校的可持续发展,摆脱高职院校招生困难的窘境。[4]

(三)工匠精神是学生在社会立足的重要保障

高等职业教育旨在培养生产、建设、管理和服务等领域的一线专门技术人才,职业院校学生只有在自己所从事的领域中具备较高的技能和职业素养,才能有较大的发展空间,才能在社会中立足。而工匠精神作为一种职业精神,对从业者的职业生涯具有重要作用,具备工匠精神的人才有更强的就业竞争力,能在自己的领域中脱颖而出,取得成功。

因此,在职业教育过程中倡导工匠精神,引起学生对工匠精神的重视,使学生具有专业技能和工匠精神,拥有良好的综合素质。企业在招聘人才时往往也强调需要工作严谨、认真负责、吃苦耐劳的人才,这对于企业来说就提高了自身的人力资本附加值,对于学生自己来说则会提高他们的就业竞争力。因此,具备工匠精神,也是职业院校学生立足社会的重要条件。[5]

三、工匠精神对职业院校人才培养的影响

由于工匠精神在职业教育领域的重要性日益突出,因此它对职业院校的人才培养产生了重大影响,也促使职业教育做出改变。主要体现在以下几个方面:

（一）校园文化建设方面

以往的职业院校校园文化中可能很少涉及工匠精神,以至于学生没能够在具有工匠精神的育人氛围下学习。在虚拟化、资本化的大潮下,急功近利的焦虑心态四处弥漫,信息技术的发展也使这种氛围在职业院校中蔓延,很多学生都不再相信时间能够带来价值,[6]在学习知识和技能的时候走马观花、应付了事,择业的时候又都想要选择钱多事少的职业,这种现象在职业院校中将会带来的负面影响不容忽视,急需改变。而工匠精神的再次提及,要求职业院校学生具备一定的工匠精神。这种职业精神的培养首先就要从校园文化上入手,充分利用这一隐性教育资源进行传播、弘扬。

为此,高职院校可通过举办与工匠精神相关的演讲比赛、征文比赛、文化展览、实操比赛等校园文化活动,为学生营造一种精神氛围。既能丰富高职学生的课余文化生活,又能拓宽他们的知识面,提高实践能力,还能促进他们形成良好的职业精神。同时还可以利用校园文化墙张贴与工匠精神相关的喷绘以及宣传海报,在学校人流量较大的地方如主教学楼、食堂、学生宿舍区等拉横幅宣传工匠精神,形成一种良好的校园文化氛围。

（二）学生思想教育方面

哲学中讲到:物质决定意识,意识反作用于物质。意思就是思想意识对我们的行动具有指导作用。要将工匠精神落到实处,首先就应该在思想上认可和推崇工匠精神。高职院校以往对学生的思想教育可能主要是停留在对学生政治方向上的引导,当然这也是最重要的一个方面。但是,随着工匠精神的提及热度不断升高,职业院校作为培养技能型人才的主要阵地,必须在思想上加强对学生的引导,培养优秀的"工匠"。

培养学生的工匠精神,首先应改造学生的思想。职业院校的学生普遍文化成绩不好,在中学时代又养成了"成绩决定一切"的思维惯性,因此很多职业院校的学生没有意识到自己对于这个社会的重要性,在校期间不严格要求自己,只图混个文凭。那么职业院校就要充分利用思想政治教育课、就业指导课、创新创业指导课等平台,开展职业精神教育,将工匠精神加入到职业精神教育课程中,明确人才培养目标,改革课程内容,并选择科学的教育方法和途径,使学生认识到工匠精神的实质与价值,引导学生形成良好的职业态度,成为社会急需的具有工匠精神的稀缺型人才。

(三)教育教学方面

职业院校在人才的培养上与本科院校最明显的区别就是职业院校在专业的设置上更加细化,课程开发也是以实务为主,并且会在专业教学中设置大量的实训课程,但这并不代表职业院校在专业课教学上突出了工匠精神,反而在职业教育过程中存在马虎了事的现象,在工匠精神对职业教育具有重要意义的前提下,这种现象急需改变。

在专业理论课教学上,应根据职业院校学生的特点和实际情况,改进和完善以往的人才培养方案,在方案中明确工匠精神的内涵、培养措施和培养标准,任课教师要严格执行培养方案,带头践行工匠精神,为学生树立良好的典范;[7]选择合适的教学方法和途径,如:将工匠精神作为课程的考核依据,使学生形成良好的职业素养;结合专业课的特点,在教学中结合工匠精神,培养"注重细节、精益求精、专业敬业"的工匠精神。在专业实训课教学上,应该重视实训教学对培养工匠精神的重要性,制订好切实可行的实训计划,在实训教学过程中将工匠精神作为主线,在实训过程中严格要求每一个环节,利用实际的工作任务、实践教学环境,让学生切身体会到工匠精神的实质与内涵。

(四)师资方面

教师是职业院校人才培养的主力军,直接与学生进行知识和思想上的交流与碰撞。教师的一言一行对学生都有最直接的影响,因此,职业院校要培养学生的工匠精神,就要求教师必须具备工匠精神,通过教师的言行来引导学生,同时教师也被称为"教书匠",本身就是一个工匠,具备工匠精神也是教师的职业要求。

职业院校教师首先要在教学态度上体现工匠精神,要有精益求精和持之以恒的教学态度。很多职业院校的教师都抱怨学生上课不认真,这其中固然有学生的原因,但教师也难辞其咎。如果任课教师具备工匠精神,认真对待每一个学生,创新教学方法,认真备好每一节课,努力把课上好,学生自然而然会认真听课。因此教师要摆正自己的教学态度,自己具备工匠精神,才有资格要求学生具备工匠精神。其次是要在教学设计中体现工匠精神,[8]教学设计要严谨、一丝不苟,严格执行教学设计,对于学生出现的错误及时纠正,培养学生严谨的工作作风;在教学评价设计中严格按专业标准,培养学生的规范意识。

(五)校企合作方面

职业院校学生在学校学习固然重要,但仅仅在学校学习远远达不到企业对技能型人才的要求,因为即使是学校的实训课,也只是虚拟的环境,不是真实的运营环境,因此职业院校开展校企合作是一种重要的人才培养模式。培养学生的工匠精神,也需要依靠校企合作这一桥梁。[7]学生通过在企业实习,在真实的经营环境中实践,才能体会到企业的行为准则、规章制度,才能体会到什么是工匠精神。这就要求学校要进一步加深校企合作,使校企合作不再停留在企业的管理人员来学校开讲座、参与教材编写或者参与专业建设,这些并不能促进学生工匠精神的培养,而是要让每一位学生都能进入企业里实践,严格按照企业的要求工作,才能培育学生的工匠精神,也才能使学生满足企业的用人需求。

四、结语

职业院校是培养"工匠"的主要阵地,有责任造就大量具有工匠精神的高素质技术技能型人才,推动"中国制造"转变为"中国智造"。工匠精神的培养具有重要作用,职业教育则是培养工匠精神主要手段,同时也任重而道远。

参考文献:

[1]叶军:《工匠精神:职业教育的灵魂和支柱》,载《苏州市职业大学学报》,2016年第3期。

[2]单侠芹:《工匠精神引导下对职业教育实践性课程的思考》,载《劳动保障世界》,2016年第8期。

[3]刘文韬:《论高职学生"工匠精神"的培养》,载《成都航空职业技术学院学报》,2016年第3期。

[4]张斯元:《职业教育过程中工匠精神培养的研究》,载《现代职业教育》,2016年第11期。

[5]王丽媛:《高职教育中培养学生工匠精神的必要性与可行性研究》,载《职教论坛》,2014年第22期。

[6]林敏:《弘扬职业教育者的工匠精神》,载《衡阳通讯》,2016年第150期。

[7]石博:《"工匠精神"视域下高职人才培养机制的创新》,载《清远职业技术学院学报》,2016年第4期。

[8]徐伟:《工匠精神引领下的高职教育教学研究》,载《浙江交通职业技术学院学报》,2016年第2期。

"工匠精神"的产生需要"沃土"*

摘 要:工匠精神就是追求卓越的创造精神、精益求精的品质精神、用户至上的服务精神。当今社会心浮气躁,追求"少、短、快"(投资少、周期短、见效快)带来的即时利益,从而忽略了产品的品质灵魂。因此,企业需要工匠精神,员工需要工匠精神,企业家更需要工匠精神,才能在长期的竞争中获得成功。本文阐述了在当今社会为什么很难产生具有工匠精神的人和企业的原因。

关键词:工匠精神;培育工匠精神

在 2016 年的《政府工作报告》上,李克强总理提出,要鼓励企业开展个性化定制、柔性化生产,培育精益求精的"工匠精神"。2016 年职业教育活动周的主题更是"弘扬工匠精神,打造技能强国"。截至 2012 年寿命超过 200 年的企业,日本有 3146 家,为全球最多,德国有 837 家,荷兰有 222 家,法国有 196 家。为什么这些长寿的企业扎堆出现在这些国家,这是一种偶然吗?他们长寿的秘诀是什么呢?我们研究发现了他们都在传承着一种精神——工匠精神。

所谓工匠精神其核心是:不仅仅是把工作当作赚钱的工具,而是树立一种对工作执着、对所做的事情和生产的产品精益求精、精雕细琢的精神。"工匠"是技艺精湛的人。在欧洲,德国的学徒传统培养了最优秀的工匠,瑞士的顶级名表都是工匠一个零件一个零件打磨而成的。工匠精神,就是追求极致的精神,并且专业、专注。

在中国目前最缺的不是工匠精神而是培育工匠精神的"沃土"。我们一起来看看到底是哪些原因导致我们的土壤不肥沃的。

---

* 本文作者:潘玲,重庆工业职业技术学院自动化学院专任教师,讲师。

一、学而优则仕的传统观念

在中国历史上有四大阶级"士、农、工、商","士"是士大夫特权阶级,是当官的。中国人根深蒂固地认为,被人管的不如管人的,当民的不如当官的,管理者才是成功的,而一线人员,包括体力劳动者和脑力劳动者的各种专员,都是比较平庸的。这种所谓的"领导情结"与中国国情比较符合。因为在中国,大多数管理者不管是经济收入还是社会地位都超过了一线员工。

高考是很多人的人生分水岭,是金榜题名、衣锦还乡的第一步。在中国,通过高考进入好的本科院校的人毕业后,更多地是想成为"人上人",选择上职业院校的人,给人感觉更多的是高考失利的无奈之举。在德国、日本等国家,一个工匠、一个高级的技术工人蓝领,同样受到了社会的尊重。而在中国,企业的领导或管理者比一个技术蓝领更受人尊重。

二、职业教育未能与企业实现无缝接轨

目前,中国的职业教育已与企业合作,增加了到企业实习的环节,但远远不够。现在高职学生普遍不愿意到企业一线工作,无做匠人的打算和准备。

德国建有一整套完善的职业教育系统,职业培训的概念已深入民心,一般中学毕业后无望或不想进入大学深造的学生,就可以根据个人的兴趣爱好,选择不同的职业学校接受专业技能培训,开始职业生涯的第一步。学生一边在职业学校学习理论知识,一边以学徒身份到企业实习。基于各行业技能要求和难易程度不同,理论课和实践课的课时要求也有所不同。一般对实际操作技能要求高的职业,学生每周在企业做学徒4天,到学校上理论课1天。

德国职业教育双轨制具有一石三鸟的功效。首先,职业学校通过与企业的合作,随时了解企业对技术工人和其他工种从业人员的要求,及时更新、修改教学内容。其次,企业可通过参加这种具有社会公益性质的培训,提高社会知名度,同时挑选和储备企业所需从业人员,是企业避免内部出现技工短缺的捷径。再次,学员可将所学的理性知识直接到实践中消化和吸收,逐步完成由学生到社会人的过渡,如表现好,还可在实习期后直接在实习企业由学徒转为正式工,省去找工作的环节。据德国联邦劳动署职业培训调查显示,经过双轨制职教培训的人在日后工作中的独立性和交际能力都较强,而且具备团队精神。

三、快速发展导致重机遇不重人才

在过去的30年里,中国的市场从封闭到逐步开发,一部分市场和价格充分竞争,另一部分市场和价格还处于垄断状态,这个巨大的断层形成了一个特定时期的套利机会。企业热衷于"圈钱、做死某款产品、再出新品、再圈钱"的循环。坚持工匠精神的企业,依靠信念、信仰,坚持产品不断改进、不断完善,这个阶段需要时间,需要耐心和资金支持,被淘汰的风险是很大的。

工匠精神,是要严谨、坚持和耐心,这些需要时间,需要一个长期稳定的未来,若连你自己都不知道你的企业明天还在不在,那你哪里会去研究这些,肯定是圈地捞钱走人。

在这样一个30年就从工业1.0飞奔入工业4.0的大时代里,永远有新的更有价值的社会分工不断出现,而人的协作却跟不上技术的发展,制度漏洞太多,套利机会也太多,社会好像是一个冒险家的乐园,而不是一个工匠的田园。

四、工匠经济收入过低

在企业都在追逐更多的套利机会时,工人们更是追逐能给他们带来更好效益的事情。他们需要养家糊口,需要更高的收入来支撑家庭的开支,来培育下一代,生活压力巨大,根本不可能考虑工匠精神。若告诉人们,一位工作了30年的老工匠的收入超过他的年轻管理者10倍、20倍,那么工匠精神自然会流行。

在这个"商人精神"横行的年代,个人和企业都会面临巨大的生存挑战。比如一些以生产山寨产品为主的企业,在外部环境好的时候,企业可以生存,一旦外部环境变得恶劣,企业很容易马上倒闭。

企业的核心因素是人,而脱离这种困境的途径是培养企业的工匠精神。工匠不断雕琢自己的产品,不断改善自己的工艺,他们享受产品在手里升华的过程。其他企业热衷于"圈钱—做死某款产品—出新品—圈钱",而打造工匠精神的企业却在从另一方面满足自己的精神需求,看着自己的产品在不断改进、不断完善,最终以一种符合自己严格要求的形式存在。

工匠用工作获得金钱,但工匠不为钱工作。一个人所做的工作是他人生态度的表现,一生的职业就是他志向的表示、理想的所在。

五、价值认同感不强

培育工匠精神需要人们尤其在教育方面给予匠人足够的价值认同。现在很多大学生宁愿在小公司端茶倒水也不愿意走进工厂学会一门手艺，再高级的蓝领也没有白领有吸引力，这种现象很不利于技能型人才的培养。

工匠精神不是口号，它存在于每一个人身上、心中。长久以来，正是由于缺乏对精品的坚持、追求和积累，才让我们的个人成长之路崎岖坎坷，组织发展之途充满荆棘。这种缺乏也让持久创新变得异常艰难，更让基业长青成为凤毛麟角，所以，在资源日渐匮乏的后成长时代，重提工匠精神、重塑工匠精神，是生存、发展的必经之路。当工匠精神被写入《政府工作报告》，一些早已被人们认识到的、亟待解决的问题渐渐可以归结为一类，比如，中国是制造大国而非制造强国，再比如一边是产能过剩，国货积压，一边是全球代购风劲吹。

最早听到"工匠精神"一词是在一些国家，比如日本、德国，他们的一些匠人在对自己的产品精雕细琢的过程中几近于"痴狂"。比如一双手工皮鞋需要半年来制作，一块表则需要一年来完成，还有一辆车每个零件都需要精益求精，完美契合。这在一些追求快速利益的生意人来看似乎有些很可笑，要知道在一些企业管理者的眼中时间就是金钱。但恰恰是这些匠人锲而不舍的劲头才造就了品质、品牌和文化。这背后的生产价值已经超越了一双鞋、一块表、一辆车。过去看中国，我们说需要快速发展经济来解决温饱问题。现在的中国已经不再需要高速来解决一些发展难题，经济发展的换挡也释放出一种信号——呼唤工匠精神的回归。

濒临失传的各种中华文化经典需要工匠精神，制造企业急缺高级技术工人需要务实、踏实的匠人，现代农业研发也需要工匠精神。工匠精神可以根植于各行各业，以不懈追求与创新、创造来提升制造的价值。这种价值认同既是物质产品的动力活力来源，更是精神层面把一件事做好、做精的情怀和信仰。无论哪个行业任何时候都需要工匠精神，那些有责任心、有创造力的匠人是推动企业发展的主动力。期待在"大众创业、万众创新"大潮中，工匠精神渗透至各个领域，让"中国制造"早日成为让国人骄傲的最好品牌。

其实，中国梦的实现，中国的崛起都要靠我们企业以及个人的工匠精神来完成，而工匠精神的诞生以及壮大更需要的是滋生和培育工匠精神的"沃土"。

参考文献:

[1]沙璐:《盘点总理做报告有哪些新词:分享经济、工匠精神》,载《新京报》,2016 年 3 月 7 日。

[2]舜网:《总理报告中的"工匠精神"哪里来?》,网易新闻/(访问时间:2016 年 4 月 26 日)。

[3]《找回失落的工匠精神》,豆瓣网(访问时间:2013 年 5 月 22 日)。

[4]《工匠精神:诚意之作魅族 flyme》,天极网(访问时间:2013 年 5 月 22 日)。

[5]《向劳动者致敬! 工匠精神让中国梦更精彩》,中国新闻网(访问时间:2016 年 5 月 2 日)。

[6]《匠人志,我们为什么需要工匠精神?》网易财经(访问时间:2015 年 3 月 23 日)。

[7]刘维涛:《让工匠精神涵养时代气质——弘扬工匠精神大家谈》,载《人民日报》,2016 年 6 月 20 日。

内涵建设视域下高职院校文化育人的
重要性及对策研究*

摘　要:文化育人是高职院校内涵建设和人才培养工作不可或缺的路径,探讨文化育人的重要性,坚持正确育人导向,提升文化引领功能,坚持全员育人理念,发挥多方主体作用,拓宽文化育人平台,加强育人载体建设,是高职院校的必为之作,也必然能为培养高素质技术技能型人才提供理念支撑,为高职院校内涵发展做出重要贡献。

关键词:内涵建设;高职院校;文化育人

随着我国高职院校内涵建设的深入推进,构建人在知识与工作之间恰当关系,除了完成该工作所需要的目标任务、方法路径、工具器械、操作技能等,还包括人在工作过程中的精神状态、职业道德、行为习惯、意志品质等。因此,职业教育蕴含在架构起人们在知识与工作之间复杂的存在方式的文化系统之中,从而鲜明地呈现出文化育人的典型特征。

一、高职院校文化育人的基本内涵

所谓文化,19世纪英国人类学家泰勒(Edward Tylor)在《原始文化》一书中指出,文化是"一个复杂的整体,其包括知识、信仰、艺术、道德、法律、风俗以及人作为社会成员的一分子所获得的技巧与习惯",这是狭义文化的界定,认为文化是人们普遍的社会习惯与思维方式。因此,文化是一种更明确地区分现实行为和构成行为原因的抽象的价值、信念以及世界观。通过一套共享的理想、价值和行为准

---

* 本文作者:邓闵心,重庆工业职业技术学院党政办秘书,讲师。

则,文化不仅可以使个人的行为被社会其他成员所理解,而且赋予其生活的意义。

大学文化是作为人类社会长期累积的优秀文化在大学场域的缩影,是一所大学赖以生存、发展的重要根基和血脉,也是大学间相互区别的重要标志和特征。尽管现代大学被赋予了很多功能,但其最根本的任务是人才培养,大学的本质是研究学术、追求真理、创造知识、创新价值观和培育人才,其最本质的是求真育人,因此,大学文化要建立在这个本质特征之上。

高职院校作为现代大学的重要组成部分,内含丰富的大学文化也是高职院校文化的应有之义。高职教育"以服务为宗旨、以就业为导向、走产学研相结合的发展道路"的指导思想和"工学结合、校企合作、顶岗实习"的人才培养模式,要求高职院校在培养高素质技术技能型人才的同时,必须培育具有高职特色的学校文化。这就要求高职院校的文化建设要植根于自身办学的类型,在职业性、行业性、区域性上下功夫,立足于职业性、行业性和区域性三个基点,文化建设应展现出校企合作、产业文化进校园,以及注重应用丰富多彩的高职院校文化的特征。

二、文化育人对高职教育发展的重要性

(一)文化育人有利于高职院校的内涵建设

党的十八大报告中对教育做了专门的要求,"要把立德树人作为教育的根本任务",强调要着力提高教育质量,关键是培养学生的社会责任感、创新精神和实践能力,对加快发展现代职业教育,则应推动内涵式发展。但是,长期以来,高职教育强调"职"的特点,重视对学生"硬实力、硬指标"的培养和训练,而高职生的"软实力"的培养存在较大的短板,表现在严重地忽略了对高职学生独立人格、健康心理、创新实践能力、社会适应能力的培养,致使高职学生普遍存在人文素质偏低、人文知识缺乏、人文精神淡薄、职业精神不强等一系列问题。在我们的理念中,围绕高技能应用型人才培养的"硬实力"显性目标容易确立,培养过程、培养效果也显而易见。而"软实力"培养的目标定位比较模糊,没有标尺可以考量。高职生"软实力"培养的过程是个长期而艰辛的文化熏陶与积淀的过程。因此,通过发挥文化育人的作用,提高高职人才培养质量,促进高职院校内涵建设尤为重要。

(二)文化育人有利于提高校园文化建设

作为人类文明和优秀人才的集聚地,大学具有强大的精神感召和激发力量,这种力量也就是大学文化所具有的凝聚与激励功能。一所大学的文化集中反映了师生的期望与诉求,是集学习、工作、生活于其中的全体师生的理想信念、目标

价值的精神基础。当这种大学文化被师生认同时,就会成为精神的黏合剂,把大学成员凝聚在一起,释放出巨大的合力,在师生间形成一种团结向上和积极进取的精神追求。大学文化的激励作用是大学精神的全面体现,大学精神是大学的灵魂,是大学文化的精髓和核心,是在大学自身发展过程中长期积淀形成的激励、指导和规范大学行为的价值体系,以及体现这种价值的独特气质。它以其深厚的文化传统和理念,渐化为大学师生深层次的群体意识。其中,崇尚科学、坚持人文与科学统一的特质,将为追求科学的大学生提供方法论指导;大学环境中古今中外多种学科知识的碰撞、交融,既开阔了人们的视野,也为人们提供了获取新知的平台。因此,由校园文化反映出来的高职院校形象和声誉,以及一代代学生所传承和凝聚的大学奋斗目标、先辈典型事迹、大师学术成就和身边的榜样群体,可以对大学生产生强烈的感召力,激励他们奋发图强,为共同的目标而不懈奋斗。

（三）文化育人有利于塑造适合社会需要的人才

在 2014 年全国职业教育大会上,李克强总理特别强调,要把提高职业技能和培养职业精神高度融合,培养大批牢固树立敬业守信、精益求精等职业精神且怀有一技之长的劳动者,培养数以千万的具有较强动手能力、服务能力的技能型人才,使"中国制造"升格为"优质制造",乃至"精品制造"。伴随我国经济转型速度的加快,企业对人才提出了更新更高的要求,不仅要求动手能力强,更需要员工学会做人、做事,学会共处,具有良好的思想品德、具有社会责任感与事业心、具有较强的职业精神和文化。高职教育正是承担这一共荣使命和职责的教育主体。满足经济社会发展对技能人才的需求,不仅仅是人才的数量,更重要的是人才质量。因此要通过文化育人,不断提高从业者的基本素质、职业素养,增强高职生的职业能力和学习能力,培养更多的工匠人才,为满足社会企业对其职业技能需求奠定坚实的文化素质基础。

三、进一步完善高职院校文化育人的对策

高职院校文化育人载体建设,要体现以服务为宗旨,以就业为导向,产学研结合的职教理念,形成"以校为主、校企渗透、校社交融"的文化育人载体共建机制。

（一）坚持正确育人导向,提升文化引领功能

第一,强化文化育人理念是建构高职院校文化的前提。社会高速发展,科学技术突飞猛进,职业需求多种多样,使得高职教育需要从重知识、技能传授到重能力的培养,再到知识技能传授、能力培养和素质内化三者融合,在传授知识技能、

培养能力的基础上,不断提高学生的综合素质。高职院校树立文化育人的理念,应认识到文化育人在道德文化培养、优秀人格精神培育方面具有重要作用,把文化素质教育和能力培养教育融合渗透,贯穿于人才培养全过程,注重学生学习能力的提升、社会责任感的加强、发展创造力的提高和人文精神的培养,将学生培养成符合社会发展需要的人才。这也与国家需要的技能型人才标准、用人单位需求是相一致的。

第二,坚持"立德树人"的育人理念。《礼记·大学》有言:"大学之道,在明明德,在亲民,在止于至善。"育德是教育的首要要求,既是我国传统的育人理念,也是当前社会对大学文化育人的基本期望和要求。高职院校除了要坚持正确的办学方向,还要树立"育德""弘德"理念,培养有德之才,传播道德文化,在帮助学生成功、成才的同时,关注学生成人,即高尚品格和健全人格的养成教育。坚持"育人为本,德育为先",要将德育工作贯穿落实到文化育人全过程。

(二)坚持全员育人理念,发挥多方主体作用

第一,培育师德师风是建设高职院校文化育人的主体。学校应将建设一支具有良好师德师风的教师队伍作为事业发展的重要基础,将培养打造中青年骨干教师纳入学校发展长期规划,将提高教师素养作为师资队伍建设的核心任务。通过引进校外的高素质、高学历人才,培养校内既有文化底蕴又有发展潜力的教师,从而有效促进教师素养的整体提高;通过积极完善"双师型"教师的培养机制,让更多的教师深入到企业及生产一线实践锻炼;通过发挥老教师"传帮带"作用,引导青年教师在教育学生、关爱学生、帮助学生、引导学生、鼓励学生等方面全面协调发展。

第二,发挥学生在文化育人过程中的生力军作用。高校是高素质人才的集聚高地,大学生思维活跃、团结奋进、朝气蓬勃,是文化育人的生力军,要尽可能地发挥他们在文化建设过程中的积极性、主动性和创造性,使其在优秀的大学文化氛围中接受熏陶和教育,凝练气质和精神。发挥学生的生力军作用应首先从制度层面入手,融入"学生为本""学生参与"的理念,充分尊重他们的主体地位和自身发展的需求,强化广大学生同学校荣辱与共的价值追求,使之成为大学文化建设的积极拥护者、主动参与者和最大受益者。

(三)拓宽文化育人平台,加强育人载体建设

第一,注重校园景观与校史校情的宣传,这是高职院校文化育人载体建设的首选和基点。我国现有的高职院校经过多年的发展,大都形成了匠心独运、景致优雅

的校园景观,同时也蕴含着其整合组建初期原有学校几十年或上百年的文化积淀,两者共同构成高职院校文化育人的现实载体。"以校为主"文化育人载体建设主要有三类:校史文化传递、校情文化感知、校园文化体验。可以把院校文化通过碑牌石刻、簇锦花坛、光电屏幕综合展示,形成靓丽文化景观,成为学生汲取精神营养的"氧吧";通过举办"文化艺术节、体育节、德育节"等主题活动,发挥精神文明创建和院校文化育人的双重作用,使"文化要求"不断潜移默化为学生的"自觉行为"。

第二,在强化专业教育的基础上,统筹开展非专业教育,鼓励非专业教育进计划、进教材、进课堂,实现专业能力与非专业能力"两条腿走路",促进学生综合素质的提升;在专业教育中渗透文化素质教育,将文学、历史、哲学、艺术等人文及社会科学等方面知识融入课堂教学中,在实践、实训环节中培养学生坚强的意志和团结协作的精神;在校园内开展多种形式的主体活动,吸引广大学生参与其中。比如开展社团文化节、志愿服务月等活动,通过这些活动的开展提高大学生的实践能力,增强他们的社会交往能力,促进他们综合素质的提高。

第三,高职院校文化要借鉴和吸收相关的企业精神文化。通过吸取相关企业的价值观和经营理念,创作一整套符合自身发展需要、符合社会和企业需要的价值体系,从而形成自己的特色。加强校企合作,创新人才培养模式,发挥企业文化在职业教育中的优势,突出产业文化育人的效果,提升人才培养的针对性和适应性。

总之,高职院校在学生的培养过程中,要积极引入相关的企业文化,使学生在学习的过程中潜移默化的感受企业的文化,从而接受到相关的教育,逐渐领悟企业的严格管理和企业的文化内涵。

参考文献:

[1]龚克:《大学文化应是"育人为本"的文化》,载《中国高等教育》,2010年第1期。

[2]韩延明等:《大学文化育人之道》,高等教育出版社2013年版。

[3]卢亚莲:《高职院校文化育人的内涵及路径探索》,载《贵州师范学院学报》,2014年第12期。

论高校校园文化建设*

摘　要:高校校园文化是一所学校的文化积淀,综合反映了学校的学术和文化氛围。校园文化建设对于加强大学生思想政治教育、保证大学生健康成长具有重要影响,是学校发展的重要保障。本文从校训、传统文化和自然文化等角度分析如何促进高校的校园文化建设。

关键词:校园文化建设;传统文化;校训;自然文化

高校校园文化,是一所大学在长期教育教学实践过程中所创造形成的一种独特的文化和精神氛围,它融合了办学理念、教育思想、价值观念、行为规范等等,反映了校园生活的各个方面。它既受社会文化的影响,又具有相对独立性。校园文化是学校发展的灵魂,起着凝聚人心、展示校园形象的重要作用,并以一种潜移默化的方式对师生们的人生观、价值观产生深远的影响。

校园文化建设是学校发展的重要保证。优秀的校园文化可以很好地改善校园的学习风气,提升老师和学生的精神生活;有利于规范学生的行为,养成良好的行为习惯;对于提高学生的人文道德素养,拓宽同学们的视野也有一定的作用。如何加强校园文化建设成了每个高校的重要课题,笔者认为可以从校训、传统文化和自然文化等角度入手,促进校园文化建设水平的提升。

一、校园文化建设与校训

校训是广大师生共同遵守的基本行为准则与道德规范,它既是一个学校办学理念、治校精神的反映,也是校园文化建设的重要内容,集中表现了一所学校的教

---

* 本文作者:瞿玮,重庆工业职业技术学院机械工程学院模具教研室专任教师,硕士研究生。

风、学风、校风,体现了大学的生命力、创造力、向心力、战斗力和影响力,是大学文化精神的核心所在。也就是说校训是大学文化的浓缩体现,深度凝聚了高校文化,是学校发展历史和人文底蕴的积淀,代表着一个学校的校园文化精神。它相对稳定,反映着学校的办学特色和特定的时代特征。

校训与校园文化紧密相连,而校园文化又与高校师生的生活息息相关。丰富的校园文化是广大师生所创造的校园精神的财富总和,是孕育和产生校训的肥沃土壤,两者相辅相成,共同起着为高校育人的功能。对内它能形成文化上的凝聚力、号召力和感染力,对外它能展示学校个性、办学理念和精神面貌。

大学校训通常表现为精简凝练、耳熟能详、催人奋进、寓意深远的短语,是大学精神和独特文化的浓缩和凝结,是校园文化建设的核心内容和本质体现,能在潜移默化中规范师生言行。四川大学的校训是"海纳百川,有容乃大",这出自于民族英雄林则徐的自勉联:"海纳百川,有容乃大;壁立千仞,无欲则刚。"其中,"海纳百川"最早出自袁宏的《三国名臣序赞》的"形器不存,方寸海纳";"有容乃大"则出自《尚书·君陈》的"尔无忿疾于顽,无求备于一夫。必有忍,其乃有济;有容,德乃大。"寓意是要有大海能容纳无数江河水一样的宽广胸襟,以容纳和融合来形成超常大气。以此教导师生们要豁达大度、胸怀宽阔,深刻体现了川大的育人精神。清华大学校训为"自强不息,厚德载物"。它来源于《周易》的两句话:"天行健,君子以自强不息"和"地势坤,君子以厚德载物",以此来激励清华学子们都能继承中华传统美德。重庆工业职业技术学院的校训为"工成于思,业精于勤",简短概括了重工人崇尚的文化精神。

中国高校的校训大部分来自于古典文学,句式上简洁对称,易于传记,富有强大的感染力,能鼓舞人心、催人奋进。校训体现了高校自身的价值追求,如何让校训在文化的孕育下发芽成长,以实现育人和繁荣校园文化成了每个高校追求的目标。笔者认为任何一所学校要达到其校训所要求的培养目标,就必须形成一种优良的学风、教风,并以此营造一种积极向上的校园文化氛围。通过各种宣传手段让校训精神深入人心,让校训精神传遍学校的每个角落,以此达到教育学生的作用。为此,高校应明确办学思想、凸显办学宗旨,加强组织领导、营造良好氛围,开展特色活动、形成文化精品,以校训为着力点建设优秀校园文化。

二、校园文化建设与传统文化

现代学校的校园文化建设,是直面教育改革、具有时代特征的现在和将来的学校文化建设。它的内容既包括对中国传统文化的继承,对外域优秀文化的融合,也包括对学校文化的创新,对学校特色文化的营造。其中,对中国传统文化的继承是现代大学文化建设的重要内容之一。传统文化又作为我国最丰富和优秀的文化,对促进校园文化建设起着巨大的作用。

(一)利用传统文化建设校园文化的重要性

1. 中国传统文化的继承与发展是建设现代大学文化必不可少的

建设先进文化,必须在充分继承和吸收优秀传统文化的基础上进行,逐步生成面向现代化、面向世界、面向未来的民族的科学的大众的社会主义先进文化体系。具有五千年发展历史的中国传统文化,是今天建设先进文化的重要的"源头活水",也是现代大学文化建设的重要保证。

2. 继承中国传统文化是培养具有世界眼光和中国魂的当代人必不可少的

现代大学文化建设的基本任务是培养具有中国魂的现代人,即培养有理想、有道德、有文化、有纪律的德智体美全面发展的社会主义建设者和接班人。实现这个目标必须继承中国传统文化,大力弘扬和培育民族精神。弘扬和培育民族精神对加强学生的思想道德建设具有积极的意义和不可替代的作用。

3. 中国传统文化的继承与发展是提高当代大学生素质必不可少的

中国传统文化具有生生不息、历久弥新的特征,是学校进行文化建设的丰硕资源,是实施素质教育的基础性内容。继承中国传统文化有利于增强学生的民族自信心和自豪感,有利于学生形成优良的道德品质。

(二)如何在校园文化建设中融入传统文化

传统文化的学习需要一个符合学习要求的氛围,要从校园文化建设中融入大学生们的学习和生活,从而使传统文化从实质上促进校园文化的建设。笔者认为用传统文化促进校园文化建设,可着眼于以下三个方面:

1. 多种途径、强力度地宣传和弘扬传统文化,加强校园文化建设

学校要积极培养学生热爱民族文化的情感和了解不同民族文化的兴趣,并激发弘扬本民族文化的责任心。可通过一些优秀传统文化的普及活动,让学生真正参与到传统文化的学习中来,挖掘传统文化的内涵,丰富校园文化的建设,学生会自然而然潜移默化地受到传统文化的熏陶。

2. 成立传统文化的研究机构,促进校园文化建设

我们都知道文化是以特色著称,每个疆域、每个国家都有自己独特而宝贵的传统文化,我们每个人都生活在一定的文化整体气氛中,不管是行为、思维、情感

方式还是精神价值的取向都会受到各自民族文化的影响,人们只有在亲身感受中,才能不断加深记忆。

3. 有效利用传统文化的社会资源,助推校园文化建设

校园文化的建设不能仅仅局限于校园内部,我们还要积极利用丰富的社会资源,进一步拓宽校园文化建设渠道,扩展大学生学习传统文化的途径。利用更广阔的社会资源,将传统文化引进校园,是提高校园文化建设的重要途径。如南京民俗博物馆把教育机构作为社教工作外延的重点,扩大宣传传统文化的内涵,同时也促进了校园文化的建设与发展。

三、校园文化建设与自然文化

校园文化除了内在的精神文化,校园的外在环境也是校园文化的一部分。校园环境具有外在性、直观性的特点,是学校的窗口。如果说精神文化是校园文化建设的"软件",那校园的外在环境则是校园文化建设的"硬件"。它主要包括校容校貌、合理的校园布局与规划、校园绿化美化、设施文化设施、校园治安和安全等方面内容,是校园文化中最直接、最感官的反映。校园的一草一木,甚至每一个设施都具有它独特的文化意义。比如说很多高校都屹立着一些雕像,它们大多是一些对学校有着特殊意义的名人,他们自身的文化精神赋予了雕像独特的意义,会潜移默化地影响一个学校的校园文化,对师生们起着一定的精神引导作用。而一个学校优美的自然环境可以很大程度上陶冶人们的情操。所以,一个校园的自然环境是学校实现其育人功能的又一重要条件。笔者认为可采取以下措施加强校园环境建设从而促进校园文化建设:

首先,环境卫生和校园的布局规划,这是校园环境建设的基础工作。做到师生的学习、工作、生活场所干净整洁、窗明几净,是最起码的环境要求。校园建设的规划要从育人的角度来进行合理的设计和布局。包括规划设计建筑物的形体、结构等,且建筑物要高低分布合理,错落有致,给人以和谐的美感。我们应努力营造宽敞、明亮与清新的校园文化氛围,使得师生们可以舒展心灵,放飞想象。学生在美丽高雅的校园环境中受到感染和熏陶,因美生爱,从而激发学生对学校的热爱,也有利于学生正确的世界观、人生观、价值观的形成。

其次,学校应该在美化校园方面加大投入。通过综合治理校园环境建设优美的校容校貌,做好校园的绿化美化工作,包括一些山水树木、雕塑、纪念设施,不仅有助于净化空气,还可以调节人们的精神状态,陶冶情操,赋予文化以时代气息。

学校的校容校貌,表现出一个学校整体精神的价值取向,是具有强大引导功能的教育资源。自然文化景观是校园文化的可靠依附,其独特之处在于育人的方向性要求景观本身要包容高雅的文化气息和一定的德育教化功能。

　　除此之外,学校还要进一步完善文化设施,加强文体活动场所和学生活动中心的建设,为校园文化的实施提供物质保障。比如校园内可以修建一定的休息、阅读景点,有助于增强学生们的记忆力,提高学习兴趣与学习效果,从而激发学习热情。各种有意义的大学生社团活动也是一个不错的选择,可丰富学生们的课外生活。还可以适当设置宣传橱窗、阅报栏等设施。

　　总之,校园文化的建设应坚持各种优秀文化的结合,并联系学校发展的历史和现实,采取先进的教育教学方式努力培育一种蓬勃进取的校园文化。

参考文献:

[1]李丹:《论校园文化建设》,载《教育教学论坛》,2013年第2期。

[2]方海涛、王骥东:《践行校训精神,构筑校园文化》,载《改革与开放》,2009年第9期。

[3]姚电:《高校传统文化教学改革的探索和思考》,载《宜春学院学报》,2008年第5期。

[4]王前:《中国传统文化的创新功能》,载《东北大学学报》,2000年第4期。

[5]白振飞:《校园文化及校园文化建设》,载《陕西师范大学学报》,2003年第1期。

浅谈高职院校的心理健康教育[*]

摘　要：当前的高职学生面临经济压力、就业压力、情感压力、学业压力时，往往会在矛盾与冲突中陷入对生命价值的怀疑和否定。在分析当前高职学生存在的心理问题的基础上，提出对学生进行准确定位、教学模式多样化、加强心理教育师资力量等举措，以提升学生心理素质，培养优秀高职人才。

关键词：高职教育；心理健康；举措

教育部、卫生部、共青团中央发布的《关于进一步加强和改进大学生心理健康教育的意见》中明确指出，加强和改进大学生心理健康教育是新形势下全面贯彻党的教育方针、推进素质教育的重要举措，是促进大学生健康成长、培养高素质合格人才的重要途径，是加强和改进大学生思想政治教育的重要任务。

一、当前高职院校学生存在的心理问题

（一）人际交往障碍

初入学的大学生面临着全新的人际环境，包括新的师生关系、同学关系、室友关系等。面对如此众多的人际关系，有些学生因为不擅长沟通，有的因为家庭经济问题，人际关系处理不当，整日郁郁寡欢，情绪低落，精神压力增大，导致自卑等不同程度的心理疾病。

（二）挫败感及学业压力导致消极心理

很多学生步入高职院校，都是由于成绩不好等因素来到这里。因此，高职院校的学生心理上自然就有一定的挫败感和自卑感，感觉自己较别人"低一等"。而

＊　本文作者：张晓娟，重庆工业职业技术学院自动化学院专任教师，讲师。

且当他们进入高职院校后,发觉这里的教育并不是内心希望的景象,教育内容包含大量培养专业技能的课程,同自己的规划差距很大,理想与现实的落差使他们感觉厌烦、自卑、焦虑,从而形成严重的挫败感。

另外,高职院校的学生入学时分数较低,基础知识相对薄弱,缺少学习积极性。而对大学生而言,其学习主要是依靠学生的自觉性、主动性和创新意识,加之高职高专院校教学课程自身的实践特点,教学内容更多地侧重于实用性,需要学生具备熟练的动手能力及扎实的基础理论知识。所有这些对于基础较为薄弱的学生来说难度较大,就会造成学生学不会、听不懂、做不来的挫败感,从而降低学生的学习积极性,学习质量随之降低,形成恶性循环。

笔者不论是在班主任工作中,还是在任课过程中,都发现了这一问题。于是在班会上或课堂上,经常会鼓励同学们。比如"大学的学习是广义的,包括科学文化知识的学习、为人处世的学习、参加各种活动各种综合能力的学习等,无论你在学习什么,希望大家的大学生活,只要能够过得充实就好,至少回忆的时候不会因为虚度年华而悔恨。""大学的知识不同于高中,很多都是理实一体化的课程,只要认真学,没有什么学不会,大家都是聪明的孩子,相信自己,一定能学会,尝试着去认真听一节课,看看自己平时到底是真的学不懂呢,还是压根儿就没听课就没学。"

（三）情感疑惑

正处于青春期的学生在入校前就已经有了丰富的情感,渴望同异性进行接触,然而,高中阶段学校对他们有严格的控制。步入高职院校以后,管理较为开放,同异性交往的行为也不受局限。但是,由于他们还没有形成正确、成熟的价值观及人生观,没有形成科学的爱情观,对恋爱充满憧憬,但又无法做到合理把控自己的情感,不能正确处理好友情、爱情及学业之间的关系。在与异性交往过程中,经常会陷入情感的误区,造成心理失去平衡,严重的甚至步入极端。

（四）就业压力较大

伴随着当前我国招生规模的逐步扩大,应届毕业生的人数也在不断增加。在看到本科院校大学毕业生找工作的困难情境时,仅有专科学历的高职学生就会感觉就业压力较大,害怕自己毕业后无法找寻到理想的工作岗位,从而产生焦虑、悲观、恐惧等不良心理,严重的甚至步入极端。

二、高职高专院校心理健康教育的举措

高职院校的心理健康教育,是针对高职大学生的心理特点和心理问题,通过有目的、有计划地普及心理健康知识,传授维护心理健康的技巧和方法,帮助高职大学生个人和群体树立健康的心理观念。

(一)对学生进行准确定位

高职学生不同于普通本科学生,刚刚入学的大一新生和即将迈入社会的毕业生的心理状态也有很大差异。所以,心理课程的开设和心理辅导的方法,应因人而异。对高职新生的教育,应集中于入学教育,帮助学生做好职业生涯规划,使学生能够对自己合理定位,做好充分的学习计划安排等。对于即将毕业的学生来讲,如何完成角色转变、克服毕业焦虑,将是对其进行心理辅导的主要内容。

(二)探索形式多样的心理教育形式,提升学生心理素质

很多高职院校至今依旧沿用创建心理咨询室的模式对学生进行心理教育。但是,很多学生由于自身较为腼腆、害怕,或者顾虑到自身隐私,当出现心理疑惑时,不愿也不敢寻求教师的帮助。其实,进行心理教育不仅仅是单纯地创建心理咨询室,而是需要全体教职员工的共同努力,改变以往心理教学模式,完善心理教育系统,将教学重点侧重到学生的心理健康方面,创建以防患为主体,以治疗为辅助的心理健康教育教学系统。

首先,高职院校需要将心理健康教学工作划归到整体教学系统中,并且把其当作必修课程进行教学,对心理健康教学的任务、课程内容、范围、目的等进行明确规定,同时依据学生的自身情况编写心理教学材料,从而为高职院校开展心理健康教学提供理论依据。其次,学校应加大实践课程的教学力度,对教学模式进行完善。实践教学可以划分为几方面内容:其一,课堂内的实践,也就是利用案例分析、电教、集体探讨、角色扮演等活动激发学生的学习积极性,使学生深入掌握心理健康方面的知识;其二,在校园内进行实践,也就是利用大学生社团等开展第二课堂活动;其三,校外进行实践。也就是让学生依据自身所学专业、特长等参与到社会的相关岗位中,让学生的技能及心理得到双方面的锻炼;其四,利用网络进行实践。可以通过校园网对学生进行心理辅导,从而提高对学生的心理健康教育。比如康明斯发起的全球 TEC 项目中的软技能课程,就是对每一个课题组织活动实施,让学生在活动中体会与感受自信的真谛及意义,让学生在活动中体会团队的力量,体会消极情绪的不良影响以及如何控制情绪等等。这种身教的方法,

比言传更有利于学生的心理素质的提升。

（三）增强心理健康教学的师资力量

大部分教师、家长的心理健康知识贫乏，心理教育观念落后。有时，教师在班主任工作中或者任课过程中，对一些问题没有引起足够的意识和重视，或者面对某一现象，无法进行有效的沟通与疏导。在对学生进行心理教育时，沿用以往思想政治的"说服教育"方法，这对解决学生的心理问题和心理疾病是远远不够的。这些对心理教育的错误认知对高职院校的心理教育工作造成了不良影响。因此，心理健康教育知识和观念的普及和宣传工作亟待加强。另外，大多数高职院校的心理健康教学工作的方式方法及业务水平还有待提高，师资团队不管是人数还是质量方面都存在不足。

就心理健康教学工作而言，专业、高质量的师资队伍是其基础保障。高职院校的心理健康教育应始终坚持师生结合、内外结合等原则，为学生创建良好的学习环境。定期对高职院校的教师进行培训，举办学术座谈会、开展学术交流等活动，从而提高心理健康教学工作者自身的专业技能。并对全体教育工作者进行心理健康知识的普及，让更多的老师能够随时随地有效地预防与解决身边学生出现的问题。

三、结束语

作为一名高职院校的老师，要学习心理健康教育的知识，言传身教，用心去关心学生，让学生健康成长，使学生不仅成为高技能人才，更是高素质人才。

参考文献：

[1]孙猛：《浅谈高职院校的心理健康教育》，载《职业中旬》，2011 年第 4 期。

[2]应金萍：《高职院校心理健康教育现状、趋势及对策》，载《素质教育》，2010 年。

[3]赵英：《高职心理健康教育模式的探索》，载《高教学刊》，2016 年第 1 期。

02

实践育人篇

高职院校环境文化建设路径探析[*]

摘　要：文化是高职院校办学的根本和灵魂。高职院校应当以校园环境文化建设为重要抓手，根据自身的办学定位、办学特点、办学属性和办学区位，匠心独具地深入打造特色文化、职业文化、大学文化、传统文化和自然文化，努力用浓郁的环境文化氛围培育新时代国家需要的高素质技术技能型人才。

关键词：高职院校；环境文化建设；路径研究

"文化"，是"人文化成"的简称，出自《易经·贲卦象辞》："刚柔交错，天文也；文明以止，人文也。观乎天文，以察时变，观乎人文，以化成天下。"在汉语系统中，"文化"的本义就是"以文教化"，指对人的性情的陶冶、品德的教养，属于精神领域的范畴。随着时代的发展，文化的作用越来越重要。"国民之魂，文以化之"文化，是国家和民族的灵魂，体现着国家和民族的品格。习近平总书记在建党95周年庆祝大会的讲话中指出："文化自信，是更基础、更广泛、更深厚的自信。"

文化是现代教育的灵魂，校园文化建设是高校建设的重要内容，其建设的成效直接影响到学校的内涵建设、品牌打造、学生培养、专业建设等教育教学工作的质量。传播一种文化，就能催生一种理念、形成一种风气、铸就一种精神。校园文化是学校师生员工在实践中共同创造与传承的精神成果的总和，是一所学校对外展示自身形象的最亮丽的"名片"。从根本上讲，高校育人有诸多因素，但是，拥有良好的育人环境应当是其中最核心的因素之一。人文环境和自然环境的打造，应当成为高职院校育人文化建设的重要内涵。在新世纪、新时代、新阶段，让中华优秀传统文化焕发出新的夺目光彩，同时，创造新知识、积淀新文化，为社会主义精

＊ 本文作者：徐兴旺，重庆工业职业技术学院副院长，教育学博士。

神文明宝库添砖加瓦,不断注入新的文化血液,丰富新的文化内涵,通过加强对高职学生"精气神"的培养,健壮学校发展的"筋骨皮",是当代中国高职教育的重要历史使命。

目前,高职院校环境文化建设中存在以下问题:一是不能充分体现高职院校的行业特点,存在重复雷同、多校一面的状况;二是不能充分体现高职教育的职业属性,有些高职院校的环境文化与中专学校或者本科院校无异;三是缺乏对环境文化建设中人文和自然的统筹思考,学校顶层的系统设计不够;四是缺少对校园文化的核心精神的提炼,难以形成鲜明的个性特点等等。

那么,高职院校校园环境文化究竟应当如何建设? 笔者认为,高职院校校园环境文化的建设贵在特色。什么是特色呢? 特色就是人无我有,人有我新,人新我独,独一无二,难被模仿。特色就是深刻认识高职院校的特点,紧紧围绕各自学校的办学定位、办学特点、办学属性和办学区位,潜心发掘,匠心独运,铸就品牌。高职院校作为培养新世纪高素质技术技能型人才的摇篮,应当着力打造环境文化,紧紧围绕学校的校名,也就是围绕学校的牌子这一具有不可替代的独特性,着力建设人文环境,营造浓厚的文化育人氛围,让环境文化渗透进每一名学生的肌肤和骨髓,充分发挥环境文化的育人功能;同时,根据学校所在地的山水自然风貌,精心建设自然文化,让人文与自然交相辉映,相得益彰,从而加强学校顶层设计,掌握校园环境文化建设的话语权与主导权,培养国家需要的高职新人。本文结合重庆工业职业技术学院(以下简称"重庆工业职院")近年来打造校园环境文化的实践,探索高等职业院校环境文化建设的路径。

一、根据高职院校的办学定位,重点打造"特色文化"

高职院校大多具有行业办学的历史或者背景,有工业的、农业的、商贸的、交通的等等,涉及各行各业、方方面面,而这正是该类型院校的最大特色。悠久辉煌的行业办学历史,往往是高职院校文化的根系所在,也为校园环境文化建设提供了丰厚的土壤和充沛的养料。在工言工,在农言农,在商言商,"走在哪个坡,就唱哪首歌"。以工业类高职院校为例,学校应当紧紧围绕自身的"工业"办学定位,突出学校工业文化这一古老而又生机勃勃的行业特点。可以在学校醒目的地方,摆放蒸汽机时代、电气化时代、计算机时代、制造业与信息化深度融合时代等不同历史时期的具有代表性的机器实物或者雕塑,让制造业因素随处彰显;要在学校广场和大道旁摆放鲁班、黄道婆、张之洞、张謇等和瓦特、爱迪生、乔布斯、比尔·盖茨等古今中外不同历史阶段工业代表人物的雕像,激发学生的学习激情和探索精神;尤其要深入挖掘学校自身的办学历史,寻觅历史遗留下来的具有教育意义的实物,变废为宝,这样,对学生潜移默化的教育就更亲切、更具有针对性。例如,重庆工业职院的前身是国家第二机械工业部在1956年2月创办的重庆第二机械工业学校,历经了60年从校办厂到厂办校、再到校办厂和厂停办,从改名换姓到合并升级的沧桑巨变。学校精心挑选了校办工厂已经作了报废处理的、不同历史时期使用过或者自己生产的数十台刨床、车床、铣床等工业机器,通过洗净污垢、涂上防锈漆、运用不同颜色进行艺术造型之后,搭建牢实基座,安全放置在恰当地方,然后给每台机器贴上文化标签,牌子上面实事求是地介绍这台机器的名称、生产厂家、生产时间、主要工作性能、在学校教育教学中发挥过的重要作用;同时,艺术设计学院的师生们充分利用废弃的工业材料,开动脑筋,自主设计工业群雕。就这样,学校运用文化的力量,化腐朽为神奇,使曾经锈迹斑斑闭着嘴的一台台"死机器",变成了今天栩栩如生会讲话的一尊尊"活档案",从而将学校装扮成了一座蔚然壮观的"工业博物园",让学生每天置身工业机器大观园,时刻接受工业文化的熏陶和洗礼,在心灵深处播撒献身祖国工业建设的种子,提升行业自豪感,培养对母校、对行业文化热爱的思想感情,坚定做强中国制造业的信心。这也让曾经在学校学习和工作过的十万余名校友回到母校,在他们先前实习或者教学过的机器旁重温激情燃烧的岁月,热泪盈眶、感慨不已。学校拟将中心广场建成"重庆工业风采广场",集中展示重庆市的国家级、市级和各区县工业园区的发展风采和典型经验。成立重庆工业教育与文化研究会,会聚巴渝大地工业教育与文化研究的各方人才,将学校建成重庆工业人才培养和研究的高地。将《重庆工业职业技术学院学报》更名为《重庆工业教育研究》杂志,抢占重庆工业人才教育和学术研究的制高点。

二、针对高职院校的"职业教育"特点,不断积淀"职业文化"

"职业性"是高等职业院校的一个重要特点,这是其与普通高等学校的主要区别。中外"职业教育"都走过了艰辛而又辉煌的产生、发展、壮大和改革、开放的历史,探索出了鲜明的办学风格,积淀了丰富的办学经验,尤其是凝练了爱岗敬业、无私奉献,开拓创新、持续专注,精益求精、追求极致的"工匠精神",我们应当深入挖掘,认真总结,尤其要清醒认识、深刻把握当代职业教育的发展趋势,放眼世界,迈出国门,向世界先进制造业国家学习,在当今这个互联互通、共治共享的"地球村"发现差距,迎头赶上。要大力建设职业文化,在学校的显要位置为著名职业教育家黄炎培、陶行知、晏阳初、梁漱溟等设置塑像,在学校楼道、教室张贴名言警句,从而培养学生的职业认知,树立学生的职业理想,提升学生的职业修养,锤炼学生的职业品质,培育学生矢志不渝、追求完美的职业精神;学校要把具有地方特点的职业文化融入到校园文化的基因之中,让职业文化在校园文化的传承与创新中迸发出更加强大的生命力和影响力。要结合本地实际,建设民间工艺博物馆,让学生在身临其境中学习感悟。例如,重庆工业职院拟建设巴渝民间工艺博物馆,将重庆地区具有代表性的民间工艺品陈列其中。这些反映日常生活、岁时节令、人生礼仪的民间工艺品历史悠久,内容丰富,具有原创性,代表了巴渝地区的传统文化和日常生活,具有重要的艺术价值、学术价值和市场价值。尤其是要将当代著名民间工艺大师的作品突出摆放,配以人物介绍,展示民间工艺品的独特魅力和传统手工艺的精湛品质,生动展现大师们一丝不苟、追求卓越、彰显人性的"工匠精神",既让优秀民间工艺品得到充分宣传和推广,焕发出新时代的夺目光彩,更让学生尤其是艺术设计学院的学生与大师们及其作品零距离接触,充分吸取艺术营养和精神能量,提升艺术鉴赏和艺术创作的能力。学校还与重庆市民间艺术家协会联合成立了重庆民间工艺研究院,借用社会力量推动学校艺术专业的跨越发展。此外,学校还成立重庆企业文化研究院、职业教育政策与法治研究中心,为工业职业教育的改革与发展提供坚强的理论支撑、技术支持和法律服务。同时,高职院校要认真回顾自己学校的办学历史,总结举办职业教育的经验教训。例如,重庆工业职院在学校中心广场大理石文化墙上创作了校赋"重工赋"、校史图"重工之路",凝练了校训"工成于思,业精于勤",创作了校歌《重工之歌》等,以此提炼职业教育的精神和品质,讴歌职业教育的丰功伟绩,从而增强学生在高职院校学习的自豪感和使命感。

三、按照高职院校的"高等学校"属性,精心塑造"大学文化"

高等职业教育是高等教育的重要组成部分,是高等教育的一个类型,具有"大学"性质,这是高等职业院校区别于中等职业学校和职业培训机构的重要特征。学校应当在人才培养中继承优秀的大学传统文化,同时通过科学研究、创造发明,日积月累,不断创造新的大学文化,为大学文化大厦添砖加瓦。学校每天都在创造自己的历史,一定要十分注意记录自己的历史,保存自己的历史,后人才有基础资料来研究学校的历史、传承学校的历史,而忽视记录、忘记记录,"猴子苞谷,掰一包丢一包",往往是不少学校容易犯的毛病。学校应当修建永久性的校史馆,使之成为全校学生的精神寄托和灵魂家园、文化育人的重要场所。例如,重庆工业职院建设了内容丰富的校史陈列馆,将建校 60 年来师生保存捐献的具有重要教育意义的实物和图片集中展示,让校史馆成为学生的重要课堂,让参观校史馆、学习校史成为每一届新生入学教育的重要内容,让莘莘学子在难得的历史实物中深入了解学校建设和发展的艰辛历史,巩固专业思想,筑牢思想根基,立志成为国家建设的有用之才。"千教万教,教人求真;千学万学,学做真人",学校聘请艺术大师在中心广场设计以"真善美"为主题的"大学之魂"雕塑,以此洗涤人们的灵魂,纯洁人们的心灵,营造摒弃假恶丑,追求真善美的氛围。学校拟在校内制高点狮子山上建造标志性文化建筑"领江亭",取"领略两江(长江、嘉陵江)""引领两江"之意,高屋建瓴,立意深远,聘请教育大师撰写了对联,以此提升学校的办学品味和学生的思想境界。科学研究,是《高等教育法》赋予高等学校的职能之一,是高职院校做大做强自身、赢得社会认同、增强发展后劲的必由之路。重庆工业职院组织开展了"重庆五大功能区工业人才需求与培养模式"课题研究,课题组成员深入重庆各类企业摸清工业人才的现状,探寻新型工业化背景下重庆市工业人才需求结构与培养模式中存在的问题及原因,针对学校培养的人才不能充分适应产业发展需求的关键问题,通过理论探索和实证分析、案例探究,运用教育科学、经济学、社会学、管理学等学科理论进行跨学科、多视角研究,特别是运用高等职业教育综合改革的视角,探索新型工业人才培养的新机制、新模式,从而有利于学校在理论的科学指导下,有针对性地调整专业结构、师资配备,科学制定学校招生和学生就业的措施和对外培训的方案,为重庆工业的加快发展培养培训更多对口适用的人才。高职院校要建立学术讲堂,形成浓厚的学术研究氛围,走科研强校之路。例如,重庆工业职院举办了"重工大讲堂"系列学术讲座,邀请市内外专家学者和著名企业家来校讲学,发布前沿学术信息,传播先进文化理念,开展学术问题研讨,研究产业发展中的热点、难点和焦点问题;同时,在充分尊重讲座人的知识产权的前提下,将讲座内容结集公开出版,从而日益积淀学校的学术文化,打造工业学术研究的独特品牌,不断增强学校发展的文化底蕴。

四、肩负高职院校的"文化传承与创新"任务,科学传承"传统文化"

文化的传承与创新,是国家根据新时代经济社会发展的需要,赋予高等教育继人才培养、科学研究、服务社会之后的又一新的重大历史任务,凸显了国家对于文化建设地位的更加重视,表明文化对于经济社会发展将发挥更加重要的作用。与国家教育发展政策同向偕行,承担文化传承与创新的社会责任,是高职院校的时代使命。"观今宜鉴古,无古不成今",历史是不能割断的。高职院校要成为文化建设的高地,其校园文化的形成与发展必然离不开优秀传统文化的滋养,因而迫切需要加强对古今中外优秀传统文化的发掘和传承。只有在优秀传统文化"阳光雨露"的滋养下,校园环境文化才能茁壮成长、枝繁叶茂。高职院校要实现传统文化与校园文化的深度融合,就必须对传统文化进行深入挖掘和全面系统的研究,进一步加大对传统文化的宣传和普及力度,营造浓厚的传统文化育人氛围,引导广大学生更好地理解、认识、掌握传统文化的精髓,构建独具特色的传统文化教育体系,并不断创新,发扬光大,让优秀传统文化成为加快学校建设与发展的强大动力。高职院校的大学生要成为未来的工程师,首先应当成为思想者,要成为思想者,就需要从历代思想家那里源源不断地吸取智慧和力量。为此,学校要通过深入发掘人类在历史长河中创造的优秀文化遗产,探寻中外人类思想智慧发展的源头,不断提升学生的文化素质和发展潜能,鼓励学生善于在继承中反思,在反思中创新,在当今"大众创业、万众创新"的时代大潮中创新创业,敢想敢干,敢作敢为,立业立人。例如,重庆工业职院拟选择在校内风光旖旎的静思湖畔,设计建设"思想之源"传统文化雕塑园,让学生从历代思想家那里吸取精神养分。建设中外古代思想家雕塑群,如我国春秋战国时期的孔子、孟子、老子、荀子、韩非子、墨子和古希腊时期的亚里士多德、苏格拉底、柏拉图等的雕像,配以思想家们的生平介绍和名言警句,让学生从古代先哲们那里追溯历史,聆听"对话",感悟真理,寻找灵感。学校还从长江边精心选购了一批气象万千的"三峡石",将"仁""义""礼""智""信"等镌刻其上,让学生充分接受中外优秀传统文化的熏陶和洗礼。对于学生来讲,这些就是一种看得见、最直接、最客观的教化。

五、结合高职院校的"山水园林"景观布局,悉心构思"自然文化"

环境文化的建设,仅仅有人文环境文化的积淀是不够的,还应当有优美的自然文化相伴随。文化是一所学校的"根"和"魂",也是学校作为教育机构育人的最大优势。学校育人,一方面,应当有浓郁的人文气息,铸人文之精魂;另一方面,还应当有赏心悦目的自然风景,化自然之大美,从而让自然与人文深度融合,使人与自然和谐共生。一草一木皆有意,一枝一叶总关情。应当赋予自然以灵性,让学生在自然界的生命中寻找自强不息的蓬勃力量,感悟身边大自然的神奇与顽强。事实上,校园里的每一条路、每一棵树、每一朵花都"会说话",能够营造出大学特有的"氛围"。例如,重庆工业职院在精心打造人文环境文化的同时,又根据学校所处的区域自然环境,设法让自然景观得到美化靓化,提档升级。学校位于继上海浦东新区、天津滨海新区之后的中国第三大经济开发开放新区——重庆两江新区的腹心地带——渝北区仁睦滩,依狮子山、傍跳蹬河,风光宜人。学校一方面深耕细作建设人文环境文化,另一方面又根据已有的自然环境基础和精神寓意,匠心建设以"竹园"为特色的自然环境文化。为什么选择竹子呢?因为,从品质上讲,竹,修长挺拔,四季青翠,抱团成龙,凌霜傲雪,象征虚怀正直、坚强奉献、团结担当,与梅、兰、菊并誉为"四君子",与梅、松并称为"岁寒三友";从历史上讲,我国是世界上研究、培育和利用竹子最早的国家,我国最早的历史文献都是写在竹简上。正是由于有了竹简的宝贵发明和充分利用,才使得我国有文字记载的历史能够上溯到殷商朝代,竹简传承了我国悠久的历史文献,为中华文明成为世界上唯一源远流长不断代的文明建立了卓越的历史功勋;从分布上讲,全世界的竹子约有1000多种,亚太竹区是世界最大的竹区,约有50多属900多种。我国是世界上产竹最多的国家之一,有22个属200多种;从栽植条件讲,竹对环境的要求不是太高,栽进土里能成活,浇灌点水就生长,给点阳光就灿烂。因此,学校决定依托原有长势茂盛的竹子,再从外地选购数十个优质品种,悉心管护,使其茁壮成长,让学生在"重工竹园"的环抱中同生共息,让"重工竹园"陪伴13075名学子天天向上,从而达到环境育人"随风潜入夜,润物细无声"的效果。

学校是育人的场所,通过环境文化育人是学校育人的重要途径。从一定意义上讲,办学校就是办环境、就是办氛围。高职院校要全面实施文化育人工程,加强环境文化建设是一个十分重要的抓手。我们要秉持应有的责任与担当,通过对校园环境文化呕心沥血的建设,形成浓厚的育人氛围,努力培育新时代需要的高素质技术技能型人才,推动经济社会加快发展,早日实现民族复兴的强国梦。

参考文献:

[1]李延保等:《大学文化建设是建设现代大学最重要的内涵》,载《高教探索》,2007年第8期。

[2]王定华:《启动学校品质提升》,载《人民教育》,2015年第6期。

企业所需高职人才核心素质调查研究*

　　摘　要:根据调查要求,设计调查表,对与高职院校有密切联系的企业开展调查。调查结果表明,制造类企业与服务类企业为高职学生提供了不同性质的工作岗位,两类企业对所招聘学生的素质有不同要求,因此,高职教育应采取不同模式来培养工科类人才和财经类人才。

　　关键词:企业;高职人才;核心素质

　　随着劳动力市场的形成,自主择业和双向选择已经成为实现人才合理配置的有效方式,这种就业模式在给高职毕业生带来机遇的同时也带来了挑战。在劳动力市场上,高职院校毕业生面临着与下岗职工、熟练农民工和应用型本科毕业生同台竞技的压力,职业素质和职业能力成为影响毕业生就业竞争力的重要因素。高职毕业生必须具有较强的职业核心竞争力,才能够在日趋激烈的市场竞争中获得主动权。因此,增强高职学生的核心竞争力就成为高职教育的重要内容。一方面,高职院校必须加强教育教学改革,苦练内功,提高教育教学质量;另一方面,高职院校必须深入了解企业对高职毕业生的素质要求,才能够有针对性地培养学生的能力和素质,使学生职业素质和能力符合企业、行业的需求。

　　我们针对企业要求学生具有什么素质的问题开展了深入的调查研究,以期了解企业要求高职毕业生的核心素质内容体系,为高职院校的教育教学改革提供参考。

---

　　* 本文作者:陈光洪,重庆工业职业技术学院人事处处长,副教授。

一、调查方法及调查问卷编制

调查采取非随机抽样的方式抽取样本单位,以确定调查对象。对调查对象主要采用问卷调查,配合个别访谈方式,取得调查结果。

调查中问句的内容和形式是设计调查问卷的关键。为了保证问卷能够达到调查目的,设计问卷经过了两个步骤。首先,初步确定问卷中的问题。我们从300多家企业招聘信息中对招聘岗位人员的素质和能力要求情况进行统计分析,概括总结出企业对招聘人员素质要求的具体项目,以此为依据,设计调查表中问句的基本框架。其次,我们通过多次讨论,并征询了一些职业教育专家的意见,调整基本框架中的问句项目。最后,开展预调查。我们从调查对象中取出28家企业进行预调查,以发现调查问卷的问题,并进行修改,确定最终的调查问卷,即《企业所需人才核心素质调查问卷》。最终调查表中所确定问句均为封闭式问句,每个问句给出了两个或以上选项,被调查者可以多选。

样本单位是从市内外企业中采取非随机方式选择的,在重庆市选择了62家企业,重庆市外选择了8家企业,这70家企业与高职院校都保持了长期联系。在选择的企业中,制造类企业有48家,服务类企业22家。在调查过程中,这些企业的人事部经理或主管招聘工作的人员填写了调查表或接受访问。

由于制造类企业和服务类企业对招聘人员的素质要求存在较大差异,因此,对两类企业的调查结果进行分类统计分析。

二、调查结果分析

为了便于分析比较,综合运用绝对数和相对数。相对数采用百分比形式,它是被调查者对各问句选项选择的人数与被调查者总人数相比较得出来的结果。

(一)调查企业的基本情况

第一,被调查单位的地域分布。被调查单位主要是重庆市的企业,共有62家。选择重庆市以外的企业8家,其中浙江省4家,辽宁省2家,四川省2家。

第二,被调查单位的所有制性质分布。被调查企业中,公有制企业有34家,非公有制企业有36家。

第三,被调查单位的规模分布。被调查企业中,大型企业有18家,中型企业有18家,小型企业有34家。

第四,被调查单位的经营类型分布。被调查企业中,制造类企业共48家,服务类企业共 22 家。

(二)企业所需人才类型分析

因企业经营类型不同,面向高职毕业生招聘的岗位存在较大差别。48 家制造类企业中,有 42 家企业主要招聘普通工人,占制造类企业总数的 87.50%。相反,在 22 家服务类企业中,有 8 家企业招聘普通工人,占服务类企业总数的 36.36%;14 家选择了招聘市场销售人员,占服务类企业总数的 63.64%;只有 2 家企业招聘管理人员,仅仅占服务企业总数的 9.1%,而没有一家制造类企业招聘管理人员。结果表明,企业在面向高职毕业生招聘时,所需人才类型主要为一线生产人员或基层管理人员,对管理型或科研型人才的需求则相对较少。这一情况与高职教育培养生产、建设、管理、服务一线高端技能型人才的目标定位基本符合。进一步统计分析还发现,地域、所有制性质及规模不同的企业对高职毕业生素质要求并无明显的差异。

(三)不同经营类型的企业对高职毕业生素质要求

表 1 是制造类企业的原始调查资料统计汇总结果,表 2 是服务类企业的原始调查资料统计汇总结果。

表 1　制造类企业对高职毕业生素质重要性评价表

企业看重的素质(多选)	所占样本比例	素质分指标(多选)	所占样本比例
职业素质	75.00%	职业态度	95.83%
		对企业的忠诚度	66.67%
		团队精神	58.33%
		对企业文化的认同感	50.00%
		沟通能力	33.33%
		适应能力	33.33%
专业素质	66.67%	专业技能	83.33%
		与工作职位相关的工作经验	16.67%
身心素质	50.00%	思维灵活度	41.67%
		身体健康	33.33%
		承受压力的能力	25.00%

企业看重的素质(多选)	所占样本比例	素质分指标(多选)	所占样本比例
发展潜力	37.50%	学习能力	79.17%
		思想道德素质	62.50%
		创新意识和探索精神	50.00%
		优良的个人品质	45.83%
		人文素质	16.67%
		外语和计算机能力	8.33%

注:调查的各级指标选题为按关注程度排序或限额多选,在企业不同选择中,对同一指标(含分指标)进行提炼,综合统计,得出所占样本比列。故表中有的同级指标选择率之和有可能大于100%,以下各表同。

表2 服务类企业对高职毕业生素质重要性评价表

企业看重素质(多选)	所占样本比例	素质分指标(多选)	所占样本比例
职业素质	63.64%	职业态度	90.91%
		对企业的忠诚度	36.36%
		沟通能力	36.36%
		团队精神	27.27%
		适应能力	18.18%
		对企业文化的认同感	9.09%
专业素质	54.55%	专业技能	45.45%
		与工作职位相关的工作经验	27.27%
		在校成绩	18.18%
发展潜力	45.45%	创新意识和探索精神	54.55%
		优良的个人品质	54.55%
		学习能力	45.45%
		思想道德素质	36.36%
		人文素质	18.18%
		外语和计算机能力	9.09%

企业看重素质（多选）	所占样本比例	素质分指标（多选）	所占样本比例
身心素质	36.36%	承受压力的能力	55%
		思维灵活度	54.55%
		身体健康	27.27%

通过对表1和表2的比较分析发现：各类企业都重视学生的职业素质、专业素质、发展潜力和身心素质，不管是制造类企业，还是服务类企业对这四个基本素质的选择率均超过了33.33%，均被企业看作比较重要或重要的素质，符合高职院校对高职毕业生素质要求的基本判断。所不同的是制造类企业和服务类企业对"身心素质"和"发展潜力"的选择上存在一定差异，制造类企业更看重高职毕业生的"身心素质"（选择率为50%），而服务类企业更看重高职毕业生的"发展潜力"（选择率为45.45%）。

表3是制造类企业和服务类企业对高职学生各种素质重要性的不同排序。

表3　样本企业看重高职毕业生的素质分行业统计表（样本选择在33.33%以上）

排序	制造类企业（48家）		服务类企业（22家）	
	素质指标（多选）	所占样本比例	素质指标（多选）	所占样本比例
1	职业态度	95.83%	职业态度	90.91%
2	专业技能	83.33%	承受压力的能力	55%
3	学习能力	79.17%	创新意识和探索精神	54.55%
4	对企业的忠诚度	66.67%	优良的个人品质	54.55%
5	思想道德素质	62.50%	思维灵活度	54.55%
6	团队精神	58.33%	专业技能	45.45%
7	对企业文化的认同感	50.00%	学习能力	45.45%
8	创新意识和探索精神	50.00%	对企业的忠诚度	36.36%
9	优良的个人品质	45.83%	沟通能力	36.36%
10	思维灵活度	41.67%	思想道德素质	36.36%

从表3可以发现，两类企业对学生不同素质要求的重要性排序存在明显的差

异,说明制造类企业和服务类企业对人才有不同的素质要求。两类企业都把职业态度作为第一重要的要素,说明职业态度是非常重要的职业教育内容。制造类企业更加重视学生的专业技能和学习能力,而服务类企业更重视学生的承受能力和创新能力。另外,制造类企业认为团队精神和对企业文化的认同感很重要,服务类企业却认为沟通能力很重要。

制造类企业主要招聘工科毕业生,服务类企业主要招聘财经类毕业生。因此,高职工科类教育和高职财经类教育应采取不同的教育内容、培养模式对学生进行培养,以适应社会的需要。

三、结论与启示

通过调查分析,为高职教育提供了几个值得注意的问题:

第一,制造类企业和服务类企业为高职学生提供的岗位性质有一定差异。制造类企业面向高职学生主要招聘普通工人,服务类企业面向高职学生主要招聘基层管理和营销服务人员。

第二,企业对高职工科学生和财经学生的素质要求存在较大的差距。比如对前者的专业能力和学习能力要求比较高,对后者创新能力和沟通能力要求比较高等。

第三,高职工科类人才和财经类人才应采取不同的培养模式,使两类学生素质培养的内容和重点有所区别,以更好适应各自岗位的需要。

第四,高职院校在强调对学生专业能力培养的同时,要加强对学生职业素质,特别是职业态度的培养,使高职毕业生真正成为企业所需要的高端技能型人才,进一步提高高职毕业生的就业核心竞争力。

高职院校学生素质现状调查 *

摘　要:高职学生的素质教育成了公众关注的问题,在重庆市 4 所高职院校的不同年级、不同类别专业的 4000 名学生中开展问卷调查,明确高职学生专业素质教育的重心、提高实践能力等职业素质的方法、职业素质教育的主阵地、高职学生与行业企业在职业素质认识上的差异、职业素质教育的定位、着力点、可持续发展的内容、方式以及动力机制。

关键词:高职院校;学生素质;现状

高等职业教育作为大众化高等教育重要的一翼,当普通高等教育处于有限发展或相对饱和状态时,高等教育大众化的任务更多地落到了高等职业教育的肩上。随着高等职业教育的大发展,高职学生的素质教育成了公众关注的问题,也进入了学者研究的视野。为了更有针对性地开展高职学生素质教育,我们通过与多家用人单位交流,总结以往教育教学经验,设计了高职院校学生的素质现状调查问卷,在重庆市 4 所高职院校的不同年级、不同类别专业的 4000 名学生中开展了问卷调查,调查情况如下:

一、调查目的

掌握高职院校学生素质的现状,为针对性地进行高职学生职业素质教育提供可靠的依据。

＊ 本文作者:陈光洪,重庆工业职业技术学院人事处处长,副教授。

二、基本思路和设计理念

为了更全面和仔细的了解高职学生的素质现状,结合多年学生管理的经验和对行业专家的访谈及对行业调查,课题小组将高职学生的素质分为专业素质、职业素质和可持续发展素质三个方面。经过反复的修删、研讨以及预调查,最终形成了包括 14 个问题的调查问卷。问卷从不同年级、不同专业类别的学生的区别和变化趋势入手,分年级的进行调查,再采用 SPSS13.0 统计软件对采集的数据进行了描述分析,为高职高专院校进行分年级素质教育提供具有指导性的教育方案。

三、调查对象情况

调查对象:重庆市 4 所高职院校中三个年级,包括工科、理科、文科、艺术类 4 种专业累计学生 4000 名。

四、调查方式和时间

调查方式:本次调查采取随机调查。问卷由各高职院校随机发放到学生手中,由学生无记名填写,并当场回收。重庆市 4 所高职院校共发出调查问卷 4000 份,收回 4000 份,回收率达 100%,其中有效问卷 3560 份,有效率为 89%。

调查时间:2016 年 4 月 3 日—2016 年 4 月 30 日

五、调查内容

主要调查高职各年级各专业学生的专业素质、职业素质、可持续发展素质。通过问题了解学生的专业认知、职业认知、个人认知和社会认知及其相关信息。

六、调查结果

(一)所调查学生的年级和专业大类分布

大一学生总人数为 1504 人,占总人数的 42.2%;大二总人数为 1367 人,占总人数的 38.4%;大三总人数为 689 人,占总人数的 19.4%,三个年级合计 3560 人。在大一的 1504 人中,有 464 人学的工科,占大一总人数的 30.9%;562 人学的理科,占大一总人数的 37.3%;407 人学的文科,占大一总人数的 27.1%;71 人学的艺术,占大一总人数的 4.7%。在学工科专业的学生当中,有 42.1% 是大一学生,占总人数的 13%；有 44.6% 是大二学生，占总人数的 13.8%；有 13.3% 是大三学生，占总人数的 4.1%。

（二）学生认为最重要的专业素质

在高职学生选择最重要的专业素质时，专业技能和学历排在了大一学生选择的前两位，分别占到了 34.1% 和 31.5%；专业技能和工作经验排在了大二学生选择的前两位，分别占到了 42.6% 和 29.0%；专业技能和学历排在了大三学生选择的前两位，分别占到了 37.0% 和 32.9%。说明三个年级的学生都将专业技能作为最主要的素质，而学历在二年级的学生的认识中没有经验重要。

（三）学生在参加课外实践时遇到的最大困难

三个年级的学生都普遍认为经验缺陷和扩展知识不足是参加课外社会实践最大的困难因素，大一占 33.6% 和 30.0%，大二占 39.9% 和 32.7%，大三占 38.8% 和 32.3%。从数据来看，呈现出一种上升趋势。

（四）学生认为对提高实践能力最有帮助的方法

三个年级的学生都将学习专业知识作为提高实践能力的最重要手段，分别占 42.8%、47.1% 和 48.6%。值得注意的是，三个年级学生都把"参加校园活动"排在了提高实践能力手段的最后。

（五）从业者素质的重要程度

从从业者素质的重要程度看，三个年级的学生都认为职业态度最重要，大一年级认为从业素质的重要程度排序是职业态度—适应能力—沟通能力—团队精神和基本技能—心理素质，大二、大三年级都认为从业素质的重要程度排序是职业态度—适应能力—团队精神—沟通能力—基本技能—心理素质。可见，在沟通能力和团队精神的重要程度认可方面，一年级和二、三年级有细微区别。

素质的重要程度（第一重要）* 年级 Crosstabulation

素质的重要程度		年级			Total
		大一	大二	大三	
适应能力	Count	437	402	196	1035
	Row %	42.2%	38.8%	18.9%	100.0%
	Column %	21.7%	20.7%	26.9%	22.3%
	Total %	9.2%	7.9%	5.2%	22.3%
职业态度（第一重要）	Count	326	282	184	792
	Row %	41.2%	35.6%	23.2%	100.0%
	Column %	29.1%	29.5%	28.6%	29.1%
	Total %	12.3%	11.3%	5.5%	29.1%
团队精神	Count	194	210	95	499
	Row %	38.9%	42.1%	19.0%	100.0%
	Column %	12.9%	15.4%	13.9%	14.1%
	Total %	5.5%	5.9%	2.7%	14.1%
沟通能力	Count	195	198	91	484
	Row %	40.3%	40.9%	18.8%	100.0%
	Column %	13.0%	14.5%	13.3%	13.6%
	Total %	5.5%	5.6%	2.6%	13.6%
基本技能	Count	194	181	66	441
	Row %	44.0%	41.0%	15.0%	100.0%
	Column %	12.9%	13.3%	9.6%	12.4%
	Total %	5.5%	5.1%	1.9%	12.4%
心理素质	Count	158	89	53	300
	Row %	52.7%	29.7%	17.7%	100.0%
	Column %	10.5%	6.5%	7.7%	8.4%
	Total %	4.4%	2.5%	1.5%	8.4%
Total	Count	1504	1362	685	3551
	Row %	42.4%	38.4%	19.3%	100.0%
	Column %	100.0%	100.0%	100.0%	100.0%
	Total %	42.4%	38.4%	19.3%	100.0%

（六）学生在择业时最看重的要素

认为职场环境重要的占26.46%；认为管理机制和环境重要的占39.64%；认为专业对口重要的占20.61%；认为工作兴趣重要的占45.95%；认为单位性质重要的占13.85%；认为工作稳定重要的占26.21%；认为高薪重要的占25.26%；认为地理条件重要的占9.0%；认为能否实现价值重要的占26.27%；认为能否照顾家庭重要的占11.19%。按照学生最看重的要素排序为工作兴趣—管理机制和环境—职场环境—实现价值—工作稳定—高薪—专业对口—单位性质—照顾家庭—地理条件。

（七）对于第一份工作的想法

绝大多数同学第一次找工作的心态是"先就业再择业"，值得注意的是调查中有3.8%的学生对第一次择业"没有想过"。

（八）学生认为自己目前还有所不足的职业素质

认为自己适应新环境能力不足的学生三个年级的平均比例为31.5%；认为自己自信心和心理抗压能力不足的学生三个年级的平均比例为49.4%；认为自己团队精神和责任心不足的学生三个年级的平均比例为25.5%；认为自己沟通能力不足的学生三个年级的平均比例为42.3%；认为自己吃苦耐劳的实干精神不足的学生三个年级的平均比例为26.4%；认为自己专业知识和相关技能不足的学生三个年级的平均比例为52.3%；认为自己外语计算机等基本职业技能不足的学生三个年级的平均比例为48.9%。

从各年级比较，从一年级到三年级，随着在学校的学习和锻炼，认为自己适应新环境能力不足的学生比例不断增加，从30.4%增加到33.3%；认为自己自信心和心理抗压能力不足的学生比例不断增加，从45.8%增加到53.8%；认为自己团队精神和责任心不足的学生比例呈现凹线25.2%－22.8%－31.6%；认为自己沟通能力不足的学生比例呈现凸线39.6%－45.9%－41.3%；认为自己吃苦耐劳的实干精神不足的学生比例呈现凹线28.3%－22.4%－30.2%；认为自己专业知识和相关技能不足的学生比例呈现凸线50.2%－55.8%－50.1%；认为自己外语计算机等基本职业技能不足的学生比例不断降低，从50.1%降低到44.2%。

从各年级学生认为自己不足的职业素质人数比例由高到低看，一年级统计结果是：专业知识和相关技能—外语计算机等基本职业技能—自信心和心理抗压能力—沟通能力—适应新环境能力—吃苦耐劳的实干精神—团队精神和责任心；二年级统计结果是：专业知识和相关技能—自信心和心理抗压能力—外语计算机等基本职业技能—沟通能力—适应新环境能力—团队精神和责任心—吃苦耐劳的实干精神；三年级的统计结果是：自信心和心理抗压能力—专业知识和相关技能—外语计算机等基本职业技能—沟通能力—适应新环境能力—团队精神和责任心—吃苦耐劳的实干精神。

（九）学生到一个新的场合，遇到陌生人，他们通常表现是

67.5%的学生选择"主动积极地与人交谈"和"简单寒暄"，32.4%的学生选择"缄默，不与任何人沟通"和"缄默，希望别人主动"。

遇到陌生人，你会？

		Frequency	Percent	Valid Percent	Cumulative Percent
Valid	缄默，不和任何人交谈	414	11.6	11.6	11.6
	缄默，希望别人主动	742	20.8	20.8	32.4
	简单寒暄	1106	31.0	31.0	63.5
	主动积极与他们交谈	1302	36.5	36.5	100.0
	Total	3564	99.9	100.0	
Missing	System	3	.1		
Total		3567	100.0		

（十）情境假设

班会上大家提议去郊游,备选地点有甲和乙,其中甲地是你不想去的地方,乙地是你想去的地方。在班级同学还在犹豫的情况下,你会怎么做?

三个年级的学生大多数会选择"无所谓,我随大家的意思"和"动员大家去自己想去的地方,如果成功则非常高兴"。其中,艺术类和文科类大二的学生选择"动员大家去自己想去的地方,如果成功则非常高兴"多于"无所谓,我随大家的意思",大一大三则相反;工科类的学生三个年级选择"动员大家去自己想去的地方,如果成功则非常高兴"都多于"无所谓,我随大家的意思";理科类大二的学生选择"动员大家去自己想去的地方,如果成功则非常高兴"和"无所谓,我随大家的意思"的比例基本持平,大一和大三则与艺术类、文科类相同。

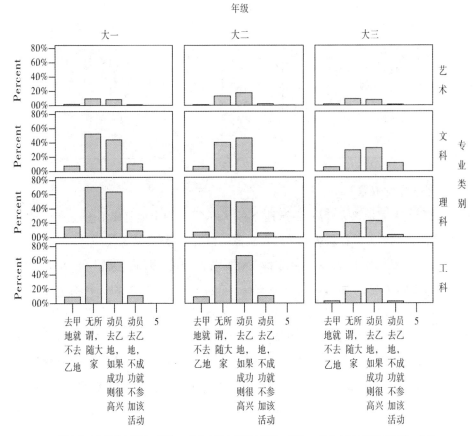

情景假设问题分析图

(十一) 学生认为对从业影响最大的个人品质

16.29%的学生认为是工作能力,14.86%的学生认为是人际关系,39.36%的学生认为是工作态度,52.06%的学生认为是道德修养,14.29%的学生认为是团队精神。可见,学生认为对从业影响最大的个人品质重要程度由高到低排序是:道德修养—工作态度—工作能力—人际关系—团队精神。

(十二) 课外时间学生一般怎么度过

49.1%的学生阅读专业外书籍,33.53%的学生参加社团活动,36.12%的学生锻炼身体,25.08%的学生课外时间会以交友为目的参加各种聚会,课外时间选择做兼职的学生占49.99%,选择闲逛的学生占50.97%,选择网游、上网聊天、看电影的学生占55.83%。

（十三）高职学生学习的首要目的

不管是大一大二大三、还是不同的专业分类，在学习首要目的的认识上高度趋同，首选"学到一技之长，今后能够立足社会"，次选"学会做人，完成从学习到从业者的角色转换"，再则是"为创业打基础，学习创新"。

（十四）让学生做一件以前从没做过的事

绝大多数学生会选择尝试去做，占75.8%。值得注意的是，仍然有4.9%的学生拒绝做。

七、调查分析、讨论与建议

从以上调查情况来分析，我们认为：

（一）从学生认为影响从业的专业素质的重要程度看高职学生专业素质教育的重心

专业技能排在了三个年级学生选择的首位，说明高职学生对于专业技能的高度渴望。学历排在了大一和大三学生选择的第二位，工作经验排在了大二学生选择的第二位。

我们认为大一学生刚进入大学，除了对专业技能的渴望外，学历是最直观的要求；大三学生面临就业，除了对专业技能的要求外，社会的压力让他们更看重学历；大二学生适应了大学生活，期望得到社会认可，因此对于工作经验极度的渴望。

建议在大一中开展适应性教育、认清自我和社会方面的教育；在大二多开展工学结合，从教学和学生社团活动两方面与社会接轨；在大三再进行认清自我、认清社会、树立目标、正确定位方面的引导。

（二）从学生参加课外实践时遇到的最大困难看高职学生提高实践能力等职业素质的方法

三个年级学生普遍认为经验缺陷和扩展知识不足是参加社会实践的困难因素，并都将学习专业知识作为提高实践能力的最重要手段，都将参加校园活动排在了提高实践能力手段的最后。

我们认为学生将学习专业知识排在首位有两个原因，一是传统的教育让学生认为学生以学为主，"学"即学习专业知识；二是专业知识在一定程度上确实在学生提高实践能力方面起到了作用。而校园文化活动得不到学生的认可，我们认为是由于高职院校校园文化活动的层次和质量不够,甚至很多流于形式,没有真正从学生出发,不能起到培养学生的目的。

建议高度重视教育教学质量,将工学结合深入到每一个专业、每一个学生。深思高职院校的校园文化方向,避免遍地开花、无人问津,校园文化活动也应当以职业教育为轴心。

(三)从学生认可的最能提高实践能力的方式看高职学生职业素质教育的主阵地

三个年级学生都认为学习专业知识最能提高实践能力,三个年级学生都将博览群书放在提高实践能力的第二位,反而把学院重视的校园文化活动放在最后。这个结果说明,一方面,高职学生对于个人发展的认识比较理性,对于进校的第一任务认识比较清楚;另一方面,高职学生表现出对校园文化活动普遍不感兴趣,说明我们的校园文化活动缺乏吸引力,不能让学生在活动中得到实际的锻炼,值得学校反思。

(四)从从业者素质的重要程度看高职学生与行业企业在职业素质认识上的差异

三个年级的学生都认为从业者素质中职业态度最重要,沟通能力和团队精神都排在了重要位置。

我们认为职业态度、沟通能力、团队精神也是社会对于职业者的要求,对于职业者来说,这是他们竞争力的表现,学生的这一认识与社会的认识是一致的。

除了加强沟通能力、团队精神方面的理论学习外,建议开展拓展训练,例如团队任务、团队考核等,让学生在新的环境下,进行沟通能力的锻炼和团队精神的培养。

(五)从学生的就业观看高职学生职业素质教育的定位

绝大多数同学第一次找工作的心态是"先就业再择业",值得注意的是调查中有3.8%的学生对第一次择业"没有想过"。按照学生就业最看重的要素排序为:工作兴趣—管理机制和环境—职场环境—实现价值—工作稳定—高薪—专业对口—单位性质—照顾家庭—地理条件。

我们认为学生第一次就业的心态较健康,这是学校教育和社会形势双重作用的结果,但仍有小部分学生对于自己的就业没有思考毫无方向。学校应开展对这方面学生的引导和鼓励。学生就业将工作兴趣放在首位,这是当代大学生自我实现的一种表现,也是现代社会为高职学生发展提供了更充裕的空间的折射。学生将管理机制和环境、职场环境、实现价值放在较重要的位置,将工作稳定、高薪、专业对口、单位性质、照顾家庭、地理条件放在较轻的位置,反映了学生较健康的择业观。

(六)从学生自认不足的职业素质看高职学生职业素质教育的着力点

认为自己自信心和心理抗压能力、专业知识和相关技能、外语计算机等基本职业技能、沟通能力不足的学生,三个年级总体较多。从各年级比较,从一年级到三年级,随着在学校的学习和锻炼,认为自己适应新环境能力、自信心和心理抗压能力不足的学生比例不断增加;认为自己团队精神和责任心、吃苦耐劳的实干精神不足的学生比例呈现凹线;认为自己沟通能力、专业知识和相关技能不足的学生比例呈现凸线;认为自己外语计算机等基本职业技能不足的学生比例不断降低。

(七)从学生沟通能力调查看高职学生可持续发展素质教育的内容

67.5%的学生选择主动积极地与人交谈和简单寒暄,32.4%的学生选择缄默,不与任何人沟通和缄默,希望别人主动。

(八)从学生团队合作能力的调查看高职学生可持续发展素质教育的内容

通过统计表我们得出:在三个年级、四大类学生中,三个年级的理科和工科学生大多数选择"无所谓,随大家"以及"动员去乙地,如果成功则很高兴"。艺术类和文科类学生表现不明显,尤其是艺术类学生的三个年级对此问题不感兴趣。从统计表三个年级横向比较中我们还发现,一年级学生大多对"无所谓,随大家"和"动员去乙地,如果成功则很高兴"的表达认同度较高,到了二年级、三年级这种明显积极的意愿逐年降低,到了三年级学生对此类活动普遍表现出消极态度。

(九)从学生闲暇时间的安排看高职学生可持续发展素质教育的方式

在三个年级中选择没有阅读课外书籍、报刊的同学高于选择读报纸杂志的同学。在选择是否参加社团活动的时候,选择没有参加社团的远远高于参加社团活动。选择闲逛的比例在三个年级中基本持平。在选择课余时间以交友为目的参加聚会的选项中选择否的比例也远远大于选择是的比例。在选择课余时间做兼职的选项中否略高于是。在课余时间锻炼身体中,我们可以得出只有少部分学生锻炼身体,大部分学生则将精力放在其他方面。在选择课余时间上网、看电影、聊天上很多学生都选择是。从各个选择结果中我们可以得到一个综合的结果,就是学生的课余时间大部分是花在闲逛、上网、聊天、看电影、做兼职上,这充分反映出我们的学生课余时间自我管理能力偏差,没有很好地利用课余时间,同时也说明学院在对学生课余生活的安排、指导上需要花更多的时间来做工作。

(十)从高职学生学习的首要目的看高职学生可持续发展素质教育的动力机制

从统计表上我们可以分析出,高职学生看重在学校学到一技之长,其次是学会做人,这说明高职院校的学生深受国家、社会对高职办学理念的影响,在选择读高职时目标明确,但我们也从中看到一点,我们应在要求学生学一技之长的同时也要求学生综合全面发展,多花心思引导学生锻炼长远发展的能力。

农村用电安全的调研报告*

摘　要:重庆工业职业技术学院学生志愿者利用暑期社会实践活动前往重庆市永川区黄瓜山村调研居民用电安全情况,对农村用电普遍存在的安全隐患进行分析,提出对策建议。

关键词:农村;用电安全;调研;对策

一、调查目的

黄瓜山地处重庆市永川区南部,原永泸公路贯穿整条山脉,因远看像一条黄瓜而得名。黄瓜山海拔高度600米左右,四季气候宜人,森林覆盖面积达80%,国有林场上万亩,有"国家森林公园"之称,是国家级农业生态旅游示范点之一。志愿者们来到这里了解农村用电所存在的安全问题并找出其原因,从而提出农村安全用电的建议。

二、调查时间

2015年7月18日—2015年7月20日

三、调查对象

重庆市永川区黄瓜山村居民

四、调查方式

通过深入居民家中交流并发放问卷,调查用电情况。志愿者们选定了当地赶

---

* 本文作者:冯沛梅,重庆工业职业技术学院自动化学院14电子301学生。

集的日子进行问卷调查,选取不同年龄层段的村民进行问卷填写。同时,辅之以观察法进行实地考察。

五、调查结果

（一）用电现状分析

由于现在许多大功率电器,如空调、冰箱等进入到农村,导致现在农村家庭生活用电功率不断加大。在农村用电高峰期电力负荷过大,如在春夏时期,需要经常性抽水排灌,这时临时性用电增多,经常导致电压不稳,甚至出现电路断开等问题。

（二）用电安全隐患

电网裸露易导致农民在挂电抽水过程中缺乏安全保障,造成用电传输线路短路及触电等危险;农村家庭线路老化严重,线路走向杂乱无章,易造成漏电、短路,严重时甚至会引起火灾;变压器设施的放置不合理,如变压器露天放置则导致防雨、雪、雷电能力差。

（三）农村用电普遍存在的安全隐患原因分析

1. 线路破坏严重,缺乏对线路的管理。由于农村特殊的地理环境,农村用户居住分散,点多面广;供用电线普遍较长,线路周边环境复杂,竹木丛生,特别是春夏两季植物疯长,危及线路安全;房屋拆除和新建、违章改扩建、施工堆土现象普遍存在,使高压线路及低压外线通道被侵占或破坏,用电安全的外部隐患突增;农村电网维护人员缺乏,电网线路维护管理难度增大。

2. 安全意识薄弱,对供用电安全重视不足。其一,供电企业员工对供用电安全重要性和复杂性认识不到位,导致其对供用电设备的巡视、检查不到位,不能及时发现设备缺陷,有的为了减少抢修、维护工作量,甚至将农村配电台区剩余电流保护装置退出运行,使供用电安全保障措施效果大大降低;其二,农村用户对用电安全隐患的危害性认识不到位,对存在问题的电线、开关、插座等设施更换不及时。比如,一般农村室外电线安全使用周期应少于五年,室内电线使用周期应少于十年,而农村多数居民电线使用周期超过十五年甚至没有更换意识。而且多数居民不会辨别电路危险警示牌以及缺乏安全用电意识。

六、对策建议

（一）加强用电安全宣传和教育，提高供用电双方安全意识

针对农村用户开展形式多样的宣传、教育活动，在醒目地方或人口聚集点书写宣传标语或粘贴宣传画，在新建配电室墙上张贴安全用电或宣传瓷砖画，印制和发放安全宣传手册、宣传单等。加强广播宣传，提高用电安全意识。

（二）加大安全投入，提升供用电安全整体水平

供电企业应设立抽水惠民配电箱，对季节性用电的配电设备实行循环使用，以减少用户投入，规范和疏导抽水排灌用电行为；对于供电线路较长的可以多设变压器，来加强电流的输送；对裸露在外的变压器建设相应的配电间，避免受到自然灾害的侵袭；将裸露的传输线路改为有绝缘皮包裹的传输线路，从而减少挂电抽水等现象。

（三）加强对电力技术人员管理培训，实行电力技术人员责任制

将职责、职权和专业班组职责挂钩，才能充分发挥技术人员作用，以此解决居民私自架设电线等问题，从而提高用电安全。同时，加大对电力技术人员的定期培训工作，以提高他们的技术能力。

重庆巫溪县大包村种植经济作物马铃薯示范片建设情况调研报告*

摘　要:通过对重庆巫溪县大包村种植经济作物马铃薯示范片建设情况的调研,对基层农村以及目前农民的生活状况有了更深的认识,提出了重庆巫溪县大包村马铃薯种植提升的途径和建议。

关键词:大包村;种植马铃薯;调研

为了解基层农村生活,重庆工业职业技术学院暑期"三下乡"社会实践调研队利用暑期时间对重庆巫溪县大包村种植经济作物马铃薯示范片建设情况进行了调研,对基层农村以及目前农民的生活状况有了更深的认识。

一、万亩马铃薯示范片基本情况

重庆市巫溪县尖山镇大包村地处山区,共有 17 个社,户籍人口近 5520 人,外出务工人员 1400 人左右。全村现有耕地 5792 亩,人均耕地 3 亩左右。贫困户有 500 户左右。种植、养殖和外出打工是当地村民的主要收入来源,该村人均年纯收入在 2900 元左右。在县政府与当地政府部门的政策支持下,现在的大包村基本上实现了乡到村、村到村、村到户、村到地头道路的建设和路面的硬化,从而为村民种植、收割、出口奠定了一条坚实的绿色通道,更为大包村马铃薯的大规模种植提供了保障。

(一)因地制宜——马铃薯的规模化种植

大包村结合自身的地理条件与市场需求,在国家兴农政策与县政府的大力支

---

　*　本文作者:熊芳,重庆工业职业技术学院机械工程学院 09 机制 302 学生。

持下,通过科技人员的"传、帮、带",现已将马铃薯作为当地最重要的经济收入之一,进行大规模的种植,并制定了长短期发展计划。目前马铃薯种植面积已达 500 余亩,同时,也借助多种集道,增加其销量和市场占有率,增加农民收入,摆脱贫困村的阴影,逐步实现小康村。

(二)资源雄厚——马铃薯的技术保障

巫溪县是重庆市开展脱毒种薯工作最早的区县,有雄厚的从事马铃薯工作的人力资源。今年万亩示范片的工作由农业局领导,以责任单位县农技推广中心及协助单位镇农业服务中心 7 名高级农艺师、12 名农艺师为成员,构建了高级农艺师包村、农艺师包社和大户、村级技术员包农户的技术指导体系,实行首席专家负责制,紧紧围绕工作目标,严格按照万亩马铃薯高产创建活动实施方案,常住基点,真正地做到了科技人员论文写在大地上,科技入户到万家。另外市级领导不辞辛苦多次深入示范区进行技术指导,为该县万亩马铃薯示范的成功提供了有效的技术保障。

(三)责任到户——马铃薯的政策保障

马铃薯种植效益明显。在领导小组的统一指挥下,巫溪县采取一系列措施支持马铃薯的种植。一是落实扶持政策。县上明确每亩补贴种薯 25 元、农药 33 元;大户及高产示范户,每亩补贴 40~60 元。二是签订目标责任书。县农业局与尖山镇签订了目标责任书;由领导小组办公室、高级农艺师、村委会三方签订了分村目标责任书;领导小组办公室、农艺师、种植大户三方签订了包大户目标责任书。三是推进社会化服务。由县农业技术推广中心与机手签订了统防协议,根据承担面积,并结合统防效果,按每亩次 8 元的标准计发工资,经费由农户承担。马铃薯种植大户刘禄芳今年种植马铃薯 35 亩,其中 25 亩为代耕,今年单产可以达到 1350 公斤,平均单价按 0.5 元/公斤计算,全年马铃薯总产值在 23625 元左右,减去农资、劳力等投入,全家 4 口人靠种植马铃薯有接近 8000~9000 元的收入。

(四)规范开发——巫溪循环经济园区

该园区位于尖山镇大包村,渝巫公路沿线,规划用地 3 平方公里,这些工程将陆续开工建设。项目建成后可实现总产值 25 亿元,利润 2.5 亿元,税金 2.5 亿元,同时可吸纳 5000 人就业。

二、万亩马铃薯示范片调研分析

(一)农村基层党建工作比较薄弱

一是由于外出人口较多,外出务工的党员管理和党费的收缴存在较大的困难。二是全村居住面积较为分散,有的住户到村委会都要走上2~3个小时,不便于党组织集中开展活动。

(二)国家有关政策执行的后续问题较突出

退耕还林是党中央、国务院从中华民族生存和发展的战略高度出发,为合理利用土地资源、增加林草植被、再造秀美山川、维护国家生态安全、实现人与自然和谐共处的一项重大的生态工程。但是农户原土地被退耕还林后,如何解决退耕户的生活问题就迫在眉睫。还有就是居住海拔较高,处于地质灾害地段农户的移民问题也十分严重。移出灾区后按原则要再分耕地,这就给原本就耕地少的村社带来了极大的分配压力。

(三)信息闭塞

巫溪县是个比较偏远的地方,加上广大农民整体文化程度不高,电脑基本上还没有普及,有少量的电脑也没有上网,村民了解信息都是通过电视和政府的宣传。因此,信息传播不够快,导致信息闭塞。

三、大包村马铃薯种植提升的途径和建议

(一)革新技术——提高马铃薯商品率

首先是当地马铃薯商品率有待提高。通过对被测5个种植农户商品薯率计算,示范区马铃薯商品率很低,大中薯商品率平均为65.8%。换句话讲,尽管马铃薯获得了高产,但是34.2%的块茎无法变成商品,或者说商品价值率很低。在这方面,以后需要在马铃薯块茎膨大期进行技术改进。

(二)增设预警系统——确保马铃薯高产量

当地马铃薯晚疫病预警点布置太少,很难满足控制全县大面积晚疫病流行。

目前巫溪县农技中心仅仅购买了1台马铃薯预警系统设备,也就是说,只能对局部地方进行晚疫病预警。按照巫溪县马铃薯的分布地理特点,全县需要建立10个以上预警点,从而确保大面积马铃薯丰收。

(三)技术变革——发展脱毒种薯

最后,也是最重要的一点就是缺乏高质量的脱毒种薯,由于最近几年没有项

目支持和带动,巫溪县马铃薯种薯质量有所降低,建议各级政府和相关部门通过各种途径改变现状,例如优质种薯生产补贴等等,提高马铃薯的商品率和产量,从而推动全市马铃薯产业的健康发展。

(四)社会支持——促使马铃薯作物可持续发展

与其他主要粮食作物相比,马铃薯作物增产、增值潜力十分巨大,而且耐瘠薄,对土壤适应性强,建议社会各界关注支持马铃薯产业的可持续发展,马铃薯产业将会成为我市的朝阳产业。

通过此次社会实践,使书本知识得到充实和升华,在自觉践行社会主义核心价值体系的同时,明确了自己的努力方向,要刻苦学习,理论联系实际,以自己的聪明才智报效祖国。

关于对梁平县工业园区人才需求情况的调研*

摘　要：重庆工业职业技术学院学生志愿者利用暑期"三下乡"社会实践活动，对梁平县工业园区企业对人才的需求情况进行了调研，就大学生如何满足企业对人才的需求提出了对策建议。

关键词：企业人才需求；调研；对策

如今全球经济发展速度放缓，大学毕业生面临工作岗位难寻的局面，毕业生失业率居高不下。就业率不高与大学生自身存在的问题是密不可分的。面对就业问题，许多大学生的就业观念不合理，只顾眼前利益，忽视职业发展；有些过分强调专业对口，导致迟迟不能就业；有些则求稳定，希望求职能够一次到位。在大学生自身问题突出，以及就业难的情况下，大学生更应该把握企业对人才的要求，有针对性的提升职业核心竞争力，找到适合自己的工作岗位。2015 年，利用暑期"三下乡"社会实践活动，我们对梁平县工业园区企业进行了调查，对企业对人才的需求进行调研。

一、调研主题

企业对人才的需求情况。

二、调研时间、地点及对象

（一）调研时间

2015 年 7 月 20 日。

---

*　本文作者：熊进，重庆工业职业技术学院机械工程学院 14 机制 306 班学生。

（二）调研地点

重庆市梁平县工业园区。

（三）调研对象

重庆梁山群星装饰建材有限公司、重庆梁平张鸭子食品有限公司、重庆齐爽食品有限公司、捷尔士显示技术有限公司以及工业园区管委会相关负责人。

三、调研方式

本次调研我们采用访谈法,通过这种面对面的交谈的方式,探询企业对人才需求的情况。

四、调研过程

梁平县工业园区涉及产业广,企业多。多数企业专业需求都与学校机械专业有着密切联系,因此通过对工业园区的调查更有利于得出对机械专业学生就业的建议。本次调查通过"三下乡"社会实践活动,在梁平县工业园区对重庆梁山群星装饰建材有限公司、重庆梁平张鸭子食品有限公司、重庆齐爽食品有限公司、捷尔士显示技术有限公司进行实地参观,并采取对企业管理人员采访的形式进行调研,了解企业的概况,同时结合自身专业进行总结。

五、调研分析

（一）行业发展对专业人才需求的分析

人才市场需求信息分析显示,机械制造业是我国当前和相当长一段时间内人才需求十分旺盛的行业,并需求具备有一定组织管理能力的技术应用型人才。

（二）机械类岗位需求分析

在调查之前,调研组成员在网络媒体上对机械类行业的人才需求以及专业需求进行了解,以便在访谈中更加准确的进行自身定位,了解企业对各专业的需求,结合现状进行调研。企业对制造业高技能人才的技术应用能力要求,主要体现在工艺规程编制、机械加工设备操作与维护、工装夹具设计、数控编程、质量检验上。它们不仅需要一大批守岗能力强、综合素质高的生产一线操作型高技能人才,也需要一大批掌握工艺实施能力、具有多岗适应能力的生产一线技术、管理型高技能人才,并在职业操守、人文修养等方面对毕业生提出了更高的期望,以适应中小企业的技术与管理要求。毕业生普遍认为学校机械设计与制造专业机制工艺、工装设计、机械设计、机械制图、软件应用、设备维修等方面的课程都很重要。同学们应在加强自身专业知识和专业技能的同时，充分意识到提高自身综合素质的重要性。

（三）企业注重人才素质方面

拥有"敬业精神""工作经验""文化程度"的大学生是企业所需的理想人才应具有的素质，主要集中在三个方面："有敬业精神""有实际工作经验"和"受教育程度高"。其中要求具备"有敬业精神"的呼声最高。所有受访者都对此三方面表示认可，这也是他们所需要的人才应具备的首要条件。

六、调研结果

通过调查，梁平县工业园区中各类企业所需人才都与机械类专业相关，但学生基础知识掌握较弱，工艺实施能力不强，缺乏通过查找资料解决实际问题的能力。虽然毕业生具有宽广的基础知识，证书多但实用性差，缺乏吃苦耐劳精神。通过企业对人才的需求来看，企业的要求较为严格，大学生们要不断提高自身的综合实力，在有一技之长的前提下，多方面发展。通过对各企业的调查，了解到各企业每年对毕业生的需求量大，但能够真正胜任岗位的毕业生却十分缺乏，需要通过大量时间培训提升才能适应岗位。企业希望大学生能更有目的性地找工作，尽量使自身能力达到企业要求。

七、对策及建议

（一）提高个人综合素质

企业员工个人素质的发展，提高企业各层次管理人员的经营管理水平和能力，是企业获得较高生产效率和较强竞争能力的最理想也是最根本的途径。作为大学生应在大学期间就学好专业，同时向多方面发展，不断提升自身的综合素质。多参加各类社团活动，提高自己人际交往的能力，培养团队协作的能力。一方面是毕业生就业难，另一方面企业岗位空缺，这说明高素质技能型专业人才紧缺。大学生要做的是努力将自己培养成为企业需要的人才，找对个人理想和企业需求的结合点，成就自己的人生。

（二）具备良好的理论知识

一个优秀的大学生必须拥有扎实的专业知识和文化知识。在对新员工的录用中，部分企业提到对大学毕业生的要求和选择标准中，看重大学生各学科的成绩及学生在系、学校中成绩排名情况,他们相信,一个学生如果学习不好,很难想象他日后的工作成绩会很出色。所以,知识、能力、素质对大学生就业都很重要。

（三）具有强烈的竞争意识

当今社会是一个激烈竞争的社会,竞争意识的培养显得尤为重要。大学生应该意识到竞争力是自身发展和社会发展的需要,竞争是实力的展示,只有掌握更多的技能技巧,善于抓住机会,勇于展示自己,才会在竞争社会中获胜。竞争实际是人格的考验,作为当代大学生我们应该具备积极健康的心态面对今后的各种挑战。

（四）提升语言表达能力

良好的语言表达能力是加强沟通、增进了解、和谐团队的重要保障。要具备这一能力,首先要敢于说,这也是练好口才的前提;其次要做到有话可说,当然这就需要广泛的知识与良好的组织能力;再次是要善于说话,注意什么场合说什么话,注重语言的得体。大学生应多参加学校组织的各种演讲比赛,这既锻炼了胆量,也锻炼了自己的语言表达能力。同时,大学生还应该抽出时间阅读有关的文学著作和口才范文,多做练习,努力使自己的语言表达能力得到锻炼和提高。

（五）培养良好的环境适应能力

适应能力是个人综合数值的反映,它与个人的思想品德、创造能力、知识技能等密切相关。大学生毕业之后,所面临的是不断变化的生活、工作环境。所以,要培养自己适应社会环境能力。只有这样,即使是在比较艰苦的环境下,也能够变不利的因素为有利的因素,从而为以后事业的成功奠定坚实的基础。

八、结语

政府、企业、高校和学生要扮演好自己的角色,畅通信息渠道,才能不断完善以市场为导向、学校推荐、学生与用人单位双向选择的就业机制,就能有利于提高就业率,达到资源的优化配置。这次"三下乡"在梁平县工业园区的社会实践调查,让我们明白,任何一个企业的成功都需要拥有优秀品质的人才,良好的综合素质、扎实的专业知识、强烈的竞争意识、流畅的语言表达能力和优秀的环境适应能力等,是企业选拔人才的重要指标。作为当代大学生要充分将个人成长和企业需求结合起来,才能够找到合适的工作,实现自己的人生理想。

浅谈高职院校"育人为本,德育为先"的
工作实践和探索[*]

摘　要:在信息多元化的时代,当代大学生在意识形态、价值观念和生活方式等方面发生了前所未有的变化,高校思想政治工作面临新的挑战。本文从发挥高职院校德育为先,文化育人功能的重要性和现实意义入手,对强化高职院校德育教育工作进行了思考,并进行了有益的实践和探索。

关键词:高职院校;育人为本;德育为先

立德:树立圣人之德。取自《左传·襄公二十四年》:"大上有立德,其次有立功,其次有立言,虽久不废"。孔颖达疏:"立德,谓创制垂法,博施济众,圣德立于上代,惠泽被于无穷。"(《辞源·合订本》)可见,古人早已认识到树立高尚的道德非常重要,广而施之,可以惠及社会,可以泽及未来。

我国古代的教育思想就有重立德的传统。《大学》第一章开宗明义:"大学之道,在明明德,在亲民,在止于至善。"所谓"明明德",就是修明最高最大的德行,"止于至善"是要把这种高尚的道德修明到最完美的境界。孔子也说:"德之不修,学之不讲,闻义不能徙,不善不能改,是吾忧也。"(《论语·述而》)这些都是把道德放在首位,把立德作为教育的首要目的。

党和国家提出了"科教兴国、人才强国"的战略,就是要打造"中国制造"的高素质、高技能的专门人才和一大批拔尖创新人才。教育的根本是人才培养,高校的工作,在于培育人才,而从人才成长的规律来看,德和才是不可偏废的。尤其是

---

　*　本文作者:周庆,重庆工业职业技术学院财经学院党总支副书记(主持党总支工作)兼副院长。

高职院校的教育工作,学生综合素质相对起点低,更要在注重"才"的同时,注重对学生"德"的教育。要实现这一目标,教师和教育工作者责无旁贷,任重而道远。

重庆工业职业技术学院有着重视德育工作的优良传统。始终坚持把"培养什么人才""怎样培养人才"这一重大课题摆在重要位置,坚持育人为本,德育为先,突出专业技能。培养的人才必须树立正确的政治方向,坚定中国特色社会主义的信念;必须胸怀祖国、放眼世界;必须脚踏实地、勤勤恳恳;必须拥有专业技能,德智体美全面发展。充分发挥文化育人功能,坚持社会主义的办学方向,坚持正确的思想文化导向,全面培养适应社会主义经济发展需要的高素质高技能人才。

一、紧抓学风建设是我们德育工作的重要内容

学风的好坏关系到学生将来能否在工作岗位中做出切实的成绩,因而是人才道德素质中的重要组成部分。在全校师生的共同努力下,我校学风一直保持着良好状态。但是也应该看到,在市场经济环境下,社会上存在的某些浮躁风气也会对学校产生消极的影响。新的形势给我们的学风建设提出了新的课题。近年来,重庆工业职业技术学院开展了一系列学风建设活动,将德育与技能紧密结合起来,明确学风、思想与科学技能的规范性,使我校良好的学风得以了发扬光大。

二、以生为本,认真实施德育新课程

德育新课程提倡的是"道德存在于人的整个生活中"的理念,因此引导广大教师多采用参与式、启发式、讨论式等生动活泼的教学方式,把传授知识同陶冶情操、养成良好的行为习惯结合起来,寓教于乐,使德育教育寓于生活和社会常识教育之中。一方面,保证德育课程的课时与阵地,坚持课时落实、任课教师落实、教材落实的"三落实"原则。使全校学生均能保证一周两课时左右的思想品德教育。在课程内容方面,所用教材应为我市统一的德育教材。分阶段开设思想政治、法律基础、职业指导等课程。在德育课程的教学中,我们要求老师利用生活事件、生活问题等,有意识地创设教学情境,引导青年学生去思考,发表自己的见解,在体验中得到感悟,使德育课程与学生丰富多彩的现实生活相联系,教育并引导学生逐步树立正确的世界观、人生观和价值观。另一方面,不断提高隐性德育课程的实效。寓教于乐,让学生在具体生活的德育活动中受到熏陶,接受教育。充分利用班会等,开展多种丰富多彩的教育活动,如诚信教育、法制教育、安全教育、应聘技巧等主题教育活动,有效地提高德育教育的实效性。

三、要落实课堂内的德育教学目标

德育并不是孤立存在的,在每门学科中都存在固有的德育元素,因此我们要求通过有效的课程设计和教学组织,发挥学科优势,将德育渗透到每一门学科中。老师通过对教材的研究,把知识的传授、技能的培养以及情感的熏陶统一于课堂教学之中,使学生在接受知识的同时,也形成了积极的情感体验和价值认知。同时要注意引导学生认识社会,触及身边"热点"问题,举身边典型的道德事例引入课堂,组织学生辩论、分析,激发学生在主动参与中受到德育教育。

四、不断提升辅导员队伍素质,坚持德能并举

积极探索班主任、辅导员队伍建设新机制,将其引入表彰激励机制,并组织全校师生认真学习、领会、贯彻、落实十八大等精神,着力从源头上解决班主任、辅导员的责任及态度问题。同时,进一步强化实践育人的作用,开展好综合实践活动课程。充分发挥课堂教学、各学科渗透、课外活动、社会实践等多种途径的教育培养作用,使学生在学习的同时争做文明大学生。这样,师生并进,将"育人为本,德育为先"落到了实处。

五、加强师德建设,让教师成为学生榜样

做好德育工作,教师是关键,因此学校从加强师德师风建设做起,要求全校教师恪守师德,尽职自勉,成为学生的榜样,形成爱岗敬业、团结合作、乐于奉献的教师群体。教师充当多重角色,探索符合时代精神和学生身心特点的教育方法和途径,教师们能吃苦、能奉献,舍得花时间、花精力深入到学生中间,交心谈心了解学生思想,正确引导,对于少数屡教不改的学生,教师们也是以表扬其进步为主,不抛弃不放弃,晓之以理,动之以情,持之以恒,导之以行。

六、加强党团和学生组织建设

建立学生党建工作长效机制。坚持每年召开学校党建工作研讨会,探索新形势下学生党建工作的规律。认真总结多年来我校在入党积极分子培养、学生

党员教育、党建骨干培训等方面的做法和经验,进一步完善各种制度。通过党校、党员之家、组织生活等各种方式对学生党员和入党积极分子进行党的基本理论、基本路线、基本纲领和基本经验的学习教育。以"党支部建设创新奖"评比表彰活动、"党员之家"建设为重要抓手,积极探索学生党员教育管理新途径、新方法,激发基层学生党组织的创新意识,增强了学生基层党组织的创造力、凝聚力和战斗力。

七、稳定开展贫困大学生的资助工作

贫困学生的资助工作极为重要,关系到贫困学生能否完成学业、也关系到学校的声誉。因此,学校本着助困与思想教育相结合的指导思想,紧紧围绕让每一个家庭经济困难学生都能够顺利完成学业的工作目标,开展了一系列卓有成效的工作,形成了"奖、贷、助、缓、帮"五位一体的学生资助工作体系。同时,学校高度重视家庭经济困难学生的思想教育工作。家庭经济困难的学生因为经济条件的原因,在生活、学习、就业等多方面压力下,往往情绪波动较大,针对这一情况,各级学生工作部门应高度重视其教育和疏导工作。在新生入学时,学校向家庭经济困难学生发出倡议书,鼓励他们自立自强,诚信为人,感恩进取,奉献社会。学生工作部门定期召开勤工助学工作会,了解学生思想、生活、学习、劳动状况,引导他们敢于面对困难,并战胜困难。根据不同情况,划分特困、困难、一般和恶意欠费等不同类型,对学生进行诚信教育,端正了学生的思想,使真正困难的学生得到了资助。

高校培养的人才首先有一个为谁服务、怎样服务的问题,其次才是服务能力的问题。因此,高校的根本任务就是要教书育人、立德树人,就是要使学生牢固树立为国家的社会主义现代化建设事业服务、为人民服务的理想信念,同时又具备为国家、为人民服务的实际本领,在国家的经济和社会发展中做出自己应有的贡献。

参考文献:

[1]吴冬梅、车照启:《重视和加强"第二课堂"对大学生思想政治教育的作用》,载《安徽农业大学学报》,2002 年第 6 期。

[2]尹福玖、柏为群:《新形势下学生思想政治教育工作的有效途径》,载《辽宁工学院学报》(社会科学版),2002 年第 3 期。

[3]黄莺:《网络化生存状态下加强大学生思想政治教育略论》,载《学校党建与思想教育》,2012 年第 18 期。

[4]冯刚:《坚持立德树人强化思想引领,全面提升大学生思想政治教育工作质量》,载《思想教育研究》,2015 年第 3 期。

[5]杨晓慧:《社会主义核心价值体系融入大学生思想政治教育全过程论析》,载《东北师大学报》(哲学社会科学版),2009 年第 5 期。

职业院校学生宿舍德育生活化实践探究[*]

摘　要：根据所在职业院校开展学生宿舍德育生活工作的实践，阐述了宿舍德育生活化的内涵，分析了当前普遍对德育生活认识的误区，结合实践案例提出开展德育生活化工作时传统德育相辅相成的作用、宿舍德育生活化体系建立的内容、宿舍德育生活化环境营造的方案和凝练与拓展德育生活化成果的方法等内容，为宿舍德育生活化的实践做了有益探索。

关键词：宿舍；德育；生活化；实践

当今大学生宿舍逐渐发展成为学生生活、学习和休息的最主要场所。宿舍的集体生活机制，更是让宿舍成为大学生思想情感交流、良好习惯培养、高尚品德养成、人际交往锻炼的一个综合性真实的生活场所。立足宿舍开展德育工作对培养大学生科学的世界观、人生观、价值观，高尚的道德素养，坚定的政治立场，远大的理想信念及养成良好的行为习惯和广泛的兴趣爱好，都有着重要影响。而近年来，类似"马加爵事件""复旦投毒案"等重大影响的校园宿舍暴力事件，更是将大学的德育工作推上风口浪尖，而每年隐藏在各个校内自主处理的宿舍纠纷等更是不胜其数。笔者对学校某院系的30间宿舍进行了随机抽访，发现有21间宿舍的受访学生表示曾对舍友产生过极大的敌意，原因主要体现在舍友的文明习惯、生活习惯、卫生习惯和交往方式让自己"难以接受"，有9间宿舍的学生表示舍友之间发生过直接冲突。有一半以上宿舍的学生表示"辅导员老师讲的大道理自己都懂，就是听不进去、也不知道该怎么用、有没有用"。由此可见，宿舍德育工作任重道远，实际效果有待提高。重庆工业职业技术学院车辆工程学院高度重视宿舍德

---

* 本文作者：陈磊，重庆工业职业技术学院党政办公室副主任。

育工作,将思想政治教育寓于大学生宿舍生活之中,不断加强研究与实践,充分发挥宿舍德育生活化的优势,取得了良好的效果。

一、宿舍德育生活化的内涵

德育生活化模式主要指德育要以生活为载体,教育与学习应该从受教育者的实际生活出发,关注人的现实生活需要,以自我教育为根本出发点,让学生在生活体验中自我感知、体会和思考,在生活体验中理解社会的道德要求,其本质是"做人"。在内容上以"修养"为核心,充分发挥德育核心价值观的导向功能;在方法论上以生活教育为主,充分发挥德育生活的潜移默化功能。

大学生宿舍德育生活化就是在大学生的宿舍中,立足教育与环境的和谐统一,采用德育生活化的模式对学生进行教育和培养,从而潜移默化地达到德育的目标。

二、宿舍德育生活化的常见误区

(一)德育生活化等同于生活

在德育生活化教育的实践中,往往存在望文生义的方式理解德育生活化的内涵,在实际教育工作中简单地将德育完全适应于生活。因为生活本身是一种毫无规律和章程所言,且无法被人掌控的自由自在的教育形态,而德育则是一种具有明确标准、目的和意义,且能被人所掌控的生活形态。大学生活色彩斑斓、价值多元,可以随意和随性,有真、善、美的生活,也有假、恶、丑的生活,高校德育所要追求的恰是真、善、美的生活,与积极的、健康的、具有教育意义的生活不完全等同,片面地强调生活化,不加思索地盲目适应生活,就会出现德育的"泛生活化",无法实现德育的明确的目的、标准和意义。

(二)完全否认传统德育的现实性

传统德育主要采用给予性德育模式,其核心内容主要是政治教育,方法上主要是采用对受教育者进行单向灌输、引导的方式。当前在学术界普遍认为这种德育效果日渐衰微,甚至完全否定这些运用多年的传统德育,这是考虑传统德育现实性不足的表现,因为:一方面,德育与政治的关系非常密切,培育出具有什么样的政治素质、政治观念和政治信念的人是高校德育不可忽视的任务,政治广泛制约着高校的道德教育。针对过去把德育完全等同于政治教育,导致德育与现实之间严重的紧张关系和绝对状态的严重错误,使德育疏离生活,但也不能否定德育的政治属性。德育既不应脱离政治教育,又绝不能等同于政治教育。在传统高校德育中,那种不顾及大学生的生活实践,脱离他们现实社会生活状况,而进行泛政治化的德育,势必引起大学生的失望与反感,使德育活动相应的出现困难与阻碍,难以顺利地进行,最终导致德育效益低下。另一方面,针对大学生开展的德育是离不开依托课堂开展的道德知识灌输与引导,这是由大学生群体缺乏社会实践经验、情感情绪不稳定、道德判断能力不足所决定的。大学生先进的理想信念与和谐的行为方式需要通过知识体系进行"启蒙",从而逐渐转化为自身内在的某种符合社会道德要求的思想和行动。完备而深刻的思想理论体系,普通人是无法实现创造的,更多的是通过灌输和引导获得。因此,不能排斥传统的课堂教学,而是应当改进教育方法,立足生活化理念开展。

(三)德育生活化的成果仅局限于一事一物

德育生活化应当来源于生活,而又"高于生活",大学生生活更多的是教室、食堂和宿舍"三点一线"的方式,与社会生活相比还是相对简单,交往的人群相对单纯,认识相对肤浅,本身经历的事情和参加的社会实践比较少,在采用德育生活化的方式开展教育工作时,往往会因为"生活事件太少"导致德育生活化的教育范围较窄、拓展性不足,从而使德育生活化的成果往往仅局限于一事一物。如针对大学生迟到、旷课等"不守约"的生活事件;因为希望得到关注而转载不利于国家、社会安全稳定的网络言论;高调"炫富"行为等,往往将德育生活化仅局限在这些生活事件的本身,无法搭建起生活事件之间的"立交桥",无法通过提炼总结,以微见著,从而达到通过有限的生活获取广阔的德育生活化空间的效果。

三、宿舍德育生活化的实践探索

大学生宿舍德育生活化不是放任学生宿舍自由散漫的生活,古语说"要想一块地不长杂草,最好的做法就是种上庄稼"。开展德育生活化需要根据当代青年学生的生活实际,运用生活化的思想,在宿舍范围内按照党和社会的德育目标要求,建立科学的判断标准,全面、系统地规划设计,分层次、分阶段细化落实,将成果举一反三,从而全面提升学生综合素质,提升德育效率,达到德育效果。

(一)立足传统德育建立德育生活化的判断标准

传统的德育并非一无是处,在一定时期对处于人生一定阶段的大学生短期内具有重要的理论意义,通过理论学习,根据自己道德行为的适应性在短时间内建立条文式判断标准,在生活中经历"道德事件"时知道是非对错的标准,从而树立起真、善、美的价值导向。为此,不能因为传统德育工作中的"操作不当"带来的效益低下问题而摒弃它,而应去其糟粕,取其精华,运用德育生活化的思维改进传统德育的不足。针对当今主体意识越来越强的大学生群体,德育生活化的课堂应当力戒"填鸭式"的灌输,把讲解作为一种知识的传授方式,更作为一种生活,一种分享,采用平等的交流态度,使先进的思想和理论对大学生的世界观、人生观和价值观的形成起主导作用,围绕学生主体地位,促使德育回归到客观现实的生活之中,重构大学生活,引导大学生活,促进大学生道德发展,发挥其积极有意义的作用,从而达到政治教育和社会德育的目标。

(二)立足宿舍生活统筹规划德育生活化体系

德育生活化不能完全等同生活,德育生活化不能完全放任于生活。德育生活化体系的建立需要立足大学生宿舍生活,捕捉和理解社会生活对大学生思想品德的真实要求,围绕大学生宿舍生活的人际交往开展统筹规划。具体来讲,从教育目标上包括人的心理健康和生存问题、道德需要、个人主体性与社会责任感、共产主义的思想意识等四个层次;在交往人群上就要建立全员育人机制,按照舍友、师生、班级同学、宿舍管理员与学生、家长、其他人员来划分;在内容上包括人际交往、思想交流、环境影响(物理环境和人文环境)和行为方式展现;在载体上全面涉及与学生宿舍生活息息相关的众多事件,包括追求、学习、饮食、卫生、话语、作息、兴趣爱好、穿衣打扮、婚恋交友、网络使用交往等,统筹规划,周密设计,全方位多角度建立综合体系。

(三)全员育人构建德育生活化的宿舍氛围环境

德育生活化的主要体现是生活环境的构建,主要包括物理环境和人文环境。物理环境构建相对比较简单,按照德育目标,追加一定投入即可实现,在德育生活化建设的前期对学生行为习惯的养成是非常必要的。之前,笔者所在院系的学生在宿舍楼道里乱扔垃圾,导致清洁人员怨声载道,与学生形成了敌对状态,宿管老师多次协调未果,反映到笔者所在学院,学院领导和辅导员老师本着德育生活化的理念,没有找学生谈话、做思想工作,而是让清洁人员把宿舍楼道打扫干净,然后在每个楼层学生最爱堆积垃圾的地方摆上了绿油油的盆栽,还有时令盛开的花朵,用鱼缸养上了金鱼和乌龟,做成了一个可以将自己心愿贴上的心愿角,将日报、文摘和杂志等摆上,一下子把垃圾堆的位子变成了生机盎然的花园角落,学生反映强烈,一时间在QQ空间、微信朋友圈刷屏,在校园内外学生中形成良好的舆论氛围,从此之后止住了学生在宿舍楼道乱扔垃圾的坏习惯,都能够自觉将垃圾带到楼下的垃圾回收站。德育生活化的核心是人际交往,人文环境对德育生活化具有至关重要的影响。人文环境的构建需要树立全员育人的思路,围绕学生交往的群体,分层次、分阶段构建良好的人文环境。笔者所在院系为在宿舍开展德育生活化的教育,构建了院系党总支书记、团总支书记、辅导员、宿管人员、保洁人员、高年级学生、宿舍舍友之间的全方位、多角度、多层次的交流交往体系,开展了系列具有德育生活化思想的活动,如开展的"书记与宿舍有个约会"是指学院党、团总支书记带头深入宿舍,围绕学生生活息息相关的话题,分批次逐一与宿舍学生深度交谈;"校园寻美大赛"是指为让学生尽快融入校园、发现校园之美、热爱校园,增强宿舍的团队精神,组织开展以宿舍为单位的,奖品不是传统的学习用具,而是学生喜爱的电子产品或者可口的辣条、薯片等,在一片欢笑中,满校园跑下来,学生很快增强了对学校的感情;"宿舍六方论坛"是指针对每个宿舍六个人,在辅导员、宿舍管理员的带领下,运用大型团队辅导的工具和方法,让学生结合宿舍的生活事件,宿舍成员之间进行敞开心扉的交谈、辩论,从而增进感情、消除矛盾。通过物理环境和人文环境的构建,搭建全员育人的德育载体,在与学生生活息息相关的活动中,发挥了良好的育人效果。

(四)及时凝练、拓展宿舍德育生活化的成果

校园相对稳定、单纯的生活为宿舍德育生活化开展带来了载体不足的困惑,针对这些问题要抓住有效的生活化载体,适时科学凝练、拓展,利用当代学生乐于接受的新媒体平台进行分享。如针对被"逼"而为的宿舍卫生整治现象,笔者所在学院"主动出击",设立与学生息息相关的"生态文明宿舍"建设项目,在宿舍楼每层楼梯口处摆放的生机盎然的盆栽植物、畅游在水中的金鱼、可爱的小龟和心愿角都赋予了深刻的寓意,让学生感同身受:生机盎然的植物表达了学子们朝气蓬勃、奋发向上的进取精神;金鱼在水中游表达了学生与学校的鱼水情深,提醒同学们爱自己生活的宿舍楼栋、爱所在学院、爱学校;可爱的小乌龟引用"龟兔赛跑"的故事,激励同学们不畏艰难,坚持不懈,勤于探索知识和技能,定能在高等职业教育背景下成为祖国现代化建设所亟需的高素质技术技能型人才。此举被广大学子赞为"超级有爱""学院精心设计布置,给了我们极大的惊喜,每天上下课路过楼梯口都会会心一笑,为自己生活在这么美好的宿舍环境感到自豪""一个心愿角,一下子把我们与生态文明宿舍建设工程拉的更近了"等,针对这种寓意和学生的感受利用自媒体平台,图文并茂地在学生群体中自发传播,实现多角度覆盖。及时有效地凝练德育生活化成果,采用合适的载体平台促进生活化拓展,有利于全

面促进德育成果的巩固。

四、下一步的思考与建议

针对大学宿舍德育生活化的效果和存在的瓶颈问题,笔者结合工作实践,认为下一步应当加强全员育人的思路,创造机会让学生参加社会实践,利用网络自媒体平台,接近学生生活,用学生喜闻乐见的生活事件,用学生喜爱的语言和交流平台,有意识引导学生积极参与德育生活化的浪潮,提升德育生活化的针对性和效果的可持续发展性。

参考文献:

[1]肖明艳:《宿舍——高校德育"新大陆"》,载《高等教育研究学报》,2012年第 3 期。

[2]文艺文:《论大学德育生活化模式》,载《道德与文明》.2006 年第 1 期。

[3]黄建榕、刘社欣、冯小宁:《德育新模式:德育环境化》,载《深圳大学学报》(人文社科版),2001 年第 5 期。

[4]刘敏:《大学生思想政治教育宿舍载体研究》,载《山东大学》,2006 年。

[5]温丽丽:《高校德育生活化的理论与实践研究》,载《齐齐哈尔大学》,2012 年。

创新学生职业生涯理念　构建多元化就业指导体系*

摘　要:高职院校大学生职业生涯规划教育是一个系统工程,应从职业生涯指导的阶段性推进、策略性调整、体验性适应等方面进行调整,帮助大学生树立正确的择业观,为解决就业问题夯实基础。

关键词:高职院校;职业生涯规划;职业生涯理念

在当前社会就业形势比较严峻的情况下,一时找不到工作的大学毕业生越来越多,而教育最根本的目的就是教育学生获取就业能力、谋生手段、奠定未来发展的基础,这就要求学校对学生的升学就业、职业规划和人生发展给予全面的教育和正确的指导,使学生及早树立职业生涯规划的意识,提高大学生就业、创业的成功率。

一、高职院校大学生职业生涯理念形式

(一)职业生涯理念的转化

以往的教育通常是要求学生"学一行、干一行",然而现在面对激烈的市场竞争,像"老鼠一样生存"变得尤为重要。高职院校要求学生要具备向"老鼠"那样的应对变化的能力,市场每天都在发生变化,每位同学必须具备像"老鼠"一样卖命以及勤奋的精神,才能生存并发展。

(二)培养满足行业需求的职业素养

职业素养是指职业内在的规范和要求,是在职业过程中表现出来的综合品质,包含职业道德、职业技能、职业行为、职业作风和职业意识等方面。大学生的

---

* 本文作者:袁希,重庆工业职业技术学院党委宣传部副部长,副教授。

职业素养可以分为显性职业素养和隐性职业素养,大部分的职业素养是人们看不见的,但正是这些隐性职业素养决定、支撑着外在的显性职业素养。因此,大学生职业素养的培养应以显性职业素养为基础,重点培养隐性职业素养。

(三)形成"凤还巢"的就业意识形态

当前中国进入快速的工业化时期,制造业和服务业等劳动密集型产业的快速发展为非农化提供了就业岗位,形成了城镇化强有力的支撑。同时政府也有意识地推动了城镇化进程,出台了相应的鼓励措施。正因为中国经济发展的整体飞跃,城镇化、工业化的快速推进,机遇的增多,使得以前大学生毕业后"孔雀东南飞"变为现在的"凤还巢"。

二、建立指导长效机制,构建多元化就业指导体系

(一)职业生涯指导的阶段性推进

从新生开始,职业生涯指导贯穿于整个高职教育过程中,通过不断强化学生的职业意识,培养学生职业素质。不同时期大学生的特点和大学生职业指导的内容都有所差别。首先,新生教育阶段。在这一阶段学校是把学生的职业政策指导、职业观念指导、职业规划指导、择业心理指导落到实处,尤其是职业规划必须落实。其次,在校生教育阶段。在校生教育阶段的职业指导是建立在新生教育阶段职业指导的基础之上的,此阶段学校的主要任务是督促学生按照其大学生活规划和职业规划进行职业素质培养和职业技能训练。再次,毕业生教育阶段。毕业生教育阶段的职业指导是大学生职业指导的最后阶段,这一阶段的主要任务是指导毕业生整合以前学习的相关知识,以及如何把这些知识运用到实践中,实现学校与社会的有效衔接。同时,学校还应为毕业生提供大量的就业技巧、面试技巧、就业机会等等。

(二)职业生涯指导的策略性调整

随着科学技术日新月异,新兴职业不断涌现和传统职业逐渐消亡,社会需求不断变化,学生自身能力不断提高,加之在实施策略过程中对职业目标的进一步认识,职业生涯规划也应处于循环往复的动态调整之中。大学生进行职业规划,首先要考虑的是正确客观地认识自我和评价自我,对自身的学识、能力、品德、个性等有一个综合性的客观评价,对自我有良好的认知,确定合理的期望值,使自己在求职择业时做到心中有数,把自己摆在合适的位置上去求职。同时,对于职业目标的确定,需要根据不同时期的特点,根据自身的专业特点、工作能力、兴趣爱

好等分阶段制定,并根据实施的可操作度进行调整。学校教师要积极参与学生的职业生涯规划的调整辅导。高职学生处于从依赖向独立转化的阶段,自我控制力相对较弱,特别是现在社会学生的生活圈子大大拓展,他们面对的诱惑也远比从前更多,仅靠学生自我进行职业生涯规划的方案是行不通的。因此高职生的职业生涯规划辅导,关键在老师。学校一方面需要培训骨干教师和学科教师作为职业生涯辅导教育的兼职人员,提高教师开展职业生涯辅导教育的意识、技巧与指导能力等,使专业教师在学科或者专业教学中,融入职业生涯规划素材,潜移默化地影响学生,让学生循序渐进地建立职业生涯规划的意识和思维。

(三)职业生涯规划的体验性适应

确立职业生涯目标后,让学生逐步适应便成了关键环节。学校应要指导大学生结合所学专业特点参加有益的社会实践和职业训练,使他们更早更多地了解职业,掌握职业技能,以便更好地适应自己的职业生涯规划。如大学生暑期"三下乡"社会实践活动、大学生"青年志愿者"活动、大学生毕业实习工作、大学生创新创业活动等都是很好的职业训练形式。除此之外,学校还可以邀请成功的校友、校外知名人士等来校与大学生座谈交流职业生涯规划的经验,还可以组织学生开展模拟性的职业实践活动,开展职业意向测评、职业兴趣分析测评等,通过这一系列活动提高学生的兴趣,让他们可以从成功校友身上看到今后努力的方向,让他们在校园内提高综合素质,逐步适应今后从事的工作。

"人生的道路虽然漫长,但紧要处常常只有几步,特别是当人年轻的时候。"大学阶段是人生的一个重要转折点,是真正进入社会生活的前奏,如何在大学阶段有个良好的规划,关系着未来的生存和发展质量。因此,高校更应该努力做好大学生的职业生涯规划指导,这也是作为教育部门的一个社会责任。

从司法案例中探寻顶岗实习学生人身损害救济路径*

摘　要:近年来,高职院校学生顶岗实习人身损害赔偿事故频发,理论界和实务界各自围绕着实习损害纠纷性质不明、顶岗实习学生身份歧义、赔偿责任承担主体争议以及救济适用法律依据疑义四个方面的困境展开学术争议和司法审判,本文通过对相关司法案例的分析,提出理论争议和实践处理对立的解决机制,拟通过侵权救济统一调整该类特殊纠纷。

关键词:顶岗实习;劳动纠纷;侵权纠纷;侵权救济

一、案件基本情况

（一）案情介绍

在 2011 年河南省孔敏诉郑州三全食品股份有限公司、漯河职业技术学院健康权纠纷案中,原告孔敏系被告职业学院食品加工技术专业学生,按照学校安排进入被告三全公司顶岗实习,并签订实习协议一份,后来原告在实习过程中被烫伤,向学校和实习单位进行赔偿协商均未达成一致,二者均对责任承担予以推脱,孔敏将学校与单位一并诉至法院。原告认为其烫伤时身份为在校学生,且属实习过程中被烫伤,依据《河南省工伤保险条例》第 46 条的规定,原告的损害应由二被告承担赔偿责任,二被告分别进行了辩解和反驳。

（二）争论焦点

第一,该案性质为何。原告起诉中所主张的是健康权受到侵害的侵权纠纷,被告职业学院则认为原告是在劳动过程中受到的伤害,故而应当是劳动争议或者

---

　*　本文作者:谢伟峰,重庆工业职业技术学院党委组织部副处级组织员,讲师。

工伤纠纷,其并非侵权的主体,更不是劳动争议的主体,其并非适格被告。

第二,原告于事故之中为何身份。原告认为其在烫伤之时为在校学生,被告三全公司亦认为其为学生,非企业员工和劳动者,但被告学院却认为原告与企业已形成事实上的劳动关系,故而在此案中应为劳动者。

第三,责任主体为谁。被告职业学院认为原告提起的是侵权诉讼,而其并非本案的侵权主体,对原告的受伤没有任何过错,被告三全公司是造成原告伤害的侵权人,所以其不是本案适格被告。而被告三全公司辩称原告在三全公司系实习学生,赔偿责任不应由三全公司单独承担,应由二被告共同承担赔偿责任。

第四,裁判依据为何。原告认为应依据《河南省工伤保险条例》第46条的规定,大中专院校、技工学校、职业高中等学校学生在实习单位由于工作遭受事故伤害或者患职业病的,参照工伤标准一次性发给相关费用,由二被告共同分担。被告学院则认为原告在劳动过程中受到伤害,应当由用人单位根据相关法律规定承担工伤赔偿责任,或由用人单位承担违约责任或侵权责任。另外,依据《学生伤害事故处理办法》第9条的规定,学校已经对学生的岗前、顶岗进行了培训和安全教育,学校已尽到安全教育义务,其进入工厂顶岗实习后应当由企业进行管理,故而学校并没有过错,不应承担责任。除此之外,郑州市惠济区人力资源和社会保障局做出工伤认定决定书,认定结论为:郑州三全食品股份有限公司实习生孔敏所受伤害确定为不属于工伤。

(三)判决结果

法院的判决认为原告在被告三全公司实习期间受伤,虽然确定为不属于工伤,但根据相关法律、法规的规定,大中专院校、技工学校、职业高中等学校学生在实习单位由于工作遭受事故伤害或者患职业病的,参照工伤标准一次性发给相关费用。因二被告之间未就责任承担做出约定,根据相关规定对原告的损失应由二被告分担。①

虽然该案件已经了结,但是问题并没有得到解决,法院的判决并没有对上述几项争议做出明确的判断与充分的论证,而是依据地方行政法规做出既非工伤又依工伤的结论,虽在一定程度上维护了受害人的利益与实质正义,但其中却诉说着法律关系的模糊与现行规范的缺失,做出此种判决实属无奈之举。这反映出由于我国目前并没有建立完善的实习生权益法律保障体系,缺乏统一的规定和程

---

① 判决依据便是《河南省工伤保险条例》第46条的规定。

序,对于工伤、酬薪等纠纷,学校、学生、实习单位权责模糊,规范缺失,救济无力。

二、顶岗实习人身损害救济的困境

（一）实习损害纠纷性质不明

顶岗实习人身损害纠纷究竟是何种类的纠纷本身存有异议,至少存在三种观点:

1. 合同纠纷。认为高职院校学生在学校安排下进入企业顶岗实习需要签订三方合约,有些院校在具体处理合约方面为图省事未曾要求学生签约,仅仅是全权代表学生签订实习合同。学校为了让企业顺利接纳本校实习学生通常在实习合约上对企业的责任要求有所降低,有的甚至在合同当中没有明确这一点,一旦发生实习学生人身损害事故之后的责任分担便成为纠纷源头。

2. 侵权纠纷。认为高职院校学生顶岗实习人身损害纠纷是典型的发生在企业工作过程中的人身侵权损害纠纷,由于企业的疏忽和学校的过失而引起,企业和学校疏忽过失所致的不作为侵权已经侵害实习学生的人身权益,无论是否签订合同,权利人皆可依据侵权事由要求相关责任主体承担侵权损害赔偿责任。

3. 劳动纠纷。认为高职院校学生在企业顶岗实习虽然没有签订劳动合同,无法形成劳动法律关系,但顶岗实习学生在企业从事的顶岗实习有别于一般实习,顶岗实习学生所从事的工作基本与正式职工从事工作无二异,其本身已经和企业发生劳动关系。此种劳动关系虽然不是《劳动合同法》规定的法定劳动合同关系,但可以作为一种事实劳动关系存在,并且劳动生产过程中受到人身伤害,是一种典型的工伤,应当按照劳动纠纷进行处理。

（二）顶岗实习学生身份歧义

顶岗实习学生身份的界定对于纠纷法律关系界定和法律适用具有重要意义,然而其身份歧义使司法救济遭遇第一重困境。

一方面,顶岗实习作为学校的一个教育阶段和一种教学模式,都是学生接受学校安排和教育的过程,学生须完成教学大纲中的任务,服从学校指导老师的管理,在这种意义上讲,实习学生应认定为学生身份,处于学校的教育管理之中。

另一方面,在现行的制度和实践操作中,学生独立的接替工作岗位,完成岗位全部职责,而不是简单的学习、观摩一些辅助性工作,其所履行职务与其他正式员工并无二异,亦接受企业的管理,服从企业生产安排,且实习单位对其发给一定的劳动报酬。因此,虽然顶岗实习学生与实习企业并没有签订劳动合同,但是二者已经构成《劳动法》上的事实劳动关系。

（三）赔偿责任承担主体争议

基于纠纷性质不明、学生身份歧义，在救济过程中，损害赔偿责任承担主体相应地也存在较大争议。一方面，如果实习学生的身份被认定为学生，那么其在实习期间发生的人身伤害事故就是一种典型的侵权行为，依照我国目前对侵权行为予以调整的诸项法律、司法解释之规定，应以过错责任为原则进行归责。另一方面，如果认定实习学生在顶岗实习中为劳动者身份，那么其与企业建立的是劳动关系，依照我国目前的劳动法律法规，用人单位应当为其参加工伤保险，对于实习伤害予以工伤赔付。由此可见，在司法救济中，损害责任承担主体亦存在争议和困惑。

（四）救济适用法律依据疑义

顶岗实习学生的身份界定不清必然导致法律关系不明，而具体的法律关系不明又影响赔偿责任承担主体的确定和救济时所适用的法律依据。目前理论界和实务界困惑的两种解决路径，一种是依民事侵权关系，适用《侵权责任法》的一般规定，其归责原则为过错责任原则，另一种是依经济法领域劳动纠纷，适用《劳动法》等相关法律和工伤保险条例，认定学生和实习单位构成劳动合同关系，由实习单位承担举证责任。但是，该两条路径在现行法律法规中并没有给予明确的答案，虽然有些地方法规对此类案件是否适用工伤保险进行了规定，但是其合理性遭到了多方面的质疑，而且各地规定也不尽一致。

综上所述，高职院校学生顶岗实习人身损害赔偿纠纷最主要的困境便是基于学生身份不明、纠纷性质不定、赔偿责任主体争议而产生的司法实践处理的混乱与无序，导致同案不同判，严重损害司法统一的权威和法律适用秩序的稳定。

三、顶岗实习人身损害救济机制构建

高职院校学生顶岗实习人身损害赔偿问题的症结不在于实习学生受到伤害后没有救济途径，在司法实践的操作过程中，无论是按照劳动关系还是侵权关系进行处理，法院都会让受害学生得到一定的救济，但恰恰问题就在于此，这种救济显得捉襟见肘、困难重重。依据一般侵权救济未能实现全面有效救济，但是，不代表需要在《侵权责任法》中单独设置相关条文规制，这样做无意义加大立法成本。笔者认为，在现行《侵权责任法》解释框架下依旧可以解决问题。就顶岗实习人身损害赔偿侵权救济制度建构而言，笔者提出三点方法解释论据，建立较为完善的保障受害学生机制。

（一）归责原则的选择

学校和实习单位对顶岗实习学生都负有安全保障和安全教育义务，这项义务不仅仅是约定的义务，也是作为实习工作场所和接受教育中的法定义务，此义务的违反需承担责任的归责原则应当是过错原则。学校和实习单位对学生的人身安全保障有过错才承担责任，没有过错便不承担责任。

（二）责任主体的确定

如前所述，既然学校和实习单位都对顶岗实习学生负有安全保障义务，就学校而言不能以实习学生未在学校为由抗辩免责，因为顶岗实习这种办学模式本身就是学校教育的延伸，也就是学校场地的扩展。同时，实习单位的经营场所也应当归为《侵权责任法》第37条中的公共场所项下。由此，将该条的公共场所进行目的性扩张解释，涵盖了学校教学延伸地，也就是实习单位的工作场所地，则学校和实习单位都需要对实习学生的人身安全负担安全保障义务，都是责任承担的主体。

（三）责任承担方式的明确

既然学校和实习单位都需要对顶岗实习学生人身损害赔偿承担责任，则需要确定二者究竟承担何种责任。学校和实习单位都对实习学生人身安全负有安全保障义务，因过失而未尽到义务，导致损害结果的发生，此时应当适用共同连带责任。《侵权责任法》第8条虽明确规定是共同侵权行为造成的损害后果才承担的连带责任，但是《最高人民法院关于审理人身损害赔偿案件适用法律若干问题的解释》第3条中规定，即使二人无共同故意或过失，但是其侵害行为直接结合而发生同一侵害后果的，也是承担连带责任。由此，受害学生可以要求学校和实习单位对损害赔偿承担连带责任，顶岗实习学生在权益救济途中可以有更多的选择以实现救济。这样，既能分担实习单位的责任以免降低其接纳顶岗实习学生的积极性，又能最大限度保障实习学生的人身权益，同时还能督促学校加大对顶岗实习学生的安全保障，以此构成一个完整的侵权救济体系和模式，实现司法实践出来类似案件的统一性和权威性。

参考文献：

[1]鲁刚宁：《高职学生顶岗实习人身损害赔偿研究》，载《重庆工贸职业技术学院学报》，2011年第1期。

［2］李翔、邓玲:《顶岗实习学生人身损害赔偿的立法思考》,载《安顺学院学报》,2012 年第 4 期。

［3］王利明:《侵权法一般条款的保护范围》,载《法学家》,2009 年第 3 期。

［4］杨立新:《侵权法论》(第四版),人民法院出版社 2011 年版。

［5］王泽鉴:《侵权行为》,北京大学出版社 2009 年版。

工学结合教学质量保障体系的建设和实践*

摘 要:构建工学结合教学质量保障体系,必须根据变动着的企业行业以及社会需求来调整学校的质量方针和质量目标,经常性地诊断学校在发展中的关键因素,实施全面质量管理,校企深度融合,不断完善学校的发展机制。

关键词:工学结合;质量保障体系;构建;实践

为深入贯彻落实《国务院关于大力发展职业教育的决定》和教育部《关于全面提高高等职业教育教学质量的若干意见》(教高〔2006〕16号)精神,大力推行工学结合和校企合作的培养模式,迫切需要完善工学结合的管理办法,逐步建立和完善工学结合教学质量保障体系。

一、工学结合教学质量保障体系要素

高职教育质量体现在人才培养的全过程中,因此质量保证在输入、过程、输出、结果多个环节并重,是全面质量管理。根据系统科学的理论,教学体系分为理论教学体系和实践教学体系,二者相辅相成。工学结合教学质量保障体系由预先质量控制系统、教学过程控制系统、教学质量管理系统、教学服务支持系统、教学质量评估系统等构成。

二、工学结合教学质量保障体系的建设

(一)预先质量控制系统

包括质量方针和质量目标、专业建设、"双师"素质与"双师"结构教师队伍建

---

* 本文作者:苟建明,重庆工业职业技术学院教授。

设、课程建设、教材建设、校内外实践基地建设。特点是建立预警机制。

1. 质量方针和质量目标

根据社会、区域经济、行业和企业的发展要求、高职院校自身的资源状况以及目前的生源状况制定高职院校质量方针和质量目标。

2. 专业建设

专业是学院建设的核心。高职院校要始终眼盯市场,瞄准需求,根据市场定专业,服务社会设专业,依托行业建专业,校企合作强专业。重点打造区域带动、辐射能力强的品牌专业,形成国家、省级、学院三级的重点专业建设体系,推动专业建设与改革。高职院校的专业建设要以社会需求为导向,教学资源和条件为保障,并在专业规划、审批、监控和审查等重要环节把好质量和标准关。建立有行业、企业专家参与的专业建设委员会,针对本专业发展状况、学生要求、用人单位期望及就业市场的变化,对专业进行监控和周期性的审查,并建立预警机制。根据职业岗位的需求,规划专业教学基本流程(需求导向流程),确立教育教学的市场观念。

3. 双师素质与双师结构教师队伍建设

高职师资队伍建设的目标是理论基础扎实、有较强技术应用能力的双师素质教师队伍与企业行业技术骨干、能工巧匠等构成的专兼结合、高水平的双师型教学专业团队。一是"开放性"。通过建立校企互动机制,改善师资队伍结构。定期选派专业教师以脱产或半脱产形式,直接在企业顶岗锻炼或参与企业科研项目。同时,在学生顶岗实习、工学交替时,从企业委派的指导教师中,有目的地选拔兼职教师,使其成为稳定的校外兼职教师。二是"社会化"。大量聘请企业行业专家、技术骨干、能工巧匠为兼职教师,形成师资队伍整体结构上的双师型,逐步加大兼职教师比例,逐步形成实践技能课程主要由具有相应高技能水平的兼职教师讲授的机制。三是"制度化"。建立高职教育拔尖创新和有丰富实践经验的特色人才引进制度,改善教师队伍结构。

4. 课程建设

全面实施课程体系改革。高职院校要认真制定课程建设计划,重点建设一批工学结合优质核心课程,形成国家、省级、学院三级的精品课程建设体系。定期进行市场调研,结合行业企业的发展,针对职业岗位(群),与行业企业共同开发基于工作过程的课程体系,依据岗位知识能力和工作过程的需要,紧密结合专业所针对的岗位(群)的职业资格标准,灵活设置课程内容,构建职业资格证书与学历证书相结合的"双证制"课程框架,实现"双证"融通,注重体现职业能力的培养,采用以能力为本位的课程模式。

5. 教材建设

校企合作编写工学结合特色教材,尤其是必须与企业行业专家和技术骨干合作编写与企业实践相关的专业实习教材,加大工学结合特色教材的建设力度。

6. 校内外实践基地建设

建立紧密型校企合作基地。选择企业必须与学校专业设置密切相关,选择大中型企业,科技含量较高,职场环境安全,人力资源需求量大,与学校距离较近,便于交流和管理。同时与企业联合建立校内实训基地,使学生充分熟悉企业设备,做好到企业工学结合、顶岗实习的准备。

(二)教学过程控制系统

包括工学结合教学质量控制体系、以学生为中心的教学方法、实践教学运行管理。特点是内适性:高职院校的发展;外适性:社会、行业和企业发展需要;个适性:教师和学生的个体特征。

一是坚持过程方法,以专业教学基本流程(过程)为依托构建专业教学质量控制体系框架,设计专业教学质量控制体系下的内容并实施控制。二是贯穿以学生为中心的教学方法,实施灵活学习策略。以学生的自律为重心,进行教学策略设计,为学生提供灵活多样的学习材料,实施灵活的教学活动、教学手段和现代教学设备,提供灵活的教学鉴定方法,拓宽学习知识和技能的途径,以便学生可以在不同时段、不同学习场所和地区采用不同的学习方式进行学习。三是建立院、系、室以及学生实习企业参与的多级督导机制,学院、系部、教研室、学生实习企业是评价主体,教师是责任主体。四是注重实践环节的控制,研究实践教学环节及其质量影响因素,制定实践教学大纲和实践教学环节科学合理的评价标准,逐步引入国家、行业标准、企业规范,与职业技能鉴定接轨,用企业要求来管理与督查实训过程,严格实践教学运行管理——计划、大纲、教师、经费、实训基地、考核落实。

(三)教学质量管理系统

包括管理队伍、管理方式、工学结合管理制度、学分制与弹性学制、以他方为中心的管理模式。特点是以人为本的柔性化管理,注重学生需求、教师发展的弹性化管理。

一是建设一支高素质的管理队伍。积极实践和探索工学结合培养模式的具体实践方式。实施全面质量管理,形成学院、系、教研室和学生实习企业的多方位教学管理模式。学生在企业实习采取"以他方为中心,以学院为主体"的校企联合育人管理模式;二是制订并实施工学结合管理制度,明确对学生、企业、指导教师的要求;三是教师和学生是评价主体,教务处、企业等管理部门是责任主体;四是弹性管理:对学生实行学分制和弹性学制。通过确认学生获得学历资格的最低学时与学分,以及获得职业资格证书的最低学时与学分,制定出学生进校与离校的相关规定,为学生提供多次"进""出"参与职业培训与上岗就业的工学交替的机会,满足学生自身特点和发展需求;五是对教师和学生采用以人为本的柔性化管理和弹性化管理。

(四)教学服务支持系统

包括满足学生工学结合需要的校外生产性实训基地、校企联合建立的校内生产性实训基地。特点是以教学为中心,大力吸收社会资源。

第一,教师是评价主体,教师对保证教学质量的各种条件进行监控,有权要求学校和管理部门保证必要的教学条件;第二,注重教学思想、教学观念和创新理念的软件建设;第三,保证教学投入优先,学校和教学管理部门必须保证实训基地等符合标准与质量的要求;第四,学校可以和供方及合作者建立合作关系,推动和促进科研技术交流,补充教育经费,更新教学设施、实训仪器、设备,以"共建、共享、共赢"为原则。多渠道、多形式筹措资金,建成一批"管理企业化、设备生产化、环境真实化、产品市场化",产学结合,校企互动,教学、科研和技术开发相结合的多功能、开放性、共享型的校内外生产性实训基地。

(五)教学质量评估系统

包括学生、企业、教师三方的评价体系、工学结合企业实训基地的评估指标体系、教学信息反馈系统与企业反馈机制。特点是关注社会对人才质量评估,以持续改进为核心,信息公开,监督社会化。

第一,评估主体为专家、学生、教师、用人单位,责任主体为教师、实训人员及管理人员。第二,建立健全教学评估指标体系,特别是实践教学评价机制。建立各种校内教学质量评估机构,如行业、企业参加的专业质量评估委员会,行业指导咨询机构,有行业、企业参与的督导机构。建立一套由学生、教师、企业、家长、教育部门等参与的全方位的人才培养评估体系。开发学习者和工作场所反应、学习效果、学生上岗的适应性、生产技术发展对人才技能需求四个层面的评估工具,对人才培养过程进行监控,确保人才培养学习产出与行业认可的能力标准保持一致。对评估需要修改的部分由行业协调委员会和行业相关部门的代表签署意见,经过同意后备案,使评估具有公正性。第三,建立健全教学服务支持系统的评估指标体系,特别是对实训基地的评估指标体系。第四,加强对实训人员及管理人员的评估、对教师的评估,要本着指导服务,满足教师提高需求、改进为目标来进行;第五,建立教学信息反馈系统和行业、企业的反馈机制,不断关注和满足学生、行业、企业以及社会需求。

上述五个子系统中,预先质量控制系统是整个系统的基础,教学过程控制系统是整个系统的核心,教学服务支持系统是整个系统的物质基础,教学质量评估系统是前三个系统得以持续改进的保证。各个系统各自运转,并保持信息沟通,通过目标管理、评估激励机制、自我约束机制、信息反馈机制和外部监控系统的共同作用,不断调整、持续改善,让整个系统充满活力。

三、工学结合教学质量管理案例

重庆工业职业技术学院酒店管理专业积极实践与探索"3+2"工学交替人才培养模式,即每周2天在学院进行理论学习,3天在重庆扬子江假日饭店进行现场实践教学,培养最接近行业企业需求、符合酒店岗位职业技能要求的人才。这种培养模式,既利用行业企业资源作为学生实习实训设施设备,又有职业技能很强的师资队伍支持;既体现真实性,又体现紧密型、共享性。

(一)基于"三方共赢"的深度合作

企业:找到最适合本企业的员工,有助于保持员工的稳定性,节约人事成本,弥补短期人员不足,提高社会声誉。学生:职业技能大大提高,心理素质提高,社会阅历增长,工作经历证明,就业质量提高。学校:提高教学质量,解决部分就业问题,提高社会声誉,吸引更多优质生源。

(二)"3+2"工学交替模式的预先控制

1. 通过行业专家的共同参与,构建"行业整体性课程、职业岗位课程、素质拓展课程"等基于工作过程的课程体系,按照"3+2"工学交替模式要求制定教学计划;

2. 校企双方共同制定企业现场对学生的培训计划和专业教师的授课计划。在2年内每个学生都将在饭店前厅、餐饮、客房等每一个岗位上接受现场培训、进行真实的对客服务实习;

3. 以职业岗位能力为核心编制《餐饮服务与管理》《客房服务与管理》《前厅服务与管理》《职场健康与安全》《职场交流》等特色教材;

4.聘请兼职教师,建立现场导师制。在扬子江饭店的每一个部门选拔一名最优秀的员工作为培训学生的导师;

5.专业教师职业能力培训。定期派出专业老师到扬子江饭店进行每年不低于3个月的职业能力培训。

(三)"3+2"工学交替模式的过程控制与质量管理

1.实行"以他方为中心,以学院为主体"的校企联合育人、共同管理学生的模式。企业对工学交替实习现场学生视同正式员工,采用与企业员工相同的管理标准,严格要求,统一管理;

2.校企共同制定"3+2"工学交替学生行为规范、职场安全等管理制度以及工学交替突发事件的应急预案;

3.企业现场导师负责学生培训期间的职业素养教育、职业技能训练、心理问题辅导、生活协助等全面的扶助引导工作;

4.专业教师在对学生进行理论课程教学之外,每周都要深入企业配合企业现场指导教师进行现场教学和对学生进行现场管理;

5.辅导员与班主任每周都要深入学生实习现场,了解学生实习情况,掌握学生思想动态,合理引导和有效管理学生;

6.学生实习质量评价主要参照扬子江饭店对企业员工的质量标准,按照工作态度、完成任务的及时性、完成质量和工作量进行考核评价。

重庆工业职业技术学院酒店管理专业通过理念创新、管理创新和企业大力支持,不断完善"3+2"工学交替人才培养模式,学生就业率达到98%以上,真正实现了工学交替和学生、企业、学院"三方共赢",为学校其他专业提供了试行工学结合的典范。

高职院校校企文化对接的路径探索[*]

摘 要:面对新一轮工业革命带来的工业 4.0 文明,需要高等教育,尤其是高等职业教育寻求改变与创新,去适应时代发展变化衍生的新标准和新要求。通过分析高职院校校企文化对接中存在的问题以及不足,立足校企文化对接,把握高职教育与学生特点,分两大领域、六大版块、五个阶段进行重点建设,实现校企文化对接的"四个全面",保障校企文化深度融合,推动校企合作的深入开展,为区域经济的规模化发展培养更多优秀建设者和可靠接班人。

关键词:高职院校;校企文化;对接机制;路径

目前,国内对校园文化和企业文化的有关理论和发展模式的研究已经取得了一定的成果。在 20 世纪 80 年代,我国着重是对校园文化的内涵、特征和功能等的研究与讨论。经过几十年的发展,我国校园文化理论特别是高等教育和基础教育的校园文化理论研究已经初具规模,理论体系已经基本建立,并在此基础上逐步完善,并且开始朝着科学化、系统化的轨道发展。面对校企文化对接研究与实践的不足,必须有所突破。职业教育的发展除了满足基本的技术技能教育之外,还更应该有针对性的把先进的企业文化引入校园,实现校园和企业在价值观念和文化上的统一,实现校园文化和企业文化的互动、融合和无缝对接,真正实现校企互动的、流畅的双向交流和渗透,实现学生就业与企业发展良性循环的交流模式。

---

* 本文作者:刘世敏,重庆工业职业技术学院党委宣传部理论科长、马克思主义学院办公室主任,讲师。

一、立足现实点，剖析高职院校校企文化对接现状

高职院校校企文化对接，要立足于目前高职院校校企文化对接中存在的问题进行深刻剖析。鉴于高职院校性质的原因，在各项建设中更应该凸显"职"的特性，尤其是在学校内涵建设与发展中，要将职业、企业或者行业的文化精神与人才培养需求融入内涵建设中。但是对于如何有效的融合，高职院校还在进一步探索与改进中，以便进一步完善校园文化对接机制，提高对接效果。

（一）校园文化与企业文化之间的理念有待于保持一致

高职院校校园文化理念重在对学校精神、校风、校训、校歌、校园氛围营造、硬件设施打造等方面进行规划建设，重在彰显学校内涵与历史底蕴，重在培养与引导学生成为对社会有奉献的有为青年。对于企业文化而言，强调的是通过培训、考核、实践等方式，让员工熟悉企业文化，包括职业道德、职场规范等等，让员工在学习与实践中去体会企业精神和企业文化。相对于校园文化而言，更具有一定的实践性。鉴于此，两者的差异就越发明显，尽管大部分高职院校已经认识两者之间的本质差异，但是，因为诸多主客观因素的制约，要达到两者理念的一致性，还需要不断探索与努力。

（二）校园文化与企业文化之间的润滑方式有待于磨合

高职院校校园文化要发挥对全校师生的潜移默化的影响与作用，其润化的方式主要是通过校园氛围营造，学生的第一、第二课堂等达到内化于心、外化于行的作用或者效果。对于企业文化而言，要让员工真正接受或者融入企业，更多的是实践的方式，在实践中去认识与感知，有时候会借助刚性的考核或者制度化的手段来加强员工对企业文化的肯定。校园文化的刚性不足与企业文化的柔性不足，是两者润滑方式有待磨合的最根本。

（三）校园文化与企业文化之间的效果评价标准有待统一

如何评价校园文化建设的效果是否良好，一是主要看校园景观或者硬件设施建设，是否达到学校的基础设施建设期望值；二是主要看师生言行，是否已经将校园文化的内涵与精髓植入心间，融入生活、工作与学习中。这是刚性评价标准与柔性评价标准的结合。企业文化的效果，主要是取决于员工对企业建设与发展具有的奉献程度，为企业赚取的利益与价值。不一样的效果评价标准，会让两类文化的差异逐步扩大，进而影响两者的融合。

二、紧扣核心点,科学制定校企文化对接内容

(一)核心点,即是培养高素质技术技能型人才

高职院校成功转型为应用型高校是必须要分层次分步骤的,对于人才培养标准,首先是看培养的学生是否满足社会发展、行业发展需求;是否学到了技术,并将理论运用于实践;是否能学会做人、做事,是否有良好的个人品德修养、有健全的人格、有积极向上的心态、有较强的创新精神和竞争意识、有较强的团队合作能力、能否规范自己的言行等等。对于职业院校而言,更希望学生具备较强的专业技能,能更快熟悉岗位,适应企业与社会的发展需求。职业院校在人才培养方案的制定中,"双证"(毕业证和职业资格证)已经成为一个合格毕业生的基本要求。这需要学校在大学生整个学习期间,着重技术技能、职业素养、综合素质的各方面培训与实践,培养出技术过关、本领过硬、职业素质较强、综合素质优秀的学生。毕业学生的技术技能顺利通过企业、行业的检验,是对学校人才培养模式、质量的肯定,也成为衡量人才培养质量的标准。

高职院校培养高素质技术技能型人才,主要是满足区域经济发展和产业转型升级的需求,符合和满足企业(行业)的人才素质需求,更是职业院校自身发展的需求。职业教育在强化学生专业技术技能的同时,也要重视学生思想道德素质的培养,把促进学生健康成长作为学校一切工作的出发点和落脚点,培养高素质高技能人才,满足社会发展、学校发展以及个人发展的要求。

(二)职业素质教育和专业技能教育融合,实现"社会人"与"企业人"有效统一

职业素质具体表现在思想道德素质、专业素质、人文素质、身体健康素质、心理健康素质等方面,主要培养学生的思想道德意识、专业知识和实践能力、创新精神和竞争力、团队精神和合作能力等方面的素质,让学生成为一个有思想、有技能、有素质、有追求的社会青年。实施素质教育,就是要全面贯彻党的教育方针,以德育教育为核心,以培养学生创新精神和实践能力为重点,造就全面发展和知识、能力、素质综合协调发展的、适应未来社会需要的高级专门人才。

职业素养或者素质教育课程主要包括职业素养课程和职业拓展课程。职业素养课程,除思想政治理论等基础课外,还包括企业认知、职业伦理与职业素养等课程。重点加强学生必备的文化基础、文化素质和敬业精神培养,学时约占总学时的30%,其课内实践教学活动不少于每门课程总学时的20%。职业拓展课程,

包括学生社团、科技创新、社会实践、人文与科学素质选修课,重点培养学生可持续发展能力和综合素质,学时约占总学时的10%,其课内实践活动不少于每门课程总学时的40%。学生素质拓展课须修满15学分,社会实践须达到6学分以上,才能毕业。职业素质教育课程的设置,是将素质教育融入职业或者专业课程学习与实训中,通过两者的互补与融合,培养和提高职业素养。

专业技能教育的内容,除了包括专业理论知识的系统化学习、专业技能实习实训外,还要包括与专业技能提升相关的培训与实习,例如,到校企合作企业参观、学习、交流;通过社会实践锻炼,进企业、进社会,提升服务能力等等,全方位提升学生的社会适应能力。职业素质教育和专业技能教育相融合,需要准确定位学生职业素质和专业技能融合目标,系统设计职业素质和专业技能课程,重构职业素质教育课程体系。将培养学生职业素质融入专业技能教育中,使培养学生专业能力为主线的课程体系与培养学生职业素质为主线的两大体系相互交融,从人才培养的顶层设计上解决了职业素质教育与专业技能教育不融合的问题。

三、找准契合点,实现校企文化的无缝对接

实现校企文化对接,要找准契合点,主要可以通过硬件配套设施、软文化建设两大领域规划建设,校园环境、实训基地、课程体系、专业建设、管理模式、服务机制等六大版块建设内容,对学生实施五个阶段的培养,从而实现企业文化的全面引入,对准企业管理模式的全面推行,学生职业素养与道德的全面提升,学生角色的全面转换,保障校企文化深度融合,推动校企合作的深入开展,为区域经济的规模化发展培养更多优秀建设者和接班人。

（一）扎实推进专业建设,优化人才培养方案

职业院校的专业建设以及专业设置标准,需紧紧围绕重点专业建设,以提高人才培养质量为目标,以工学结合人才培养模式为切入点,以基于工作过程系统化的课程设计为核心,以"双师素质"和"双师结构"改善为关键,以生产性实训基地和定岗实习基地建设为实践途径,以教学资源库建设为载体,形成突出学生核心技能培养的专业建设模式,优化人才培养要素,规范教学管理与运行,逐步适应区域经济发展及行业社会人才需求的变化。

（二）加强师资队伍建设,全面提升综合素质

师资队伍的科学构成,应该结合学校实际情况与整体态势,做好师资队伍建设规划,例如,按照学校师生比与发展趋势,科学预测师资需求,根据师资需求设

定目标并制定战略规划,以实现供需平衡。注重师资队伍双师结构,加强专兼结合的专业教学团队建设,多措并举培养"双师型"教师,积极引进企业行业高素质教师,加大聘请兼职教师力度,改善"双师型"结构。加大对教师再培训工作的投资力度,努力构建出一支专兼互补、结构优化的"双师型"教师队伍,从而使得职业教育得到良性循环发展;通过学校内部和外部共同的作用,实现师资结构的平衡,实现教师在教育教学管理过程中的互进互促,形成科学的师资结构以及高素质、高水平的师资队伍。

(三)加强实训条件与合作项目建设,搭建校企深度合作平台

加强企业合作实训基地与合作中心建设(校外企业合作)。加强实习实训基地建设,政府和学校要加大投入,加强校内实训基地建设,同时,鼓励企业广泛参与对高职生的培训。例如引进境外优质资源,加强与信誉良好的国际组织、跨国企业以及职业教育发达国家开展交流与合作,不断探索中外合作办学的新途径、新模式,这也是职业教育集团化发展的要求。对那些拥有自己的培训基地和人员的企业,可以在有关政策上给予一定的倾斜;对没有能力单独按照章程提供全面和多样化的职业培训的中小企业,可以通过跨企业的培训和学校的补充训练或者委托其他企业代为培训等方法参与职业教育。

强化学校合作项目建设(市内学校合作、国外学校合作项目),加强与企业、行业的深度合作,加强校校(市内市外学校的合作,尤其是加强市内学校的合作)、校地以及进一步进行国际化合作交流办学(开展与国外学校的合作项目),是学校发展的趋势,更是学校实现跨越式发展的有效途径。

(四)探索职业素质培养新模式,实现学校人向企业人的顺利转化

立足双主体实施、分年级培育,积极探索双主体办学,双主体实施"浸入式"职业素质教育。学校根据高职各年级学生的素质基础和身心特点,通过校企共同制定人才培养方案、共同构建开放式职业素质教育课程体系、共同参与工学交替的人才培养过程、共同打造专兼结合的导师团队、共同搭建社会实践锻炼平台以及共同培育基于企业文化的育人环境等方式,进一步解决了校企合作不紧密的问题。同时,把职业素质教育课程分年级设计,分别以"敬业、就业、创业"为培育重点,与企业共同制订《分年级育人纲要》,探索和实践了一年级重在"敬业"教育、二年级重在"就业"教育、三年级重在"创业"教育的"分年级"培育模式。

(五)构建三大教育教学质量监控与评价体系

要发挥学生主体对教学质量的监控作用,构建学生综合素质监控与评价系

统,构建学校、家庭、社会和企业对学生的"四维"素质教育评价体系,充分发挥好学生自评与他评环节,建立与完善学生综合素质监控与评价反馈机制,实现受教育主体的学生以及教育主体的教师、教育教学管理者、企业、社会等的积极参与,共建共促。

参考文献:

[1]雷久相:《高职校企文化与企业文化的渗透研究》,载《湖南农业大学》,2009 年。

[2]李良:《高职校园文化与企业文化融合研究》,载《苏州大学》,2011 年。

新形势下高等职业教育班级文化
建设问题及途径探索*

摘　要：班级文化是高等职业院校校园文化的重要组成部分。班级文化建设对高职院校学生的成长、成才以及全面发展具有极大影响。班级是高职院校进行思想政治教育、学生社会主义核心价值观培养和践行的重要阵地。在新形势下，对高等职业教育中的班级文化建设途径进行科学探索具有十分重要的意义。

关键词：新形势；高等职业教育；班级文化建设；途径探索

当前，我国已进入全面建成小康社会的决胜阶段，要实现国家经济社会的快速发展，需要一大批具有专业技能与工匠精神的高素质劳动者和人才。当今世界正处在大发展大变革大调整时期，世界多极化、经济全球化、信息多元化等新形式对高等职业教育提出了新的要求和挑战。班级文化建设作为高等职业院校校园文化的重要组成部分，对学生的成长、成才以及全面发展具有重要影响。在新的要求和挑战下，为了适应高等职业教育改革新形势，培养符合经济社会发展需要的高素质技术技能型人才，发挥班级在高等职业院校思想政治教育、社会主义核心价值观培养和践行的阵地作用，积极探索科学合理的高等职业教育班级文化建设途径显得尤为重要。

一、新形势下高等职业教育班级文化建设面临的困境

在社会经济急速发展、文化多样繁荣的今天，当代大学生作为新生人才的代表，其个体、群体对文化的认识较以往的学生有了明显的变化。[1]与此同时，人们

---

* 本文作者：杨稀琴，重庆工业职业技术学院党委宣传部新闻中心主任。

对高等教育制度及高校思想政治教育思路的认识尚有不足,作为高校班级文化建设的一线引导者——班级辅导员或班主任对新形势下的班级文化建设力度不够,使大学生对班级概念愈加模糊、班级意识更加弱化,导致高等职业院校班级文化建设的阵地作用难以发挥,班级文化建设面临诸多缺陷。

(一)学生理解偏差,认识不足

当代大学生容易缺乏团队协作精神,加之高校班级概念本身较弱,导致高校班级凝聚力弱。[2]目前,大多高职学生对班级文化建设缺乏正确认识,认为班级文化建设是学校、辅导员、班主任或班干部的责任,班级文化对自身发展、专业技能提升并无帮助,对班级文化建设的重要性认识不足,呈现出自我主体思想认识不足、自我参与意识不够、自我投身积极性不高等现象。因此,帮助学生形成正确的班级文化建设认识是解决这一问题的根源,只有提高作为班级文化建设主体对班级文化建设的认识,才能为班级文化建设打下良好的基础。

(二)组织形式松散,凝聚不足

高等教育与中小学教育不同,虽有相对明确的班级建制,但高校课程设置随意,上课地点变动,人员流动频繁,无法形成固定的班级教室环境文化,[3]给班级文化的开展带来不便。很多高校往往采取以宿舍文化建设来代替班级文化建设的措施,但宿舍文化建设范围小、内容局限、人员参与不全,宿舍文化始终无法形成班级概念,无法取代班级文化建设。辅导员或班主任在进行班级文化建设引导上,无法解决组织形式松散、班级凝聚力不足这个关键问题。

(三)制度制定模糊,管理不足

成熟稳定可行的班级制度可以为良好班风、学风和班级文化活动的开展提供坚实的制度保障。但在高职院校班级制度建设滞后、班级制度不健全、制度执行力不强,甚至部分辅导员或班主任作为班级文化建设的核心引导者对班级制度文化建设的认识不到位,用院系或学校规章制度取代班级制度,造成班级制度建设模糊,班级规范管理严重缺失。科学合理的班规及班级学生干部管理制度可以有效约束和引导班级学生的思想和行为。规范班级建设,提高班级文化建设执行力,加强对班级文化建设的过程管理,是班级文化建设目标得以完成的制度保障。

(四)文化氛围不浓,弘扬不足

高校班级是一个集体,一个集体就有主旋律,就有文化氛围。对班级文化氛围的营造是班级文化建设的关键,大部分班级的发展趋势都是积极向上的,整个班级文化也是健康和谐的。但有些班级学风欠佳、人员关系紧张、学习氛围差,一方面忽略了对班级文化氛围的营造,另一方面也难以营造。事实上,高校学习任务较中学教育更加繁重,学习涉猎更广泛,好的学风、班风显得尤为重要。班级文化建设离不开团结友爱、互帮互助、学习交流、积极向上的文化氛围的营造。高职院校班级主旋律的弘扬力度明显不够,也严重影响了班级文化建设。

（五）教师能力欠缺,经验不足

班级文化的主体是学生,但这个主体的引领者是教师。高校班主任或辅导员对班级发展既是引领者又是管理者,在班级文化建设中起着十分关键的作用。[5]一方面由于新时代的大学生思维活跃,对新鲜事物的接受快,有着更加丰富的阅历和经验,对班主任和辅导员的依赖也明显减少,主动与班主任或辅导员交流现象减少,这也增加了班级文化建设的难度。另一方面,现在的班主任和辅导员人员年轻化,在班级管理、班级文化建设方面能力欠缺,经验明显不足,面对新时期大学生新奇古怪的各种情况时,缺乏有效的应对措施和得心应手的交流沟通方法,这也为高校班级文化建设带来新的挑战。

二、新形势下高等职业教育班级文化建设面临困境的原因分析

新形势下高等职业教育班级文化决定一个班级学生的精神风貌,它对指引学生未来的成长具有重要意义。但在新形势下,高等职业教育中班级文化还不能真正融入大学生的学习生活中,不能发挥其精神力量,其灵魂作用还没有得到全面彰显。[6]职业教育班级文化建设的诸多问题,主要原因在于:

（一）社会开放发展,价值观念多样化

随着中国经济飞速发展,物质水平的极大提高,我国不论经济社会,还是人文社会都出现了新的变化,也使高职院校校园文化以及大学生的精神世界发生巨变。当下,网络已成为全球化的多元开放系统,网络新媒体时代信息量巨大、传播速度快,网络新媒体渗透的多元化价值观既可能与校园主流文化相冲突,又容易与班级文化发展愿景产生分歧。[7]大学的多样的价值观念是高等职业教育班级文化建设面临困境的原因。

（二）班级组织松散,教育主体自我化

高等职业教育的班级是按照学校的教育计划划分的,其组织形式较松散,班级教室不固定,班级文化建设基于这个松散的框架下进行。在当前网络新媒体普及、教育资源开放的新环境下,班级文化的教育功能明显减弱,学生每天都接触海量的资讯信息,对思想、言论和权威有着各自的理解。这种情况下,每个学生都有

自己的发言权,在班级文化建设和班级事务上有着各自的态度,班级文化建设的主导权被削弱了,主流文化的话语权也受到挑战。

(三)学生个性独立,现实人际交往弱化

其一,高职教育中班级学生人员构成相比初高中更加复杂,学生来自全国各地,学生文化背景差距大,这增加了学生间交流沟通难度。其二,当代大学生多为90后独生子女,唯我独尊心理往往让他们在与人沟通中难以达成共识。其三,网络媒体环境又让学生交往方式发生着巨变,虚拟空间交往成了主要交流方式。沉迷于网络新媒体世界,参加班级活动热情减退,容易忽视周围同学的存在,人际交往虚拟化、空心化、碎片化等特征逐渐显现,大学生的现实人际交往能力呈退化趋势,给班级文化的和谐建设带来了困难。

三、高等职业教育班级文化建设的途径探索

高等职业教育班级文化对于大学生的影响具有全面性、持久性的特征,特别是对高等职业教育大学生专业技能的学习、道德素质的提升、身心健康的发展、工匠精神的培养等有着重要的影响。深入研究当今高职院校班级文化建设现状,明确问题所在,探索具有实际意义的可操作性强的班级文化建设模式尤为重要,我们的经验是从以下几点入手,尝试解决目前高等职业院校班级文化建设中出现的问题:

(一)筑牢社会主义核心价值观教育这一灵魂

高等职业教育是高等教育的一种,高职学生也是社会主义核心价值观教育的重要人群。高职学生将是社会发展的产业大军,是中国社会主义建设的重要建设者和接班人。要在班级文化建设中加强对高职学生社会主义核心价值观教育,通过思想政治理论课帮助学生掌握马克思主义理论的基本知识,树立正确的社会主义世界观、人生观和价值观,为国家的社会主义建设事业服务。[8]要重视发挥辅导员、班主任的教育作用,辅导员、班主任要经常性深入班级与学生交流、谈心,让学生明确奋斗目标、树立远大志向、牢筑家国情怀;要有计划、有目的地开展各种演讲比赛、主题班会、故事会等班级文化活动,培养班级精神文明风尚;要通过各类社会实践,如志愿者服务等,增强对社会主义核心价值的理解和信心。

(二)抓住班级文化建设主体这个关键

要突出班级文化建设主体,一是加强辅导员、班主任队伍建设。建立健全班级管理者的考核机制和激励机制,通过制度化的培训和交流,不断提高班级辅导

员、班主任管理水平和责任意识。二是加强学生干部的选拔和培养。建立班级干部选拔机制,选拔德才兼备的学生组建班级管理队伍。加强学生干部培养,提高自身组织能力和服务水平。三是不断提升普通学生对班级的认同感。通过真心话、一封信、生日送祝福等活动增进与学生的情感交流;通过表彰先进、树立榜样等形式增强学生荣誉感。

(三)围绕班风、学风建设这个核心

高职院校学风建设是班级文化建设重要组成部分。一要实现课堂教学与课外教育相结合。要紧紧抓住课堂教学阵地,通过创新课堂教学方法,增加课堂吸引力,提高教学质量,调动学生学习积极性,夯实专业基础;要鼓励学生利用课外时间养成读书学习良好习惯,做到精专业、广涉猎。二要注重理论与实际相结合。通过高质量的班级活动、学生顶岗实习等提高学生职业技能,牢固工匠精神,坚定职业信仰,营造浓厚的班风、学风。

(四)夯实班级制度建设这个基础

夯实班级制度建设基础是班级文化建设的重要保障。推进班级制度建设,一要直面班级存在的问题,改变班级制度"一锤定终生"的现象,推动班级规章、制度的不断完善。尤其是面对诸如班级奖助学金的分配、入党选先的推介、学生心理咨询辅导等事关大学生健康成才、利益分配问题,要有相应的班级制度来避免班级矛盾。二要注重班级制度产生过程。避免班级制度产生由管理者个人决定,做到班级全体成员参与,班干部集体制定,确保班级制度产生有其广泛的"合法"基础,是民主集中的产物。[9]有效扫除班级制度执行过程中存在的阻力,为班级文化建设奠定基础。三要正确处理制度的执行和班级事务人性化。要灵活处理执行班级制度,既要有理有据,也要体现人文关怀,以关爱的姿态去分析问题,以学生的角度去处理问题。

(五)把握好交流平台这个着力点

一是打造班级文化标志,做好班旗、班歌、班徽文化标志建设,用好班级文化内涵,树立良好班级形象,促进班级凝聚力提升。二是搭建开放交流平台。一方面要利用上课、班会、班级活动等"实体"平台加强师生交流沟通,营造和谐班级氛围,构建和谐班级,共建班级文化;另一方面要搭建网络、移动通信等"虚拟"平台。通过建立班级 QQ 群、QQ 空间、微信以及飞信等开放交流平台,通过师生互动、生生互动,及时反馈班级建设意见建议或存在问题,班主任或辅导员及班干部通过及时搜集问题并解决问题,建立师生、生生间良好信任关系,为班级文化建设保驾护航;通过网上平台,有效传播网络文化,及时传达学习共享网络资源,加强班级文化软实力建设,增强班级凝聚力。

（六）用好多元文化交流这个"兴奋剂"

多元文化交流是班级文化建设的"兴奋剂"。[11]作为校园文化的一部分,班级文化应该加强与社团文化、寝室文化、网络文化等其他文化的交流,成为校园主流文化的有益补充,以促进自身的发展和完善。班级文化应该是一种开放的文化,并且以开放的姿态实现文化交流。要鼓励学生参加学校的社团,在社团中提高自己的交际能力,拓展生活空间,丰富大学生活;要加强寝室文化建设,提高学生为人处世、生活自理的能力;[12]要用好网络沟通平台,及时传播有益网络文化,弘扬文化建设主旋律;要在多元文化交流中,相互补充,相互借鉴,弥补班级文化的不足。

四、结语

高等职业教育中班级文化犹如班级的灵魂,具有潜移默化的教育和管理力量。班级文化是高校文化的重要组成部分,高校班级文化的繁荣与进步能够推动高校文化发展,同时也是增强班级凝聚力、促进班级整体进步与学生自我成长的重要途径。在新形势下,学校重视、班主任引领、学生参与,既注重传统教育经验,也结合新形势下的变化,既运用成熟的教育方法,也尝试新的教育媒介,齐抓共管,多方协调,才能管理好、发展好班级文化,才能培育好、树立好大学生良好的精神文明和人生价值观念,为学生的可持续发展提供坚强的内在保证,为社会主义现代化建设提供具有工匠精神的建设者和可靠接班人。

参考文献:

[1]徐磊、张敬伟:《对高校班级文化建设的若干思考》,载《科技经济市场》,2012年第12期。

[2]南江辉:《关于高校班级文化建设的思考》,载《山西农业大学学报》(社会科学版),2012年第12期。

[3]李小玲:《高校班级文化建设现状及策略研究》,载《西南大学》,2012年。

[4]王自华、孙素梅、苑帅民:《新时期高校班级文化建设的对策》,载《科技风》,2013年第4期。

[5]杨水华、姚玮:《新时期高校班级文化建设研究》,载《江西教育学院学报》

（综合），2013 年第 6 期。

[6]刘潇:《网络文化视阈下高职院校班级文化的主体构建与实践突破》，载《中南林业科技大学学报》，2012 年第 6 期。

[7]王雪飞:《基于网络的班级文化建设对大学生综合素养的影响》，载《中国信息技术教育》，2014 年第 10 期。

[8]王钰岚:《高校班级文化建设存在的问题和解决措施》，载《新课程研究》，2015 年第 9 期。

[9]廖泽兴:《浅谈大学班级文化建设》，载《读书文摘》，2014 年第 9 期。

[10]朱广生:《高校班级文化建设问题与对策》，载《世纪桥》，2015 年第 3 期。

[11]余卉:《谈高校班级文化建设的实践策略研究》，载《科教导刊》(上旬刊)，2015 年第 5 期。

[12]徐新:《论素质教育进程中的高校班级文化》，载《湖州师范学院学报》，2014 年第 1 期。

管理沟通在高校学生管理工作中的应用[*]

摘　要:沟通是管理过程中一个重要的环节。管理沟通对在现代社会背景下的高校学生管理应用尤为重要。本文通过对管理沟通的应用分析,探寻高校学生管理工作的新思路,力争为从事高校学生管理工作者做好学生管理工作提供参考。

关键字:高校;管理沟通;应用

现代社会是一个多元化的社会,现代高校也是一个多元化的高校,高校的学生大多是来自不同家庭背景、不同学习与生活习惯、不同性格的多元组合。而我们高校的人才培养方案是确定的,我们的培养目标是明确的,要让不同理念的人确定好目标并为之努力,这是一件不容易的事情,高校辅导员在学生管理中的管理沟通就显得尤其重要和必要。

一、学生现状

笔者曾带的是机械类的学生,男生居多。这类的学生既有普通高职院校"90后"大学生的共性,又具有专业特殊性,思维活跃,动手能力强,具有创新意识,但自信心不足,自由散漫,特别是少部分学生认为只要"混过"大专三年,凭着一纸文凭便可以通过亲友的关系找到就业岗位,到社会上赚钱,因而不重视文化理论课和专业基础的学习。部分家境贫寒的同学,受到这类同学的影响,在学业上也存在"混"的状态。

---

　　* 本文作者:李云均,重庆工业职业技术学院基建后勤处生活科负责人,讲师。

二、实例分析

邹某,系班级一名学生,多次无故旷课、晚归、夜不归。跟邹某谈话、沟通中,邹某谈道:"我没有电脑,不能像其他同学一样坐在寝室里玩电脑,就只能到网吧,因此有时候回寝室比较晚。"接下来,通过与其室友、家长沟通后了解到:邹某,四川人,父母均务农,前不久父亲因外出打工摔伤了腿,现在躺在家里,由母亲照顾。家中还有一个比他小一岁的弟弟,目前也在上大学,家庭负担重。邹某上高中的时候和同学打架,事后患有脑震荡。家人一般都不和他争论什么,在钱方面,他需要多少就给多少,家里没有也给他借。

了解了邹某家庭情况、个人情况后,再次找来邹某谈话。主要从邹某将来的发展,和他切身利益相关的文凭、家庭等方面入手,从邹某的微表情里面能够看出邹某是很希望上进的,希望自己各方面能力都能得到提升,希望自己将来能够出人头地,让自己的父母过上富裕的生活。

在与邹某进行沟通后,他表示自己不应该这样拿着家长的钱到学校浪费时间,而是应该好好利用学校这个很好的学习实践平台,认真学好自己的专业知识。他认识到自己应该学会成长,学会承担责任,学会给自己确定目标,并朝着目标前进。人就应该相信自己,而不能知难而退,用逃避、麻痹自己的方式解决问题。

学校推行的学习管理制度如晚自习等,得不到同学们的认可,大部分同学认为很少有大学像我们学校一样,大学生还上晚自习,他们认为这完全就是初中的管理。这样的情况下,如何才能有效地进行沟通?首先,给同学们树立一个观念,即要锻炼自己、磨炼自己,这样才能成就自己。其次,在之后的沟通中,充分利用皮格马利翁效应,相信他们,鼓励他们。最后,笔者所带班的同学全部都自愿上晚自习,并且很自觉,不需要点名,也不会迟到。

三、学生工作中如何做好有效沟通

作为一名学生管理者,首先应该具备沟通能力,了解同学们的情况,倾听学生的心声,一个班级学生管理者需要具备良好的沟通能力,其中又以"善于倾听"最为重要。唯有如此,才不会让学生离心离德,或者不敢提出建设性的提议与需求,而辅导员也可借助学生的认同感、理解程度及共鸣,得知自己的沟通技巧是否成功。

沟通是一个信息交流过程,它是信息的传递与理解,是人与人之间、人与群体之间思想与情感的传递和反馈的过程,以求思想达成一致和情感的通畅。良好的沟通在交流中要做到善传己意,善达人意。但是由于沟通主客体和外界环境等因素,沟通过程中会出现各种各样的障碍。因此,为了达到沟通的目的,我们必须首先认识到沟通中可能存在的障碍,然后采取适当的措施以避免障碍,从而实现建设性的沟通。

在对方倾诉的时候,尽量不要打断对方说话,大脑思维紧紧跟着他的诉说走。要学会理性的善感,即忧他所忧,乐他而乐。这种时候往往要配合眼神和肢体语言,轻柔地看着对方的鼻尖,如果明白了对方诉说的内容,要不时地点头示意。必要的时候,用自己的语言,重复对方所说的内容。在倾听中找出对方的优点,显示出发自内心的赞叹,给以总结性的高度评价。欣赏使沟通变得轻松愉快,它是良性沟通不可缺少的润滑剂。沟通的目的是达成意见或行为的共识,而建议是没有任何强加的味道,仅仅是比较两种或多种行为所带来的结果,哪个更加完善而优良,供对方自由选择。

沟通是人们进行的思想或情况交流,以此取得彼此的了解、信任以及良好的人际关系。对组织内部来说,沟通是组织成员团结一致、共同努力达到组织目标的重要手段,同时,沟通也是组织与外部环境之间建立联系的桥梁。

任何在管理中发生的沟通都应该是有目的的,目的不明确,信息就得不到准确良好的组织,沟通就会无的放矢。而在沟通中的主导者应该要制订沟通计划。书面还是口头,在办公室还是在其他地方沟通,用什么样的语气进行沟通。在管理沟通中,信息发送者要发出准确信息,同时要让接受者理解并接收到准确信息,所以在沟通中特别要注意反馈,如"我说的你理解吗?"又可能是非语言的,比如点头、会意的眼神、表情的变化等。通过这样的反馈使交流双方的意图相一致,从而保证沟通的有效性。在沟通中一定要注意越位思考,认真倾听。沟通是双向的行为,要使沟通有效,双方都应当积极投入交流。作为高校管理人员在沟通中要学会越位思考、换位思考,不要认为我是管理者,是信息发送者,很多时候倾听比说更重要。

试论国家助学贷款中学生不诚信问题
原因分析及应对策略*

　　摘　要:在国家助学贷款管理中,存在受助学生不诚信、恶意欠贷的问题。本文从受助学生政治思想工作中的诚信管理角度出发,剖析其产生原因,提出一种多元化诚信约束机制。该约束机制的实施,有利于引导受助学生在困境中奋发图强,从而使经济困难的学生在财力和精神方面得到"双重资助"。

　　关键词:国家助学贷款;诚信教育;资助管理

　　诚信是每个人的道德基础,是人在社会活动中相互联系的道义凭据。作为当代大学生,未来社会经济发展的高素质人才,更应该注重诚信。习近平总书记指出:"高校思想政治工作关系高校培养什么样的人、如何培养人以及为谁培养人这个根本问题。要坚持把立德树人作为中心环节,把思想政治工作贯穿教育教学全过程,实现全程育人、全方位育人。"

一、资助工作中学生诚信问题

　　高校对家庭贫困学生进行资助的主要目的是使学生不因家庭贫困而丧失读书的机会,是帮助家庭贫困的学生获得学习机会,顺利完成学业,获得生存的本领。然而,有些贫困生受到资助后却没有珍惜继续求学的机会,肆意挥霍资助金,甚至产生了"等、靠、要"的不良心态;有些贫困生不履行助学贷款承诺,不按期还贷、还息,甚至恶意欠贷、欠息的现象屡屡发生,其结果不仅影响这部分学生自身

---

　　* 本文作者:刘王德馨,重庆工业职业技术学院财经学院学生工作办公室及团总支工作负责人,硕士研究生。

信用、学校声誉,而且将直接影响助学贷款工作的正常开展,使学校和银行处于进退维谷的尴尬境地。因此,尽管这部分学生的家庭贫困真实存在,但如果放任其浪费宝贵的社会资源,将有违资助家庭贫困学生的政策目的。

二、资助工作中出现诚信问题的原因分析

(一)受助学生的攀比心理

攀比在心理学上被界定为中性略偏阴性的心理特征,即个体发现自身与参照个体发生偏差时产生负面情绪的心理过程。对于当代大学生而言,攀比心理主要体现在物质上的攀比。有部分受资助学生存在着攀比心理,在拿到助学金之后大肆挥霍,严重影响了受助学生自身的发展。

(二)受助学生诚信意识薄弱

助学贷款是由政府给予全额贴息的个人信用贷款,受助群体是有困难的在校学生。目前,受助学生中出现的不诚信行为主要包括两个方面:一是面对金额很大的助学贷款时,有些学生通过虚构贫困信息、不正当竞争等行为获取大额资助;二是在获得助学贷款资助后,未能及时还款,甚至恶意拖欠。受助学生的诚信意识薄弱是以上问题的主要原因。诚信伴随着每一个受助学生的一生,由于非正当取得助学贷款和未能按期归还国家助学贷款,而产生的不良个人信用记录,也将影响受助学生的一生。

三、解决措施与应对方案

(一)以学生为本,倾听受助主体需求

树立受助学生的主体意识,以满足受助学生的需求作为资助工作的出发点。通过召开资助交流会、学生座谈会、学生互帮互助资助座谈会、电话及心理咨询等多样形式进行全面立体化的交流,了解学生所需所想,以更好地为困难学生提供帮助和营造成长成才环境。

(二)加强诚信教育,特别是失信后果的宣传

在倡导多方参与、合力助学的同时,定期组织形式多样的人文活动,让困难学生感受学校这个大家庭的温暖,积极学习和生活。例如,开展受助学生的"感恩成长、励志成才"征文活动、"冬季送温暖"活动、诚信教育主题活动、不诚信后果的宣传活动等。让学生知道失信的后果,树立正确的世界观、人生观和价值观,对学生进行诚信、感恩、奉献的教育,不断激发学生成长成才的潜能,倡导学生互帮互助、

同舟共济、励志成才。

(三)建立多元化的诚信约束机制

通过建立多元化、多方面的诚信教育体系,减少受助学生不诚信问题的发生率。对家庭贫困学生进行认真筛选,让真正家庭贫困的学生能够得到国家资助,顺利完成学业。国家助学贷款是帮助贫困学生完成学业的,对于到期未还款的学生,首先进行排查,弄清楚学生毕业后未还款的原因,如果学生确实因为没有经济收入来源,那么应该延长这部分学生的贷款期限。对于存在侥幸心理,有故意拖欠行为的大学生,学校、用人单位和银行要加强信用管理登记制度,把他们列入不诚信的名单中,也就是银行的"黑名单",在一定的期限内对这部分学生进行一定的处罚,发挥信用档案的威慑力,并将这种恶意欠贷行为记入个人诚信档案,使其在求职、升学、贷款时受限,这样才能达到惩治和预防的效果,形成一种诚信约束机制。

高校学生思想政治教育工作中受资助学生的诚信教育工作是一项民心工程,是文化素质教育工作的重要部分,是让学生守诚信、树立正确三观的重要方式。随着资助学生数量的不断增多,资助工作也日渐艰巨,资助管理体系及其机制需要不断的改进与完善。同时,受助贫困学生的心理及诚信教育也存在着诸多问题。因此,贫困学生的文化素质教育工作需要所有学生工作者认真思考,不断总结,通过老师和学生的共同努力,让真正贫困的学生顺利完成学业,回馈社会。

参考文献:

[1]黄雅君:《高校贫困生资助工作存在的问题对策研究》,载《兰州教育学院学报》,2013年第12期。

[2]丁同楼、张庆祯:《浅谈大学生经济诚信意识的缺失与对策》,载《辽宁行政学院学报》,2010年第10期。

[3]刘磊、孟婧、吕世军:《当代大学生攀比心理成因与对策研究》,载《经济研究导刊》,2014年第9期。

[4]黄建美、邹树梁:《高校资助育人创新视角:构建多维资助模式的路径探析》,载《中国高教研究》,2012年第4期。

一例大学生旷课问题的心理咨询案例分析[*]

摘　要:一例大学生旷课问题的心理咨询案例分析。求助者李某因为迷恋网吧打游戏,经常不去上课,诊断为一般心理问题,经过五次心理咨询后,求助者焦虑、紧张、偏执情绪得到缓解,旷课行为得到纠正,社交能力、环境适应能力、心理承受能力得到进一步提高。

关键词:大学生;旷课;心理咨询;合理情绪疗法

一、一般资料

(一)人口学资料

李某,男,21岁,重庆工业职业技术学院大二学生,工程造价专业,高职专科,未婚,汉族,无宗教信仰,该生求助时有旷课行为。

(二)个人成长史

求助者性格内向孤僻,自尊心强。在家是独子,父亲身体不佳,罹患尿毒症已五年,现已丧失劳动能力,母亲在工厂里打工,家庭经济条件差,属于低保家庭。父亲患病前家里属小康家庭,在五年前父亲患病的时候,求助者在读高一,在外住读,由于母亲在工作之余还要照顾患病的父亲,平常基本无暇顾及求助者,父母亲与求助者之间的沟通非常少,导致求助者从高中时性格开始变得内向孤僻,不喜读书,学会了去网吧打游戏,因此高考只考上了专科学校。虽然家里条件不好,但求助者的母亲从不克扣他的生活费和零花钱,也导致求助者没有责任感,从来感受不到家庭的负担,在同学面前也非常要面子。一年前刚进入大一的求助者,由

---

　* 本文作者:柏雨竺,重庆工业职业技术学院建筑工程与艺术设计学院辅导员,讲师。

于踏进了一个新环境,在周围寝室同学学习氛围的感染下,坚持每天都去上课。整个大一下来,求助者发现自己的成绩一学期不如一学期,所以开始泄气了。在大一暑假,由于准备贫困生建档材料的问题,求助者的母亲向班主任老师打电话了解情况,顺便说明了家庭情况,让班主任评助学金时一定要考虑。求助者当时在一旁听到了母亲与班主任的对话,埋怨母亲如实道出家庭情况,担心会被同学和老师瞧不起。一直怀揣着这种担心开始了大二的学习生活,开学后班主任在办公室详细询问求助者家庭情况的时候,发现班上的两位同学在场,求助者从此就非常担心那两个同学会把这些情况说出去让全班同学都知道,所以从此以后求助者见着老师和同学都非常的不自然,担心他们瞧不起自己。正是由于这种胡思乱想,让内向孤僻的求助者更不能自然地跟同学和老师相处,从而导致求助者旷课去打游戏,寻找虚拟世界的温暖。求助者无重大躯体疾病史,无精神病家族史。

(三)精神状态

意识清醒,思维正常,情绪焦虑、紧张,话不多,自知力存在,言行一致,有求治愿望,未见有明显的精神病性症状。

(四)身体状态

近一个月睡眠较差。

(五)社会功能

近期有旷课,大部分旷课时间用来去网吧打游戏,但晚上会按时归寝。

(六)心理测验结果

1. SCL－90 量表显示:因子分为躯体化1.8,强迫1.9,人际关系敏感2.7,抑郁1.6,焦虑2.7,敌对1.7,恐怖1.9,偏执2.5,精神病性1.5。从中可以看出,其中求助者人际关系敏感、焦虑、偏执因子分别略高于正常范围。

2. 焦虑自评量表(SAS)分:粗分45分,标准分56分,提示有轻度焦虑。

二、评估与诊断

(一)评估

根据对临床资料的整理,求助者智力水平正常;个性偏内向、孤僻、较难适应外部环境;固执,自尊心强,敏感,易受暗示,情绪不稳定。该求助者整体心理健康状态较差,主要表现为认知上存在错误的观念,情绪焦虑,人际关系敏感,偏执。心理问题引发的躯体症状表现为睡眠不良。病程不到一个月。

（二）诊断

对该求助者诊断为一般心理问题。

1. 诊断依据：

（1）根据确定心理正常与异常的三项原则，该求助者主客观世界统一，知情意协调一致，有相对稳定的人格特征，自知力完整，主动就医，并且没有幻觉、妄想等症状，可以排除精神病。

（2）该求助者的症状表现（如焦虑、自责、偏执、睡眠不好等）在 1 个月左右，持续时间较短，情绪反应能在理智控制之下，内容尚未泛化，没有影响逻辑思维，不严重破坏社会功能，心理冲突与现实处境直接相联系，有明显的道德性质，因此可以排除严重心理问题和神经症。

（3）该求助者的心理问题是在近期因家庭状况被母亲泄露给班主任后发生的，内容只局限于没有按时去上课，人际敏感只局限于本班同学，尚未泛化，反应强度不太强烈，思维合乎逻辑，人格无明显异常，可以诊断为一般心理问题。

2. 病因分析：

（1）生物学因素：求助者无重大躯体疾病史，因此没有明显的生物学因素。

（2）社会学因素：求助者家庭因父亲患尿毒症五年，丧失劳动能力，家庭经济条件差，经历了该负性生活事件后，自信心受挫。

（3）心理因素：存在不良认知（家庭经济条件不好就会被别人看不起）；个性特征内向孤僻，因为是独生子，母亲从小对他倍加宠爱，形成了求助者自尊心强、敏感的性格。缺少和父母、老师、同学之间的沟通，人际沟通能力差，对环境的适应能力差，一遇到问题就逃避现实。

三、咨询目标的制定

经双方共同协商，确定如下咨询目标：

（一）具体目标

改变该求助者认为"因为自己家庭条件不好，别人会看不起我"的看法；改善该求助者焦虑情绪和人际交往状况，使其心理测验结果恢复正常水平；改变该求助者的睡眠状况；通过改变错误认知，进而纠正其旷课行为。

（二）近期目标

坦然面对自己的家庭情况，提高心理承受能力。

（三）长期目标

完善求助者的认知，增强其社交能力和社会适应能力，树立自信心。

（四）最终目标

促进求助者的心理健康和发展，充分实现人的潜能，达到人格完善。

四、咨询方案的制订

（一）主要咨询方法：合理情绪疗法

求助者的心理问题主要表现为因为不能坦然面对自己的家庭情况，也不能将它公之于众，从而导致不能适应生活环境和学习环境而产生的焦虑、紧张等情绪。原因是在其成长经历中，父亲生病前家庭状况一直很好，父亲生病后母亲并没克扣求助者的开支，造成求助者不能坦然接受父亲生病后造成的家庭经济拮据的事实，从而形成"家庭经济条件不好会被人看不起"的错误认知模式，导致求助者在人际交往中逃避现实环境而出现旷课的行为。不过，求助者目前的心理和行为异常还没有达到较为严重的程度，只是一般的心理问题。合理情绪疗法对此类问题是最有针对性和有效的。为此整个过程应以消除错误的认知，建立新的、合理的认知为核心，结合行为治疗手段，循序渐进式地矫正不良认知，建立起新的认知模式，并在新的认知模式的指导下，逐步内化成为求助者的自然行为。

（二）咨询时间与收费

咨询时间：每周 1 次，每次 50 分钟左右，共 5 次

咨询收费：免费（针对本校学生不收费）

心理测验收费：SCL–90、SAS 量表测验免费

五、咨询过程

咨询阶段大致分为三个阶段：

（一）心理评估和诊断阶段

1. 任务

（1）建立良好的咨询关系；

（2）收集求助者的相关信息，了解基本情况；

（3）焦虑、人际敏感行为与偏执的临床评估，有关心理测量；

（4）明确求助者的主要问题，探寻其改变意愿；

（5）进行咨询分析，做出心理诊断。

2. 咨询过程

（1）填写咨询登记表，介绍咨询中的有关事项与规则；

（2）耐心倾听求助者的诉说，鼓励求助者尽可能地宣泄自己积压的不良情绪，使求助者获得尊重、信任和理解；

（3）通过摄入性谈话、观察了解等方式收集求助者的临床资料，了解其成长过程，尤其是重大事件，探寻求助者的心理矛盾及改变意愿；

（4）让求助者独立完成心理测量——SCL－90（90 项症状清单）和 SAS（焦虑自评量表）；

（5）将心理测量结果反馈给求助者，并将问题做初步分析；

（6）与求助者商定咨询目标和咨询方案；

（7）简单介绍合理情绪疗法的基本理论模型（ABC 模型）；

（8）布置家庭作业：认真思考咨询师的谈话并提出问题。

（二）咨询阶段

1. 任务

重点要解决的问题是帮助求助者在人际交往中树立自信心，不因自己的外在条件不佳而感觉比人低一等，学会平等地跟人交流沟通，改善人际关系；引导求助者更好的控制、表达、抒发自己的焦虑、紧张、偏执等情绪，从不良情绪状态中尽早走出来；让求助者认识到"家庭经济条件不好就会被别人看不起"是一种不良认知，促使其改善性格上的弱点。通过改变认知，让其适应环境，最终纠正旷课行为。

2. 咨询过程：

（1）再次介绍合理情绪疗法的基本理论模型（ABC 模型），强化求助者对 ABC 之间关系的理解；

（2）进一步评估其对行为的解释，从深层次挖掘求助者的不合理信念；

（3）要求求助者按照以下方式，尝试把自己的问题在咨询师的指导下都表示出来；

诱发事件 A：大一暑假家庭情况被母亲透露给班主任，大二开学后班主任跟求助者的关于家庭情况的谈话又被两名同学听到。

不良情绪 C：情绪焦虑，紧张，人际关系敏感，偏执，自责。心理问题引发的躯体症状表现为睡眠不良。病程不到一个月。错误认知引发的行为问题为旷课打游戏,但还未持续到一个月时间。

不合理信念 B:一是"母亲不应该向班主任透露家庭情况,还特意强调让班主任在评助学金的时候特别考虑我,我害怕因为申请了助学金会被别人看不起。"二是"班主任不应该在办公室大庭广众之下跟我讨论我的家庭情况,刚好让班上的两名同学听到了这个情况,我担心由此传遍整个班级,我无法好好地跟他们相处了。"三是"当老师和两名同学都知道此事后,我再回到宿舍,他们一提到什么家庭条件我都感到很敏感,觉得他们好像是知道了我的家庭情况,看我的眼神都有点变化。班上的同学也是,特别是见到那两名同学,非常的不自在,导致我每天行为处事都非常紧张敏感,所以我选择了旷课打游戏,逃避现实去虚拟世界寻找温暖。"

（4）布置家庭作业:要求求助者对上述列出的不合理信念进行认真思考,目的是帮助求助者把注意力从过分关注情绪反应和诱发事件上转移到自己的不合理信念上,让求助者领悟到自己的问题与不合理信念的关系;

（5）针对上阶段列出的不合理信念,咨询师通过与求助者交谈与辩论、启发与引导,帮助求助者改变不合理信念;

（6）布置家庭作业:要求来访者针对自己的不合理信念进行辩论,写出合理自我分析报告(RSA)。

（三）结束和巩固阶段（第五次咨询）

1. 任务

（1）学会合理评价,对紧张、焦虑、偏执的自我管理;

（2）继续识别负性自动想法;

（3）加强与宿舍同学、班上同学各方面交流;

（4）改变错误认知,纠正旷课行为。

2. 咨询过程

（1）反馈咨询作业:根据求助者每天对自己情绪行为的记录让求助者详细描述平常生活中出现的心烦意乱的情境,以及与同学接触的感受并解释自己何以有这种感受;

（2）与求助者进行角色扮演,这次由求助者扮演同学、咨询师扮演求助者,让其观察"求助者"在何时产生情绪反应并进行分析;

（3）进一步分析负性自动想法,明确行为与认知的关系,引入合理认知"外在条件不影响与同学的平等交往",因此坦然融入学习环境和生活环境,不必逃避现实旷课打游戏;

（4）布置家庭作业：要求求助者进一步坚持积极的心理暗示和对情绪行为的记录，定期反馈给咨询师。

六、咨询效果评估

（一）求助者自我评估

不再像以前那样在宿舍和教室就紧张敏感了，开始重新和宿舍同学交往，和班上其他同学交往也感觉是愉快的。

（二）他人反馈

宿舍同学认为李某变得开朗了，性格不再那么内向孤僻了，李某的辅导员老师也说李某已经每天按时去上课了。

（三）心理咨询师评估

求助者已基本改变不良认知；焦虑心理得到了克服；情绪症状（紧张、焦虑、人际关系敏感、偏执、自责）得到了改善；躯体症状（睡眠不良）已消除；能够较坦然地面对宿舍同学和班上同学，轻松的和同学友好相处；能够愉快按时地去上课了。

（四）心理测验结果

1. SCL－90：人际关系敏感 1.9，焦虑 1.9，偏执 1.8。可见求助者人际关系恢复正常，焦虑减轻，偏执减轻。

2. 焦虑自评量表（SAS）分：粗分 39 分，标准分 48 分，提示没有焦虑。

参考文献：

［1］刘康等：《国家职业资格培训教程——心理咨询师》（三级），民族出版社 2015 年版。

［2］刘康等：《国家职业资格培训教程——心理咨询师》（二级），民族出版社 2015 年版。

［3］刘康等：《国家职业资格培训教程——心理咨询师》（基础知识），民族出版社 2015 年版。

［4］黄希庭：《心理学实验指导》，人民教育出版社 1988 年版。

［5］林崇德：《发展心理学》，人民教育出版社 1995 年版。

［6］黄希庭等译：《认知心理学》，五南图书出版公司 1992 年版。

［7］王甦、汪安圣：《认知心理学》，北京大学出版社 1992 年版。

［8］［美］Best：《认知心理学》，黄希庭等译，中国轻工业出版社 2000 年版。

关于高职院校图书馆人文环境打造的策略*

摘　要:近年来,高职院校图书馆飞速发展,但是环境建设没有跟上图书馆本身的发展速度,综合服务能力方面出现了一些新的问题。本文就高职院校图书馆人文环境打造的问题做了较为细致的分析并提出了相应的对策和改进建议。

关键词:高职院校;图书馆;人文环境;打造

近年来,我国高等职业教育蓬勃发展,高职院校基本都完成了搬迁任务,校区面积大大增加,校区环境和办学条件也全面提升。高职院校图书馆也随着校区的搬迁完成了基本建设,图书馆较老校区相比发生了全面质的提升,高职院校的图书馆也成了学校的标志性建筑,但高职院校图书馆在发展中的问题也慢慢沉淀下来,而且日益突出。

一、高职院校图书馆存在的问题

(一)图书馆的存储和使用面积不够

高职院校搬迁前的纸质图书库存量都不太大,总量在 20 万～30 万册左右的。高职院校搬迁后办学能力全面提升,扩大了招生,增加了新的二级学院和很多新的专业,纸质图书量远远不能满足学校发展需求。而高职院校的搬迁周期都比较长,从设计到搬迁一般都是几年时间,图书馆在设计上前瞻性不够,导致总体使用面积不够用。高职院校图书馆为了纸质图书的存放就只能一再压缩学生自习区,甚至基本没有学生自习区。高职院校图书馆的建筑面积一般在 4 至 6 万平方米,

---

*　本文作者:刘海舒,重庆工业职业技术学院图书馆馆员,工程师;李慧萍,重庆工业职业技术学院党政办公室主任、发展规划处处长,讲师。

以一个建筑面积5万平方米的图书馆为例,除去学术报告厅等功能区,真正的纸质图书存储使用面积不到2万平方米,学生自习区也只有存储面积的10%左右。

(二)新增纸质图书质量难以保证

由于新增图书采购量大,部分高职院校在图书采购上划拨的资金有限,给图书采购带来了很大难度。要保证图书量的增长,又要用最少的钱买最多的书,只能从书商提供的打折书目中选择采购的新书,这样就很难保证新采购的图书的质量。

(三)图书管理系统陈旧

很多高职院校图书馆的图书管理系统大多是比较陈旧的版本,由于资金及搬校区等问题一直没有更新。随着图书馆整体面积的增大,藏书量的迅速增长,学生和老师对图书馆服务功能和质量的需求不断增长,原来的图书管理系统显然已经不能满足图书馆日常管理工作的需求了。

(四)管理和服务水平比较落后

一是没有建立学科馆员、学生馆员等制度;二是馆员综合服务能力比较低;三是图书馆场所和阅读环境的个性化服务、定制化服务能力比较弱。

二、高职院校图书馆人文环境打造的对策

(一)改进平面设计或者存储方式以加大存储面积

一是改进平面设计。结合每一层书库的实际情况,合理摆放书架,利用一切可以利用的存储空间,增加纸质图书的存储面积。二是改进存储方式。可以微调书架的间距以增加存储密度而到达增量的目的;同时缩短剔除旧书的周期,加大剔旧力度,对比较新的但是长时间为零借阅的书籍进行高密度的存放,增加纸质图书的存量。

(二)建立联合图书馆

很多高职院校搬迁至大学城,集中在高校资源比较丰富的地方,那么就可以和其他本科院校或者高职院校联合起来,建立联合图书馆,这样可以共享纸质图书资源,相对减少纸质图书的存量。没有搬迁至大学城的高职院校可以和当地区或者县的图书馆建立联合图书馆,这样,既丰富了当地的社会文化资源,也可以更好地规划学校图书馆的资源和可持续发展。

以上是从宏观方面对建立联合图书馆的建议,从微观上来说,高职院校还应

该积极发展二级学院的专业图书馆。结合各二级学院的专业优势和空间优势,建立联合图书馆,这样既方便了师生的图书资源使用,同时也解决了相对数量纸质图书的存储问题。同时也可以在学生活动最为集中的学生生活区建立小型分馆,这种小型分馆可以采用自助借还系统来进行服务和管理,这样既丰富了学生的文化生活,也使得学生对学习资源的需求更便利化,同时也不需要消耗大量的人力和物力成本。

（三）加强数字图书馆的建设

加强数字图书馆的建设,改变阅读方式是全世界所有图书馆势在必行的发展趋势。随着移动互联网时代的到来,及移动客户端设备的迅猛发展,传统的阅读方式时时刻刻受到挑战,图书馆已经不再是只提供纸质图书的公共场所,现代图书馆承担起了信息服务和场所服务的综合功能。现在的学生们其实已经很习惯在笔记本电脑、平板电脑、移动电话等移动终端中浏览和查阅信息,纸质图书和传统媒体已经不再是他们阅读方式的首选了。高职院校图书馆必须给这种阅读方式的改变提供更多的服务。在纸质图书存量固定的情况下,图书馆应积极增加电子书的存量来满足师生们的阅读习惯和阅读内容的要求。

移动服务是现代社会信息服务的主要和必需的方式。图书馆作为信息服务的主体更应该做好移动服务的工作。高职院校图书馆虽然基本都有自己的微信公众号,但是类似微信这种工具,提供的宣传内容比较多,真正的数据服务和交互式服务比较少,目前来说,高职院校图书馆在移动信息服务上做的工作还是很欠缺。高职院校图书馆可以从小处入手,一步步开展移动信息服务,比如,可以和二级院校合作开发 APP,实现一些简单的移动借还数据查询管理,师生可以通过 APP 查询个人的借还书记录,书籍的在库情况,预约借书等功能。另外,也可以和一些第三方平台合作,利用他们的阅读器来实现一定数量的电子书籍在移动终端上的阅读。在资金和各方面条件都允许的情况下,可以购买软硬件来构建移动信息服务系统,这样能够给全体师生提供功能更强大、数据更为丰富的移动信息服务。做好图书馆移动信息服务的建设也是为不远的将来实现智慧图书馆打下坚实基础。

（四）改善图书管理系统

改善图书管理系统的解决方案如下:购买金盘图书管理系统的最新版本,金盘图书管理系统的最新版本功能非常强大,基本能满足现在高职院校图书馆的管理功能需求,而且同一家供应商提供的产品服务的延续性也较好,他们比较熟悉情况,系统更新后,数据的维护工作也能够做得比较好。此方案的优势是完成效率高,周期短;劣势是资金需求量大。

(五)提升整体管理和服务水平

1. 建立学科馆员制度

学科馆员是指图书馆设专人与某一个院系或学科专业作为对口单位建立联系,在院系、学科专业与图书馆之间架起一座桥梁,相互沟通,为用户主动地有针对性地收集、提供文献信息服务。现在几乎所有的本科院校都建立了学科馆员制度,这对图书采购、学科情报管理、图书的数据挖掘等各个方面都有非常重要的作用。图书馆可以和二级学院加强合作,利用二级学院的专业优势,聘请一些专业学科专家担任专职或兼职的学科馆员。高职院校图书馆还可以建立学生馆员制度等馆员制度,从一些学生团体中挑选一些学生作为学生馆员,增加学生的参与感,以学生的角度来拓展图书馆的管理功能和知识结构。

2. 提升馆员的综合服务能力

信息化时代各种信息技术飞速发展,图书馆作为信息和信息技术的集散地,会遇到读者提出的更多更高的信息服务要求。这就要求现代图书馆员必须具备比较高的信息技术应用水平,包括系统管理、软件的应用,各种移动终端设备的使用,在技术水平达到的情况下,馆员们可以就馆内的实际情况搞一些应用项目开发。加强对馆员的业务能力的培训也是提高馆员的综合服务能力的重要途径。同时还要鼓励馆员提高自身学习的能力,积极申请或参加科研项目和活动,有效提升馆员的综合服务能力。

3. 提升个性化和定制化服务能力,打造人文化智能型图书馆

高职院校搬迁新校区后,图书馆开放式借阅的实施为优良读书环境的实现打下了良好的基础。阅读环境即学生自习室环境的设计应该相对比较宽敞明亮,提供电源、WiFi 等基本功能的服务,更高层次的服务要求为学生团体提供一些活动室、讨论室或者工作室。

在这个信息时代,图书馆的服务应该更多的考虑应用网络化的工具。图书馆与用户的交流程度,对图书馆的信息服务和发展方向会产生重要的影响。没有用户对服务的选择和评价,就形成不了完整的服务体系。图书馆可以利用各种网络服务终端建立一些实用的选择和评价体系,例如,在电子图书系统中让学生对书籍的喜爱程度做一些简单的记录;在借还系统中对服务做出评价;在 APP 中或者是图书馆的现场活动中对改进阅读环境做出一些合理化建议。在建立交互式服

务和信息交流的过程中也应该多建立自助式服务。

近几年,随着高职院校科研任务的加大和加重,老师们对图书馆的定制服务的需求也日益突出,高职院校图书馆在条件允许的情况下,也可效仿本科院校图书馆,为有需要的老师或者是科研项目提供一些定制服务。比如,图书馆可以给一些人文类的科研项目和课题提供独立的工作间,使老师们有良好的空间条件来进行科研项目,图书馆不仅应该提供这样的空间服务,同时也应该给予老师们提供情报收集和整理的信息服务,为教学和科研做好最高效的服务。

4. 图书馆的公共关系维护及在院校的知识和学习影响力的塑造

高职院校图书馆作为高职院校人才培养的三大支柱之一,在高职院校知识构成中起着非常重要的作用。高职院校是一个小的社会场,在这个场中图书馆应把知识传播的功能发挥到最大。对图书馆来说这些功能的实现不仅仅是一些小型的读书宣传活动,而是图书馆公共关系的长期建设和维护。传统有效的方式当然还是应该保留,像同学们喜闻乐见的读书会、朗读会、世界读书日、读书推广月等这些具体活动都应该继续保持下去。

自从互联网的出现,以及后续的搜索引擎的强势发展,信息用户其实已经越来越少的利用图书馆了,大多数用户觉得图书馆只是一个学习的地方,高职院校本来就是学习活动最集中的地方,高职院校图书馆更是这样。高职院校图书馆在图书馆去中心化之后更深层次的思考是一个终点又回到起点的思考,即图书馆基本使命的完成,通过社会化的存储和传递,实现知识的横向和纵向交流。既然学生用户认为图书馆是学习的地方,那么就应该尽其所能地为学生创造一个优越的学习和读书的环境,营造一个良好的知识传播氛围;通过各种方式和方法让学生主动接受知识的传递,培养学生养成终身学习的习惯,同时也塑造了图书馆在院校的知识和学习的影响力,为图书馆的长期可持续发展打下良好坚实的基础。

参考文献:

[1]图书馆2.0工作室:《图书馆2.0:升级你的服务》,北京图书馆出版社2008年版。

加强高职院校管理会计队伍建设的策略*

摘　要:在加快管理会计转型发展的今天,高职院校管理会计队伍建设却十分薄弱,特别是高职院校对管理会计的认知滞后。高职院校应重新理解、审视高职管理会计,加强管理会计环境建设,抓好高职院校管理会计学习培训,进一步促进高职院校管理会计队伍建设。

关键词:高职院校;管理会计;队伍建设

一、对高职院校管理会计概念的理解

管理会计的概念众说纷纭,国外会计协会学会、国内知名学者对管理会计概念提出了不同的观点。综合一些看法和高职院校特点,笔者对高职院校管理会计的概念理解为:利用学校财务会计资料和相关的非财务业务信息,通过会计核算方法和调查了解、收集统计、分析归纳、评判反馈、报告建议等现代管理学科方法,在学校规划、决策、控制和评价等方面发挥重要作用的一种管理活动。

加强高职院校管理会计队伍建设,必须全面正确理解高职院校管理会计。高职院校管理会计是学校会计的一个重要分支,管理会计工作是学校会计工作的重要组成部分;其目的是为学校内部管理服务,提高学校绩效管理水平;其方法既要运用业务会计核算方法,更要运用多学科管理方法,灵活多样,不统一固定;其使用的信息既有财务信息,又有非财务信息,既有历史信息,又有非历史信息,既有内部信息,又有外部信息,既可是定量的,也可是定性的,信息渠道宽,信息量大;其时间跨度不但反映过去,而且更着眼管控现在、规划未来;其服务对象是学校管理者。

---

* 本文作者:杜珩,重庆工业职业技术学院学生处辅导员,硕士研究生。

目前,鉴于全国管理会计发展节奏,结合高职院校规模和编制特点,规模不大的高职院校只设综合会计岗位,不分设业务核算会计和管理会计,学校综合会计既履行核算会计职能,又履行管理会计职能,体现双重角色。

二、高职院校管理会计队伍建设十分薄弱

高职院校管理会计队伍建设十分薄弱,主要表现在:

一是认识上的缺失。大多数学校没有管理会计的概念,认为学校会计人员是"打杂工",是"记账"先生,是"不会上课"的群体,对学校管理会计的认识茫然、肤浅、缺失。

二是管理会计环境差。从整个社会看,管理会计发展还处于起步发展阶段,社会氛围不浓厚,就教育系统而言,管理会计发展还没引起重视,系统氛围淡薄;

三是高职院校管理会计队伍整体素质较低。高职院校会计人员管理能力普遍偏低,管理会计的收集整理能力、归纳分析能力、协调沟通能力、评判控制能力、建议报告能力等不高,高职院校会计的管理角色基本没有表现,工作主要是收集票据,记账算账,后勤打杂等,没有主动参与学校管理,会计管理行为和职能没有体现。

四是学校财务管理水平不高。许多高职院校会计基础规范工作水平低,特别是大部分农村高职院校,会计机构人员配置不到位,会计核算质量低,会计监督不到位,会计信息失真;大多数高职院校会计管理水平低,预算管理意识、资金教育属性意识、内部会计控制意识、会计信息报告意识、绩效管理意识淡薄,学校资金使用效益不高。

三、加强高职院校管理会计队伍建设的主要举措

(一)重新审视高职院校管理会计队伍建设的必要性

一是社会发展进步的需要。经济的全球化、信息的现代化、社会的全面进步、综合国力的激烈竞争,关键在人才。2007 年,人才强国战略作为发展中国特色社会主义的三大基本战略之一,写进了中国共产党党章和党的十七大报告。作为国家人才体系重要组成部分的会计人才,也得到前所未有的重视。2010 年,财政部制定发布了《会计行业中长期人才发展规划(2010 – 2020 年)》,统筹推进会计人才队伍建设。因此,从国家层面审视,不管是业务会计人才还是管理会计人才,都是社会进步发展迫切呼唤的。

二是强化学校管理,加强会计管理工作的需要。近几年来,中央、省市、地方各级财政对教育的投入大幅度增加,管好用好这些教育经费,只靠业务核算会计的职能职责发挥是永远不够的,还必须发挥好学校管理会计的职能职责。新的《事业单位会计制度》和《预算法》的实施,对学校经费的绩效管理提出了新的要求,培养熟悉预算管理、内部控制、风险防范、未来规划、信息技术、沟通协调等,能够参与和支持学校决策制定的管理会计人才,成为高职院校的迫切需要。在学校会计工作中,会计电算化的实现,核算会计工作量的减轻,学校管理方式的现代化,管理会计队伍的发展也成为现实和需要。

三是管理会计人员素质提升的需要。长期以来,高职院校对管理会计认识不足,重视不够,管理缺失,学校会计人员扮演的主要是记账员、报账员、勤杂员等核算会计的角色,管理会计职责基本没有履行,学校会计人员自我管理会计角色意识、管理会计学习培训意识淡薄,管理会计方面的知识、方法、能力差,管理会计人员的素质亟须加强。

(二)努力营造良好的学校管理会计环境

1. 努力营造良好的氛围环境。会计行为受会计氛围的影响、鼓舞、激励。学校要营造领导重视的氛围。把学校管理会计队伍建设纳入学校教师队伍建设"一盘棋"考虑,制定管理会计的发展规划,有计划有步骤地组织实施,这是当前高职院校管理会计发展至为重要的。要关心会计人员的学习、工作、生活,让他们感受到组织的温暖。要有意识培养学校会计人员调查了解、收集统计、分析归纳、评判反馈、报告建议等管理会计行为习惯,营造管理会计文化氛围。"奖励你所希望的行为比惩罚你所不希望的行为投入的资源少",学校要善于及时发现、肯定、奖励好的会计行为和精神,营造教职工认同的氛围,让教职工认识到学校管理会计在学校工作的重要地位。要让教职工理解掌握相关的财务政策、知识、流程、技术,营造学校管理会计与教职工之间平等、尊重、理解,善于沟通协作的团队氛围。

2. 努力营造良好的制度环境。制度是工作持续发展、队伍健康成长的根本保证。高职院校要从工作长效机制建立完善入手,不断加强学校管理会计队伍建设。一是建立完善选人用人机制。坚持持证上岗制度,不管是学校业务会计还是管理会计,会计从业资格证都是最基本"门槛",必须严格坚持;把好"入口关",把学校专业素质好、管理能力强、职业道德高的教职工安排到管理会计岗位;鼓励教职工学习管理会计知识,考取会计从业资格证,建立会计人员人才库;建立完善学校会计人员变动集体研究和备案制,确保学校会计队伍的稳定;建立完善竞争上岗机制,较大规模学校会计机构负责人实行竞争上岗,择优使用;建立完善能上能下的学校会计用人机制,对任职资格不够、职业道德差、只懂会计业务不善于会计管理的要调离会计工作岗位,对符合任职条件、综合能力强、善于管理的学校教职工动员选用到会计岗位。二是建立完善管理会计岗位责任制。学校要根据学校规模和会计业务需要,设置相应会计岗位,配齐会计人员,规模较大学校核算会计和管理会计分设,一般规模学校设综合会计;合理确定会计人员的工作量,明确核算会计、管理会计、综合会计岗位职责,特别要明晰管理会计定性的、不可量化的、参与学校管理等方面职责和工作量,促进会计人员各负其责、各司其职,杜绝学校会计人员职责不明。三是建立完善学校信息资源共享机制。管理会计的信息资源是宽泛的。学校要重视信息资源共享工作,加强管理,落实人员,加大投入,努力打造学校纵向、横向一体化经费管理信息平台,做好学校信息收集、整理、共享工作,确保学校管理会计可以随时对所需信息进行查询,促进财务资源和非财务资源的高度共享。四是建立完善工作考核奖惩机制。学校对做出显著成绩的会计人员,要进行精神或物质奖励,在评先、评优、评职等方面要明确体现和倾斜;对不负责任,会计行为严重失范的会计人员要从经济上、行政上、法纪上从严问责。

3. 努力营造良好的物质环境。学校要保障会计人员的基本办公条件,落实办公室、档案室、电脑、档案柜等设施设备;要全面实施会计电算化;要努力加强学校信息网络建设,改善信息网络的硬件平台,推动管理会计工作信息化。

(三)认真抓好学校管理会计人员的学习培训

学校要把会计人员学习培训纳入学校教师队伍建设整体规划中,并认真组织实施。要围绕学校管理会计转型发展方向,有意识的强化管理理念,丰富管理知识,熟悉管理方法,提高管理能力。一是加强会计人员信息化技能的培训,促使学校会计人员从繁琐的财务事务工作中摆脱出来,从而把更多的精力投入到信息收集整理、分析和利用中来,突出会计管理职能。二是加强管理会计职业道德教育,建立管理会计诚信档案,提高管理会计信息质量。要引导学校会计人员管理会计角色的自省,自觉加强管理会计方面知识自学。三是鼓励支持会计人员参加上级组织的管理会计培训,督促会计人员参加好网上继续教育。建立学习培训检查考核制度,确保学习培训效果。

微信公众号在高校就业工作中的应用[*]

摘　要：随着新媒体的出现，微信公众号作为一种全新的宣传方式，为高校就业工作的开展提供了极大的帮助，能够为学生进行就业信息的快速高效传递，从而为学生的就业工作提供便利。在竞争激烈的就业市场中，及时准确掌握就业信息，能够为学生就业提供可靠保障，为学生以后的发展打下良好的基础。因此，必须要强化对于微信公众号在高效就业工作中的应用研究，对其中存在的问题进行深入分析，采取相应的措施，充分的发挥微信公众号在学生就业当中的作用，为促进我国高校就业质量提升做出更大的贡献。

关键词：微信；高校；就业；应用

随着手机等移动终端的普及，新媒体在学生群体当中的影响越来越广泛，微信已经成为目前大学生聊天交友获取信息的重要方式，为学生的学习与生活提供了极大的便利。在目前的高校管理中，微信公众号在高校就业指导当中的作用得到了更大的发挥，为促进高校就业质量的提升做出了很大贡献。

一、微信发展

（一）微信技术

微信是腾讯公司于 2011 年 1 月 21 日推出的一个为智能终端提供即时通讯服务的免费应用程序，微信支持跨通信运营商、跨操作系统平台通过网络快速发送免费语音短信、视频、图片和文字，同时，也可以通过共享流媒体的内容资料和基于位置开发的社交插件来开展多种服务，以吸引更多人群使用。随着互联网的发

＊ 本文作者：张涛，重庆工业职业技术学院机械工程学院辅导员，硕士研究生。

展,微信不断更新功能,逐步提供公众平台、朋友圈、消息推送等功能。

微信每月活跃用户已达到 5.49 亿,用户覆盖 200 多个国家、超过 20 多种语言。此外,各品牌的微信公众号账户已经超过 800 万个,移动应用对接数量超过 85000 个。

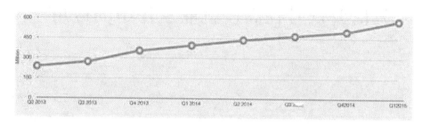

2013—2015 年微信用户数据图

(二)微信公众号的优势

作为腾讯公司推出的一种新型的网络服务产品,微信公众号在高校就业指导工作当中具备着很多的优势。首先微信公众号的注册简单,运营成本很低,同时有专门的流程来进行指导,能够很好地帮助工作人员进行掌握。其次,微信公众号的功能十分强大,有着很强的开放性,具备很强的综合功能,为就业指导工作的开展提供了极大的便利。最后,微信公众号的时效性很强,能够实现信息的即时传播,让学生迅速便捷地掌握相应的就业信息,更好地促进高校就业工作质量的提升。

二、微信公众号在就业工作应用中存在的问题

(一)就业部门重视程度不足

在目前的高校就业工作当中,就业部门对于微信公众号的重视程度不足,微信公众号这种新媒体技术,仅仅是用来进行信息的传递与补充,这就很难充分发挥出微信公众号的作用。特别是在进行选择的时候,一些就业部门在微博、QQ 以及微信公众平台的选择当中出现了一些迷茫,这就使得在微信公众平台的运营中,微信公众号仅仅停留在就业信息的传递上,并没有发挥出更多实质性的作用。

(二)运行人才素质有待提升

微信公众号作为一种新型的媒体技术,在运营维护当中需要依赖专业人才,但是在目前的高校就业指导部门当中,工作人员对于微信公众号的运营存在很多不足,缺乏正确认识,这就使得其在具体的工作当中遇到诸多问题。对于微信公众号来说,想要充分地发挥其宣传优势,必须要由专门的人才来进行运营工作,在掌握就业创业知识的基础上,必须要具备较高的运营技能以及专业素质,从而更好地发挥出微信公众号在高校就业指导工作中的作用。

三、强化微信公众号在高校就业中应用的措施

(一)建立专业化的微信公众号平台

为了更好地发挥微信公众号在高校就业指导工作当中的作用,必须要提升就业指导部门的重视程度,建立起专业化的微信公众号平台,更好地发挥出微信公众号的作用。在具体的实施中,就业指导部门可以利用微信公众号,举行大学生就业指导类竞赛及演讲活动,更好的引起大学生的兴趣,提升学校微信公众号的关注度。与此同时,在进行就业信息发布的过程中,应该对用人单位的需求进行信息筛选,从而为学生提供更为专业、全面的就业指导信息,让他们找到理想的工作。除此之外,在进行微信公众号平台建设的过程中,可以向一些专家进行请教,从而提升微信公众号运营的效率与质量。

(二)增强信息实效性

在发挥微信公众平台的作用当中,必须要保证自身就业信息发布的实效性,从而更好地帮助毕业生进行工作的选择。比如说在每年就业季,就业指导部门可以加大微信公众平台的信息发布力度,为学生及时地提供用人单位的招聘信息。除此之外,在进行大学毕业生的就业指导工作中,还要根据国家的政策调整,及时进行就业指导分析、就业能力教育,全面提升大学毕业生的个人素质。

微信公众号作为一种全新的宣传方式,为高校就业工作的开展提供了极大的帮助,能够为学生进行就业信息的快速高效传递,从而为学生的就业工作提供便利。特别是在如今这样一个竞争激烈的就业市场中,及时准确地掌握就业信息,能够为学生就业提供可靠的保障,为学生以后的发展打下良好基础。但是,由于对微信公众号认识不足,许多高校在微信公众号的应用当中还存在许多问题,这就制约了其作用的发挥。所以,通过强化微信公众号在高校就业工作当中的应用研究,能够为学生与人才市场之间构建一个互动沟通的平台,及时进行就业信息的发布,为高校学生就业提供可靠的保障。

参考文献:

[1]付陈辉、孙芳芳、闫志利:《大学生就业信息传播路径及利用状况研究》,

载《中国大学生就业》,2013 年第 24 期。

[2]张秋、杨玲、王曼:《高校图书馆微信公众平台服务发展现状及对策》,载《图书馆建设》,2014 年第 2 期。

[3]张国良:《微信公众平台在大学生就业指导中的应用》,载《中国职工教育》,2014 年第 18 期。

03

经验成果篇

基于工匠精神培养的高职"五位一体"
文化育人模式的创新与实践[*]

——以重庆工业职业技术学院为例

摘　要:针对高职教育重技术技能而轻人文精神、重眼前就业而轻长远发展、重单项教育而轻系统培养等短视化倾向,重庆工业职业技术学院以立德树人为根本,以社会主义核心价值体系为引领,以工匠精神为核心,以产教融合、校企合作为主要路径,基于文化圈层理论,将大学文化、工业文化、职业文化、传统文化、自然文化五大文化深度融合,构建"五位一体"的文化育人模式,形成独具特色的文化育人生态系统,推动了高素质技术技能型人才的培养。

关键词:高职教育;文化育人;"五位一体"

　　我国高职教育在取得巨大成绩的同时,在人才培养过程中仍然存在着不重视素质教育,特别是人文素养和职业精神培养的重大缺失。具体表现为:一是高职教育存在重技能轻文化的弊端需要强化文化育人。部分高职院校过分注重培养学生技术技能、过分注重就业导向,存在忽视文化育人、综合素质培养的短视化、功利化倾向。二是产业对高职教育需求的变化需要凸显文化育人。随着我国经济社会发展和产业转型升级,企业从原来单纯注重学生的动手能力转变为更加注重综合素质,特别是学生良好的文化素养和人文精神,强调人的可持续发展能力。三是高职教育发展方式的变化需要创新文化育人。高职教育的发展要实现从重

---

*　本文作者:王官成,重庆工业职业技术学院党委书记,博士研究生,教授;苟建明,重庆工业职业技术学院教授;黄文胜,重庆工业职业技术学院财经学院副院长,教授;陈友力,重庆工业职业技术学院党政办公室副主任、发展规划处处长,副教授;李慧萍,重庆工业职业技术学院党政办公室主任、发展规划处处长,讲师。

规模向重质量、从外延式发展向内涵式发展的转变,需要创新融人文素养、职业精神、职业技能为一体的文化育人模式。本文正是在这种背景下基于文化圈层相关理论,将大学文化、工业文化、职业文化、传统文化、自然文化视为一个完整的文化生态系统,打造以一丝不苟、精益求精的"工匠精神"为核心的文化育人模式。

一、高职教育人才培养中存在的问题

（一）重技能教育,轻人文精神

我国高职教育在人才培养中过分强调"技能本位",忽视学生人文精神的教育,人文课程开设数量较少,导致部分学生人文知识匮乏、人文精神缺失。

（二）重眼前就业,轻长远发展

我国高职教育在"以就业为导向"的原则指导下,部分高职院校狭隘地把就业教育等同于高职教育,忽视了学生可持续发展能力的培养。

（三）重专项教育,轻系统设计

部分高职院校将文化育人片面理解为第二课堂、第三课堂的各种专项文化活动,资源分散,缺少系统顶层设计。

二、高职"五位一体"文化育人模式的内涵

基于文化圈层相关理论,以厚植大学文化为核心,以对接工业文化为关键,以植入职业文化为重点,以弘扬传统文化为基础,以彰显自然文化为保障,五大文化深度融合,系统构建独具特色的"五位一体"文化育人模式,形成独具特色的文化育人生态系统,促进学生全面发展和人人出彩。

三、高职"五位一体"文化育人模式的路径

（一）厚植大学文化

一是坚持一个方向,即社会主义办学方向。学校坚持以立德树人为根本,把培育和践行社会主义核心价值观融入教书育人全过程。通过发挥一个引领（党委中心组的引领辐射作用）、构建两大平台（马克思主义学院和青年马克思主义者培养工程）、把握三个关键（教师、教材、课程）、抓牢四个阵地（课堂教学、校园文化、舆论宣传、主题活动）、实施"四大工程"（青年先锋工程、科学人文素质工程、心理阳光工程和爱心助学工程）、建好五支队伍（党支部书记、思政课教师、辅导员、班主任、学生干部）,培养德智体美全面发展的社会主义事业合格建设者和可靠接班人。

二是凝练一种精神,即"工匠"精神。学校是一所以培养装备制造人才为主的工科学校,历经60年的办学历程积淀了厚重的"一丝不苟、精益求精"的工匠精神。在人才培养中践行工匠精神,融入专业建设、教材开发、课堂教学、实习实训和行为养成等人才培养的各个环节。在学校发展中提炼工匠精神,系统提炼总结校史,创作"重工赋""重工之路""重工之歌"等,建设校史馆、重工制造博物园等,历届学生薪火相传,成了学生的精神家园。践行"工成于思,业精于勤"的校训文化,使之成为全校师生员工广泛认同的行为准则和精神品质,并内化为全校师生员工的共同文化心理。在生产实践中传承工匠精神。历届学生在各自的工作岗位上,秉承工匠精神立业、乐业、创业,众多学子成了技术骨干和行业专家。

三是创新一种理念,即"三为"育人理念。引导学生踏实为人、用心为事、积极为业。引导学生为有品德之人,有品质之人,有品位之人;引导学生学习为事之能,培养为事之术,掌握为事之道;引导学生立业、乐业、创业。学校将"三为"理念贯穿大学生思想政治教育全过程,着眼于学生全面发展,帮助学生做好职业规划,实现满意就业。全校教职工自觉将"三为"育人理念贯穿到教学、管理和服务工作之中,把"教书育人、管理育人、服务育人"的全员育人要求落到了实处。

(二)对接工业文化

一是构建"工业文化"对接机制。通过专业与产业的对接,即与重庆五大功能区产业布局、重庆"6+1"支柱产业、重庆十大战略性新兴产业、两江新区产业体系紧密对接,建立高职教育与工业文化的三大对接机制,即专业对接与契合机制、专业改造与新增机制、专业调整与退出机制。同时,充分挖掘"工业"院校的特点,提炼机械制造、模具、汽车、机电等特色专业文化,加强学生职业素质教育,探索产业文化进教育、工业文化进校园、企业文化进课堂的实现路径。

二是构建"工业文化"对话机制。依托国家职业教育产教融合工程规划项目,与国内外知名企业开展深度合作,共同建设"一体两翼多平台"全市智能制造公共实训中心,成为集"教学、生产、科研、创新创业、社会服务"五位一体的专业化公共实训基地。学校牵头组建重庆智能制造职教集团和机械行业智能装备制造(西南)职业教育集团,通过围绕一个中心(培养具有工匠精神的技术技能型人才)、突出两大重点(优化资源配置、加强文化融合)、推进四个合作(合作办学、合作育人、合作就业、合作发展),构建一个机制(工业文化对话机制),充分发挥智能制造类专业优势,整合智能制造产业链上中下游优质资源,建立健全政府主导、行业指导、企业参与的办学机制,探索建立基于产权制度和利益共享机制的集团治理结构,推进办学模式、培养模式、教学模式、评价模式改革,促进产业链、岗位链、教学链深度融合。

三是打造"工业文化"博物园。深入挖掘办学历史,因地制宜加以利用,让工业文化随处可见。学校精选第三机床厂不同时期制造和使用过的 67 台工业机器,安放在校园,配之以名称、产地、性能、生产历史、对学校发展的贡献等文字介绍。通过匠心独运的打造,把校园变成了一座展示学校历史发展的"工业文化"博物园,让学生时刻感受工业文化的熏陶和洗礼,坚定做强中国制造业的信心。

四是培育"工业文化"创新基因。通过构建"一二三四链条式"创新创业孵化体系(即一个机制、两个空间、三个层次、四个平台),形成"学校顶层设计、一把手强力推进、部门协调配合、二级学院为主体、教师积极参与、学生踊跃参加"的创新创业教育工作格局,深化人才培养模式改革,实现全员、全过程抓创新创业教育,形成了以"立体式、链条式、递进式"为特色的大学生创新创业模式。

(三)植入职业文化

一是以专业建设为纽带,融入职业文化。学校实践和探索按行业和企业的标准培养人才,与行业和企业共同培养人才,在真实环境中培养人才,将职业文化融入人才培养方案,依托全国首批现代学徒制试点院校积极推进校企合作"现代学徒制"培养、"订单班"定制培养,校企双主体实施"浸入式"职业素质教育,将培养"社会人"与"企业人"有效统一,把工作价值观教育作为社会主义核心价值体系教育的一个重要内容,开辟职业文化融入学校的主渠道,把职业文化的精髓与学校的专业课程与实践环节深度融合,并最终落到学生的职业素质和职业价值观培养上,着力弘扬精益求精的"大国工匠"精神。

二是以职业素质课程为基础,嵌入职业文化。以职业能力和职业素质培养为主线,构建了模块式、分层式、渐进式职业素质教育课程体系,实现了职业素质教育与专业技能教育结合、校内教育教学与校外社会实践结合、工作与学习结合,使培养学生的人文素质、科学素质、职业素养和创新精神与培养学生的专业能力、方法能力、社会能力和创业能力相互融合。构建了职业素养课程模块、职业知识课程模块、职业能力课程模块、职业拓展课程模块等四大模块,以第一课堂为重点,第二课堂为延伸,第三课堂为补充,将三者有机融合,以社会实践为载体贯通第一、二、三课堂教学内容。

三是以实习实训为载体,浸润职业文化。首先,通过引企入校,建设"校中厂"

模式的生产性实训基地,按照企业规章、操作程序、工艺流程打造学生实习实训真实的企业环境。如学校现代技术制造中心将企业"8S"管理贯穿于整个实训过程,培养学生"将毕生岁月奉献给一门手艺、一项事业、一种信仰"的职业精神,打造真实的职场文化环境;同时,学校以空港工业园区、两路工业园区、重庆模具产业园,校外300多个企业和40个大学生社会实践基地为平台,借企业真实的工业环境为教育教学服务,形成"厂中校"的职业文化。其次,按照"真实企业"的规定组织实践教学,从着装、规程、奖惩等方面都严格按照企业的要求,使学生始终浸润在"职业人"的文化氛围中,养成规范严谨、精益求精、诚实守信、敬业乐业的优秀文化品质。

四是以技能大赛为抓手,感悟职业文化。学校将技能大赛项目嵌入到专业人才培养方案中,将大赛元素融入课程开发和课堂教学中,将专业技能和职业素质的培养贯穿于教学过程中,以技能大赛为抓手,借助大赛的平台感悟职业文化,构建二级学院、学校、重庆市、国家四个梯次,覆盖全校所有专业的学生和老师的技能竞赛体系。

（四）弘扬传统文化

一是充分挖掘传统文化的时代内涵。通过挖掘四种文化(以儒家文化为主体道德文化、以红色文化为特征的巴渝地域文化、以多元文化为特点的民族传统文化、以乡土文化为特征的民俗文化)的时代内涵,弘扬五种精神(自强不息的进取精神、厚德载物的兼容精神、以爱国主义为核心的民族精神、以仁爱为本的社会关爱精神、注重道德修养的人文精神),提升中华优秀传统文化教育的实效性。

二是将传统文化融入校园人文景观建设。在静思湖畔打造孔子塑像的"思想之源"传统文化园,让学生从先哲们那里追溯历史,聆听"对话",感悟真理,得到启迪,寻找灵感,接受中外优秀传统文化的熏陶;在校园的五个重要景观区域将儒家文化的核心价值取向"仁义礼智信"分别雕刻在景观石上,并加以注释,使学生受到传统礼仪耳濡目染的熏陶。

三是将传统文化引入课程建设。积极推进优秀传统文化与专业课程和思政课程相结合,在全校开设《中国传统文化概论》《大学语文》《职场礼仪》等大学生人文素质教育类公共基础必修课程;同时,针对不同专业的学生,根据专业特点开设相应的《孙子兵法》《论语解读》等优秀文化的选修课;成立巴渝民间工艺研究院,组织"民间工艺大师进校园"系列文化活动,编写《巴渝文化》本土教材,开展对外传统文化的交流,挖掘、保护和发展巴渝民间工艺。

四是将传统文化渗入学生行为养成。举办传统文化教育论坛与专题讲座108场,面向全体学生开展礼仪培训,广泛组织书法、绘画、剪纸、摄影比赛等各种社团活动近千场,举行"爱经典诗词,诵千古美文,扬传统文化,做文明青年"古诗词大赛,参观历史遗迹、博物馆等传统文化载体,让学生身临其境,感受传统文化魅力。

（五）彰显自然文化

一是构建以两个规律和一种精神为核心的自然文化。两个规律是指遵循客观规律、尊重自然规律,树立尊重自然、顺应自然和保护自然的生态文明意识,形成可持续发展理念、知识和能力,践行勤俭节约、绿色低碳、文明健康的生活方式,引领社会绿色风尚。一种精神是指涵养自然精神,坚持"以人为本"的理论,用正确的规律、规则、方法来处理人与自然、社会等多方面的关系,追求人的身体和心理的健康,构建绿色、安宁的自然环境。

二是将绿色发展理念融入校园景观,体现人类与自然和谐相处。学校构建了"一轴、二带、三脉、四区"景观结构。"一轴"即中央景观主轴线,形成学校的"文脉"。"二带"即主干道和滨水绿化带,形成了功能空间和景观空间的相互渗透。"三脉"即水脉、山脉、文脉,展示了质朴、真实的巴渝山水性格,丰富了校园的景观内涵和文化。"四区"即教学办公区、实验和实训区、教职工和学生生活区、体育活动区。建成了"绿树成荫、房在树下、校在林中、生态环保"的美丽校园。

三是将绿色发展理念融入日常生活,倡导低碳生活。学校围绕生态文明建设,将可持续发展和环境保护理念贯彻于教育教学全过程。在日常生活中践行低碳生活,开展节能降耗、无纸化办公、回收废旧电池、垃圾分类处理等宣传,连续三年实现人均能耗同比降低1%以上;倡导节约水电、适度消费、文明修身,提高学生的生态环境道德意识,让绿色的行动观念注入每一位学生的心灵之中。

"五位一体"文化育人模式在学校推广以来,学生综合素质显著提高,涌现出一大批以市级道德模范谢张同学为先进典型的优秀学生群体。近年来,学校荣获全国技能大赛一等奖13个,二、三等奖45个,荣获2016全国创新创效创业大赛一等奖和三等奖,获得国家专利500余项,荣获全国或市级大学生艺术展演活动等文化类比赛奖项300余个,毕业生就业率始终保持在98%以上,名列全国高校前茅。

参考文献:

[1]刘洪一:《误区与路径——高职教育中的文化素质教育问题》,载《中国高

教研究》,2011 年第 2 期。

　　[2]俞步松:《以培养现代"和谐职业人"为目标的高职文化素质教育创新实践》,载《中国职业技术教育》,2015 年第 31 期。

　　[3]周建松:《高职院校立体化、多方位素质教育研究与实践——以浙江金融职业学院为例》,载《高等工程教育研究,2012 年第 5 期。

　　[4]胡波:《呼呼高职教育"文化育人"的系统设计》,载《中国教育报》,2016 年 7 月 12 日。

　　[5]余祖光:《先进工业文化进入职业院校校园的研究》,载《职业技术教育》,2010 年第 22 期。

高职院校立德树人体系构建与教育实践*

　　摘　要:社会主义核心价值观是我们共同的思想道德基础,立德树人,关乎国家民族的前途和命运。重庆工业职业技术学院十分重视大学生思想政治教育工作,坚持"以生为本,德育为先"、全心全意为学生成长成才服务的理念,在立德树人的教育实践中进行了有益的探索,力求在大学生思想政治教育中体现特色,突出重点,注重实效。

　　关键词:高职院校;立德树人;体系构建;实践

　　国无德不兴,人无德不立。社会主义核心价值观是我们共同的思想道德基础,立德树人,关乎国家民族的前途和命运。在积极培育和践行社会主义核心价值观的今天,高职院校需要身先示范、引领潮流。重庆工业职业技术学院十分重视大学生思想政治教育工作,坚持"以生为本,德育为先"、全心全意为学生成长成才服务的理念,在立德树人的教育实践中进行了有益的探索,力求在大学生思想政治教育中体现特色,突出重点,注重实效。

一、以立德树人为目标,构建"四系配套"育人工作体系

　　我校积极开展大学生思想政治教育途径与方法的研究,在充分调研和总结过去工作经验的基础上,逐渐构建由组织领导体系、工作实施体系、工作内容体系和"四维"评价体系紧密结合的素质教育"四系配套"工作体系,提高工作针对性和效率。

---

　　* 本文作者:郑晓,重庆工业职业技术学院招生就业处副处长,讲师;赵柏森,重庆工业职业技术学院副院长,教授。

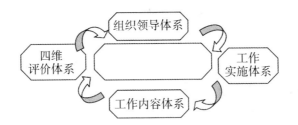

素质教育"四系配套"工作体系框图

——组织领导体系:实行"党政齐抓共管、部门协调配合"机制。党委是学生思想政治教育的领导者,负责学生思想政治教育的全面规划和部署;校长对学生全面发展负责,做到学生思想教育与产、学等工作同时部署、检查和评估;相关职能部门和二级学院协调配合,不断强化教育管理职能,把精力集中在培养学生成长成才的中心上来,主动发挥基层组织的育人功能。

——工作实施体系:采取"校院两级管理,以院为主,师生密切配合,校、院、班、社团上下互动、左右联动"机制,实现学校规划部署、学院贯彻落实、班级具体实施、社团支持补充的"互联互动",充分发挥教师主导、学生主体地位,形成全校上下共同推进学生思想政治教育的工作格局。

——教育内容体系:由课堂理论教学、课外实践培育和理论研究创新三部分组成。课堂理论教学主要包括思想政治理论课、形势政策课、基础文化课、人文与体艺修养课、心理健康教育课、职业发展与就业指导课等,旨在提升学生的文化知识水平和开阔视野;课外实践培育以学生实践锻炼、素质拓展为内容,以形式多样的培训和活动为载体,多层次、全方位培养学生综合素质;理论研究创新以素质教育理论和实践的研究为重点,为学校开展素质教育、培养高素质的技术技能型人才提供理论支持。三部分互为依托、互为支撑,构成完整的素质教育内容体系。

——"四维"评价体系:学生与学校、家庭、社会和用人单位"四维"素质教育的评价体系,把对学生的评价,由原来以学校为主,变为家庭、社会、用人单位共同参与,综合评价,形成对学校、学院、班级学生思想教育工作状况和学生的培养与全面发展的反馈督导,实现学生成长成才全过程动态管理,使思想政治教育工作取得实效,充分体现"以生为本""以立德树人为目标"的教育精神。

二、以职业生涯规划为切入点,深化理想信念教育

要完成立德树人这项教育的根本任务,必须把理想信念教育放在首位。理想信念是人们对未来的向往和追求,一旦形成,就会成为支配和左右人们活动的精神动力。高职学生正处于理想信念成型期,思想活跃,自尊意识突出,成才愿望强烈,因此理想信念教育必须放在最为重要的位置。崇高的理想信念能够帮助学生找准人生理想与目标,而职业生涯规划则是重要的实践载体,可以引导学生将个人理想与社会理想有机结合。

(一)围绕理想目标建立职业生涯规划机制

我校制订了推进学生职业生涯规划和就业指导全程化的实施方案,建立完善了就业指导队伍建设制度、就业指导评价制度和调研制度,完善并实施学生顶岗实习联系制度;制订了《职业发展与就业指导》课程大纲与教学计划。学生每年都会填写《大学生涯规划与职业发展自助手册》,从进校开始,就在职业生涯规划、就业思想、就业技巧等方面得到全过程、全方位指导,从而提升其就业竞争能力,引导学生树立职业理想、人生理想。

(二)围绕"三为"育人理念构建高职特色的分年级育人模式

我校通过对不同行业70家企业和不同类别高职院校近4000名学生展开广泛调研形成《企业所需人才核心素质调查报告》《高职高专学生职业素质现状调查报告》,在此基础上结合社会和学院需求,制订《分年级育人纲要》,形成以"为人、为事、为业"为主要内容的素质教育"分年级"培育模式。三者从低到高,由浅入深,形成了完整统一的素质教育培育体系,充分体现了"立德树人,育人为本"的教育理念。

一年级的"为人"教育。就是要引导学生做有品德之人、有品质之人、有品位之人。主要以理想信念、爱国主义教育和道德教育为重点,辅之以专业认知教育、职业生涯规划指导、基本道德规范教育等,帮助学生树立正确的价值取向和良好的职业道德。

二年级的"为事"教育。就是要引导学生学习为事之能、培养为事之术、掌握为事之道。主要以科学文化素质、职业能力、创新能力和职业心理等职业素质培养为重点,帮助学生奠定就业所需素质和能力基础。

三年级的"为业"教育。就是要引导学生立业、乐业、创业。以职业观、就业观、就业创业能力等职业素质培养与提升为主,帮助学生树立正确就业观。

(三)围绕一个中心——实施思想政治教育"四大工程"

我校通过紧紧围绕核心价值教育,持之以恒地推进和深化实施思想政治教育四大工程:即"青年先锋工程""科学人文素质工程""心理阳光工程"和"爱心助学工程"建设。

结合"青年先锋工程"建设,大力开展爱国主义教育活动、学风建设专项教育实践活动等,通过活动的开展,使学生逐渐明确应树立什么样的价值观,怎样践行核心价值观。通过"静思大讲堂""菁英学子培训班"等品牌活动,坚持用社会主义核心价值体系加强学生的三观教育,发挥学生骨干的正能量。我校学生袁明记获重庆市感动校园十大人物。

结合"科学人文素质工程"建设,以科技文化节、职业技能大赛、校园文化艺术节为龙头,推进学校文化与企业文化融合的"无界化"校园文化建设,打造具有高职特色的校园文化。

结合"心理阳光工程"建设,成立了心理健康教育工作指导委员会和教育服务中心,组建了学校、学院、班级和社团四级心理健康教育工作网络,形成了调研与建档、咨询与辅导、宣传教育活动、知识讲座与技能培训、课程教学等 5 项载体,全方位促进学生"健全人格、优化品德",最终实现人格协调发展。

结合"爱心助学工程"建设,设立了校、院、班三级经济困难学生资助工作机构,完善了奖、助、贷、勤、免为主要内容的家庭经济困难学生资助体系和以励志教育、诚信教育、感恩教育为教育重点的教育机制;实施"大学生成长指导计划",采取结对子等形式帮助自律困难、学习困难等学生完成学业。困难学生年均资助人数达 3000 多人,年均资助额在 1100 万元左右。

三、以"五个一"育人方针为指导,助力学生完善人生支撑

我校把坚持以人为本,遵循教育规律,促进学生的成长成才作为出发点和落脚点,以学生今后真正具有幸福生活的态度和能力为目标,构建了"五个一"育人方针,即帮助每一名学生"树立一个职业理想,学好一门专业知识,练好一项专门技能,涵养一种艺术品质,热爱一项体育运动"。在做好专业教育的基础上,强化个性教育和素质拓展,提升学生的审美和人文素养、体育精神以及社会责任感,培养有知识、有技能、有涵养、受尊重、德智体美全面发展的有魅力的大学生,为幸福人生打下坚实的基础。

为实现"五个一"育人方针,学校各级部门分工协作,以素质教育内容体系为支撑,通过打造校园文化活动品牌,大力发展学生社团,大力扶持学生创新创业等途径营造立体化的培养环境。学校建立了"精品活动全校统筹,特色活动学院主导,个性活动社团拓展,日常活动班级开展"的多层次校园文化活动格局,坚持"校

园文化,专业主导"的思想,进一步按照专业、艺术、公益等主题整合学生活动,打造富有专业特色的校园文化品牌。以弘扬中华文化为宗旨,开展诸如"声动工职院""车模及主持人大赛""新生之星""思辨天下"等一大批特色活动,努力形成"内容健康、形式多样、主题鲜明、情趣高雅"的校园文化总体格局,熏陶和感染学生树立文化自信和价值观自信。

学校非常重视各项专业技能竞赛项目,为学生搭建各类技能竞赛平台,坚持以赛促学,探索形成了技能指导和德育教育并行的技能大赛模式,引领学生践行社会主义核心价值观。近年来学校在各类国家级职业技能竞赛中荣获一等奖 15 项、二等奖 27 项、三等奖 26 项。

我校还积极探索学生创新创业发展,先后拨款 200 多万元成立了学生创新设计中心,包括"工业设计中心""桃源大道工作室""工程实践中心",功能集创新设计、动画制作、工程实践"三位一体",让学生在科技创新活动中培育和践行社会主义核心价值观。目前,创新设计中心已经成为培养学子创新能力的"驱动器"。中心研发出了 600 多个 3D 交互式教学课件,为《机械制图》《塑料模具设计》《机械设计基础》等多门课程研制原创动画资源 2000 多个,荣获各类型专利 80 余项。其课程原创动画资源分别被湖南大学、成都航空职业技术学院、张家界航空工业职业技术学院等多个学院使用,受到广大师生的好评。校内还成立了大学生创业孵化园,现已有 20 多家入孵企业进驻,孵化园将整合各方优势资源,提供创新创业项目孵化的软硬件支持,为大学生创新创业提供支撑和服务,切实落实"作品、产品、商品"相结合、"学校、企业、市场"相结合的创新创业思路,鼓励、支持大学生开展创新创业实践活动。

学校高度重视大学精神和大学文化的打造,《重工赋》、校史展览馆及校园工业文化的打造等都为学校赋予了新的文化内涵,成为激励师生积极探索、完善自身、韬光养晦的重要精神力量。

四、建设高素质的思想政治教育骨干团队

欲树人,先立德;要立德树人,必先立师德。立德树人是教育的根本任务,而大学要培育有德行的学生,首先要培育师德,要培养具有坚定的政治立场、高尚的思想素质、正确的价值取向和科学的人生态度的优秀教师。作为肩负育人重任的思想政治教育工作者,其思想觉悟、政治立场、价值取向所外化出来的言传身教更潜移默化地影响着学生的认知和判断,因此必须按照政治素质高、业务能力强、服

务意识好的标准,努力把骨干队伍选拔好、培训好、管理好、作用发挥好,着力建设高素质的教育骨干队伍,为思想政治教育提供坚实的人才支持。我校制订了专职辅导员队伍建设、考核及评价制度、优秀教育团队及个人评选表彰制度、社团素质教育兼职骨干管理制度、社会或企业兼职素质教育导师管理制度等工作制度,形成专职工作队伍长期稳定、成长发展的激励机制,促进素质教育团队建设制度化、科学化和规范化。定期选送团队成员参加国内外培训或进修,选聘校内班级和社团学生素质教育兼职导师,聘请社会或企业名流兼职素质教育导师,形成学校专职辅导员和兼职班主任相结合的素质教育骨干团队。

五、主要成效

学生思想道德素质、科学人文素质和身心素质明显提高,涌现出一大批以奋不顾身救人英雄谢张、勤学苦练技能标兵袁明记、自强不息全国优秀残疾运动员向宾霖为先进典型的优秀学生群体;学生在参加国家、省市级文艺、体育、职业技能竞赛和大学生社会实践等活动中,多项目、多人次获得表彰奖励;心理健康教育成效显著,连续多年未出现一例心理健康疾患。

学校先后获得全国职业教育先进单位、全国机械行业骨干职业院校、全国职业院校魅力校园、全国职业院校就业竞争力示范校、全国和重庆市大中专学生志愿者暑期"三下乡"社会实践活动先进单位、重庆市大中专学生就业工作先进单位、重庆市诚信文明先进单位、重庆市文明单位等荣誉称号。

参考文献:

[1]骆郁廷、郭莉:《"立德树人"的实现路径及有效机制》,载《思想教育研究》,2013年第7期。

[2]王琰:《将社会主义核心价值观融入高校立德树人全过程的五个维度》,载《思想理论教育导刊》,2015年第1期。

[3]谭秀森:《论高校立德树人根本任务的实现机制》,载《思想教育研究》,2013年第11期。

重庆工业职院"1+5+N"创新创业模式的探索实践*

摘　要:重庆工业职业技术学院坚持"以学生为本、以市场为导向、以专业为基础、以服务为支撑、以项目为载体"的建设理念,以二级学院为依托,采用创新与创业相结合、线上与线下相结合、孵化与投资相结合的方式,形成了"一空间五机制N成果"的"1+5+N"创新创业模式,有效整合了政府、学校、企业资源,培育创新文化,释放科技活力,以创新引领创业,切实提升了学校服务重庆市经济社会发展能力。

关键词:创新;创业;实践

一、创新创业的发展背景

随着我国经济社会发展进入新常态,党中央、国务院做出了加快实施创新驱动发展战略,建设创新型国家的重大决策。从中央到教育系统,全面、深入开展创新创业教育改革已成为共识。重庆工业职业技术学院以创新驱动发展战略为统领,以提升师生创新创业能力和促进科技成果转化为目标,以建设重工众创空间创新创业服务平台为载体,有效整合政府、学校、企业资源,培育创新文化,释放科技活力,以创新引领创业,切实提升学校服务重庆市经济社会发展能力。

二、"1+5+N"创新创业模式的内容

学校坚持"以学生为本、以市场为导向、以专业为基础、以服务为支撑、以项目为载体"的建设理念,以二级学院为依托,采用创新与创业相结合、线上与线下相

---

　* 本文作者:郑晓,重庆工业职业技术学院招生就业处副处长、讲师;傅田,重庆工业职业技术学院团委书记兼党委学生工作部副部长、学生处副处长。

结合、孵化与投资相结合的方式,形成了"一空间五机制 N 成果"的"1＋5＋N"创新创业模式。

一空间:重工众创空间。

五机制:强化一个设计、整合两大资源、形成三种方式、搭建四大平台、提供五大保障。

N 成果:通过建设重工众创空间,营造良好的创新创业文化氛围,打造支撑创新创业的平台,推动转化一批科技成果,孵化一批师生创新创业企业,培育一批师生创新创业明星,显著增强师生创新创业能力。

三、"1＋5＋N"创新创业模式的实施方法与过程

创新创业教育不是另起炉灶,而是专业教育的重要组成部分,深化高等学校创新创业教育改革,就是要将创新创业教育融入人才培养全过程,使创新创业教育成为人才培养质量的重要指标。

(一)坚持四项原则

面向全体:根据人才培养定位和创新创业教育目标要求,把创新创业教育课程纳入人才培养方案,面向全校师生开设创业基础、就业创业指导等方面的必修课和选修课,建设依次递进、有机衔接、科学合理的创新创业教育专门课程群。

基于专业:发挥学校的专业优势,组建校内创业课堂教学专家队伍,由专业导师和科研团队进行专业指导,提高创新创业教育的针对性和成功率,促进专业教育与创新创业教育的有机融合。

分类培养:面向有创业意愿的学生提供具有高度专业性、实战性的训练课程。面向有创业行动的学生提供创业实践指导,配备全程化、专业化、一对一的创业导师,指导处理创业过程中遇到的各种难题。

强化实践:通过专业技能创新平台,以教师专业特长为依托,以学生兴趣为导向,跨院系组成不同创新团队,以学生为主开展创新实践活动,将学生的创意作品转化为产品。通过科研训练、应用技术研发,将师生科研成果转化为创业项目。

(二)重点打造一个空间

落实学校创新创业教育工作"一把手"工程,将重工"众创空间"打造成重庆市级大学生创业示范基地,与重庆市空港工业园区管委会共建科技服务平台专项"临空梦飞翔·众创工场",达成 5000 万元的资金支持的合作意向,实现了学校创新创业教育校企共建、产学合作、融投服务的典型范例。

（三）构建五个工作机制

通过建立"强化一个设计、整合两大资源、形成三种方式、搭建四大平台、提供五大保障"的工作机制，充分发挥产业特色，全面提升创业就业指导服务水平，开展创业创新教育。

强化一个设计：学校将创业与就业工作视为一个不可分割的有机整体，站在学校全局高度，着眼从根本上解决问题，通过顶层设计，对创业就业工作进行统筹谋划，形成自上而下层层衔接、环环相扣的合力。

整合两大资源：一是整合校内资源。校内建立起重工众创空间和重工创业孵化基地，形成教学、科研、学生、财务等部门联动机制，跨学院、跨部门、跨专业组建创业团队。二是整合校外资源。学校与渝北区空港管委会合作，依托良好的校企合作资源，取得渝北区科委、人社局、工商、税务等政府职能部门鼎力支持，合力打造校外"临空梦飞翔·众创工场"。

形成三种体系：建立起"立体式、链条式、递进式"的工作体系，即创新—创业—就业，前端—中端—末端，作品—产品—商品，校内—校外—网络。

搭建四大平台：创新创业教育平台、专业技能创新平台、科研技术创新平台、创业项目孵化平台。重工创业孵化基地总规划区域 2720 平方米，线下建立"重工创业孵化园"，线上通过"互联网＋"创新资源开放共享服务模式，打破创意团队和创客群体之间的物理空间局限，为创新创业者提供在线、实时、精准的创新创业云服务。

提供五大保障：学校为创业就业提供人、财、物、制度、机制五大保障措施，确保创业就业工作有序、有效、创新。学校出台了 11 个大学生创新创业的相关文件和办法，每年安排 200 万的专项资金，为创新创业教育稳步、持续开展提供了政策及经费保障。

四、主要成效及经验

（一）创业大赛推动创业实践促进孵化

我校积极组织参加各级各类创新创业大赛，并崭露头角。通过比赛推动了创业实践并促进孵化，近年来成功取得发明专利 7 项，实用新型专利 60 余项，新型外观 40 余项。

学校近年参加创业大赛获奖情况一览表

参赛等级	大赛名称	获奖情况	获奖影响
国家级	2016"挑战杯——彩虹人生"全国职业院校创新创效创业大赛	一等奖	
市级	重庆市教委高教处主办的"互联网＋"创新创业大赛	金奖	重庆市唯一一所获得金奖的高职院校
市级	"小挑战杯"创新创业设计大赛	一等奖	
市级	重庆市"小挑战杯"创新创业设计大赛	二等奖	
市级	第四届中国创新创业大赛(重庆赛区)	二等奖	重庆市唯一一所进入本届大赛前十名的高职院校
市级	重庆市"小挑战杯"创新创业设计大赛	三等奖	
市级	第三届中国创新创业大赛(重庆赛区)	优秀奖	
市级	重庆市科委主办的"超星杯"创新创业大赛	人气奖	
市级	第四届中国创新创业大赛(重庆赛区)	三等奖 2 项	
市级	"我的创客"2015 年度评选	十五强	重庆市唯一闯入决赛 15 强的高职院校学生团队

（二）构建"作品—产品—商品"成果转化体系

学校依托科技成果实施创新创业,提升创新创业科技含量,将设计作品转化为现实生产力,并按规定支持以技术许可、技术转让、技术入股、自行投资等形式将科技成果作品产业化,初步形成了"作品—产品—商品"成果转化体系。我校"梦爱创意"团队(重庆睿豪科技有限公司)开发的机动车油门防误踩智能安全装置已拥有独立的知识产权,预计该产品成功上市后,年销售额可达 2 亿元以上,每年可为学校和社会新增1000人以上的就业机会。我校孵化基地扶持的成功创业典型夏琪同学,成立"互联网O2O模式"下的货运代理有限公司,利用"物联网＋大数据"模式,已经成功运营了10家"灰灰速递"超市,并成功与海尔集团"日日顺"物流和三泰电子"速递易"公司合作引入了智能电子货柜,利用物联网技术解决了人工差错和成本问题,并为社会人员和高校毕业生提供100余个就业岗位。

（三）形成链条式创新创业体系

在"互联网＋"教育背景下,形成创新创业教育的前端、中端、末端的链条式创新创业教育体系,构建起了"课堂思辨＋网络互动＋大赛训练＋创业实践＋项目孵化＋服务支持"的一体化、全过程教育模式。

（四）社会影响力不断扩大

2015年我校"临空梦飞翔·众创工场"被重庆市科委授予首批众创空间授牌,同时获得50万元众创空间建设后补助。创业孵化基地入驻企业年保有量在32家以上,每年新增项目在11个以上,孵化成功退出5家企业。入驻质量逐年提高,结合专业日益紧密,综合经济效益和社会效益明显;参加创新创业训练计划的人数增多,并在近4年来参加市级及全国各类创新创业大赛获得多项大奖,在高职院校里面名列前茅。华龙网、中新网、大渝网、重庆商报、重庆时报、临空都市报、重庆电视台等主流媒体多次对入驻园区的企业和团队进行宣传报道,产生了广泛影响。

五、未来发展规划

加大建设双师型创业导师库,搭建一支知名的校外兼职创业导师专家库,建立健全课堂教学、自主学习、结合实践、指导帮扶、文化引领融为一体的创新创业教育体系,将重工众创空间建设成重庆知名、国内影响、特色鲜明的高校众创空间,以此推动转化一批科技成果,孵化一批师生创新创业企业,培育一批师生创新创业明星,显著增强师生创新创业能力,提升学校服务重庆经济社会发展能力。

参考文献:

[1]田菊:《大众创业、万众创新战略下地方高校创新创业模式探索——黄河科技学院"双创"实践与启示》,载《科技创业月刊》,2016年第10期。

[2]林海峰:《大学生创业教育与人才培养的研究与实践》,载《继续教育研究》,2011年第10期。

[3]王李珺:《基于创新型社会背景下高职学生创业能力培养途径的可行性分析》,载《当代教育实践与教学研究》,2015年第9期。

将人文素质教育引入教师评价体系的实践和探索*

摘　要:将人文素质教育引入教师考核评价工作,是新形势赋予教师的新使命,是高职教育供给侧改革的需要,是争创优质高职的需要。重庆工业职业技术学院作为全国首批高职示范院校在教师锻炼培养、教师考核评价和课堂教学等方面引入人文素质教育,起到了良好成效。

关键词:人文素质教育;教师;考核评价

2014 年,习近平总书记在会见庆祝第三十个教师节暨全国教育系统先进集体和先进个人表彰大会受表彰代表后,在北京师范大学强调全国广大教师要做"有理想信念、有道德情操、有扎实知识、有仁爱之心"的好老师,为发展具有中国特色、世界水平的现代教育,培养社会主义事业建设者和接班人作出更大贡献。作为一名合格的教师,理应具备坚定的理想信念和政治素质、高尚的道德情操、广博而扎实的学识、对学生对教育事业的深沉的热爱。作为理工类的高职院校来讲,对教师的培养、课堂教学及考核评价等环节,重庆工业职业技术学院实践和探索纳入包括政治思想、传统文化、科研水平、文化修养、敬业精神等在内的人文素质教育的内容,以全面提升教师综合素质水平,做好传道授业解惑,践行四有好老师标准。

一、将人文素质教育引入教师考核评价的必要性

(一)新形势赋予教师新使命亟须提升教师的人文素质水平

早在 1998 年教育部《关于加强大学生文化素质教育的若干意见》就提出,加

---

*　本文作者:陈相亮,重庆工业职业技术学院基建后勤处副处长,讲师。

强文化素质教育需要有一大批思想素质好,业务水平高,教学经验丰富的专兼职教师。应积极采取措施,建设一支适应加强文化素质教育需要的教师队伍。教育部将有计划地组织举办加强文化素质教育师资讲习班、研讨班,各校也应采取各种形式培训教师,以提高现有教师的学术水平与文化修养。要继承和发扬教师的敬业精神,发挥教师的表率作用,使其达到言传与身教的统一。

重庆市高等职业院校人才培养工作评估指标体系中,要求学校要有计划、有内容地开展学生职业道德、职业能力、职业素养和人文素质教育,并有相应活动,将学生人文素质教育工作作为一项重要考核指标。2015年《教育部关于深化职业教育教学改革　全面提高人才培养质量的若干意见》中提出,要加强文化基础教育,注重学生文化素质、科学素养、综合职业能力和可持续发展能力培养,在相关课程中增加中华优秀传统文化内容比重。要形成常态化、长效化的职业精神培育机制。《职业院校管理水平提升行动计划》(2015－2018年)提出,要精选优秀文化进校园。弘扬中华优秀传统文化和现代工业文明,加强技术技能文化积累,开展劳模、技术能手、优秀毕业生等进学校活动,促进产业文化和优秀企业文化进校园、进课堂,着力培养学生的职业理想与职业精神。

对文化素质教育、人文素质教育和传统文化教育进课堂的系列要求,亟须一批能够兼具广博学识和文化修养的好老师,担负起时代所赋予的新使命,站好讲台,教好学生。

(二)高职教育供给侧改革需要全面提升教师的人文素质水平

高职教育供给侧改革,体现在院校的转型升级,专业设置的改造要适应社会经济的发展。这种适应体现在适销对路和能够提升学生转换工作岗位的能力。以前,我国高等教育存在着单科性院校较多,文理工分家,专业设置过窄,单一的专业教育思想和教育观念突出,功利导向过重,忽视人文素质教育等问题。培养出来的学生有技能但综合素质低,不能够适应企业对高素质人才的需要。

作为教育服务提供者的教师,在供给侧改革中起着更为关键的作用。从某种意义上讲,学校所提供的教育服务最终通过教师传授给学生。在互联网时代,更需要全面提升教师的人文素质水平,以适应学生对知识的渴求。

(三)争创优质高职亟需较高人文素质水平的教师队伍

马树超研究员在全国高职高专校长联席会的讲话中提出了优质高职院校的十大标准,其中,优质的"双师型"教师队伍是一个关键指标。如何理解双师素质,目前尚无定论。以下几点,笔者认为比较契合双师素质内涵:

1. 具有良好的政治思想素质、职业道德素质、文化素质、身心素质,熟悉教育教学基础理论。

2. 掌握所授专业的基础理论、专业知识,了解相关学科的专业知识,具有良好的教学能力和教学业务水平。

3. 具有较为扎实的专业实践能力和较强的技术服务、技术应用能力。

4. 能根据市场调查、职业分析的结果和职业岗位的要求,进行教学开发,并能积极开展教育教学改革。

懂理论,会实践,具备广博的学识和较高的文化素质水平,培养这样一支双师型的师资队伍是建设优质高职院校的关键指标之一。

二、将人文素质教育引入教师考核评价的实践

(一)教师培养锻炼方面

重庆工业职业技术学院高度重视新进教师的岗前培训工作,系统制订培训方案和考核程序,从理论学习、能力提升、实践锻炼等方面制订培训内容,分实习、见习两个阶段,指派专业骨干教师一对一进行指导帮助,极大地提升了新教师的教学素质和能力。在2014年度学校新教师培训小结中,督导老师给出的评价是:一些新教师将在公司企业获得的新知识、新方法引入课堂教学,主动进行教学方法及教学手段的改革,开拓了学生的专业知识视野,增强了学生的职业技术技能,收到了较好的效果,有些教师结合企业实践写出了较高质量的专业技术论文。这充分体现了学校对教师人文素质教育水平的要求。

学校修订了《双师型教师认定与管理办法》《重庆工业职业技术学院专业教师实践锻炼管理办法》,大力推进双师素质培养工程,要求专业课教师和实训指导教师每5年累计不少于6个月到企业或生产服务一线实践,鼓励公共基础课教师也参照标准到企业进行考察、调研和学习。通过引导教师考取相关职业技能等级证书,切实提高了教师的工程实践能力和实践教学能力。同时,学校及各二级学院有目的、有计划地组织中青年教师参加各级各类科研项目和工程实践项目建设,以此提高其工程实践能力、实践教学能力、技术开发能力和社会服务能力,全面提升教师的文化素质水平。

(二)课堂教学方面

在《重庆工业职业技术学院课堂教学管理办法》中明确要求,教师在课堂教学中要具有强烈的职业荣誉感、历史使命感和社会责任感,做自觉践行社会主义核心价值观的模范,用家国情怀,引人以大道、启人以大智、育人以大德,担负起提升民族素养的时代重任;教师在课堂教学过程中,要坚决拥护和贯彻执行党和国家的路线、方针、政策,在大是大非问题上,必须坚定正确的政治立场,旗帜鲜明地反对错误言论和行为;必须坚持课堂讲授守纪律、公开言论守规矩,决不允许攻击诽谤党的领导、抹黑社会主义制度、违反宪法和法律的言论等在课堂出现;深化创新创业教育,培养学生的创新意识、创新精神和创新能力;充分利用现代信息技术,创新"互联网＋"教学模式,提升课堂教学的吸引力,提高课堂教学质量等。这些充分体现了学校对教师人文素质教育水平的重视。

(三)教师考核评价方面

学校督导在对教师教学检查时,特别强调人文素质的作用。以对马克思主义学院检查为例,提出的建议包括:任课教师对所教授的课程应有足够的知识储备,专兼职教师都要不断学习,提高业务水平,除本课程知识外,还需涉猎政治经济学、法律、中外历史地理、文学、美学、哲学等知识,高屋建瓴,才能进一步提高教学质量。这充分体现了对教师人文素质的要求。

《重庆工业职业技术学院教师教学质量测评表》所列出的指标中,包括:授课能吸引学生注意力,调动学生学习兴趣、引导学生思考问题;在教学过程中,能体现对学生的能力培养和素质教育;教学内容要引入新知识、新技术或拓展教学内容等。体现了学校对教师课堂教学中人文素质教育的要求。

在《重庆工业职业技术学院教学质量学生评价表》中提出,为人师表,关爱学生,做到既教书又育人;精神面貌好且教学语言规范富有激情;善于启发学生思维;有效使用各种教学手段辅助教学等指标,体现出在学生评教环节,引入对教师人文素质教育水平的评价。

通过将人文素质教育引入对教师培养、考核等工作,学校教师的教育教学水平进一步提高,学生对课堂的满意度获得了明显提升,学生的就业核心竞争力明显增强。人文素质教育水平,作为培养教师、考核教师的重要指标,已经在学校全体教师中达成了共识,这大大提升了教师课堂的吸引力。

高职院校人文素质教育体系的构建与实践[*]

——以重庆工业职业技术学院为例

摘　要：重庆工业职业技术学院针对高职院校普遍存在的过分偏重职业技能培养而忽视人文素质教育这一重大问题，确立了清晰的人文素质教育目标体系，系统构建了"课程系统化、活动多元化、文化特色化"的人文素质教育"三化"育人体系，促进了学生全面发展和人人成才。

关键词：高职院校；人文素质教育；体系构建

重庆工业职业技术学院针对高职院校普遍存在的过分偏重职业技能培养而忽视人文素质教育这一重大问题，经过多年人文素质教育教学改革，确立了清晰的人文素质教育目标体系，探索和实践了人文素质教育与专业技能教育融为一体，人文素质教育分阶段培育，系统构建了"课程系统化、活动多元化、文化特色化"的人文素质教育"三化"育人体系，促进了学生全面发展和人人成才。

一、确立一个目标——全面发展、人人成才

学校树立"以企业为课堂，练能力纵横职场；以社会为学校，强素质成就未来"的教育理念，将培养"社会人"与"职业人"有效统一，紧紧围绕培养德技双馨的"高素质劳动者和技术技能人才"的总体目标，构建人文素质教育目标体系。学校人文素质教育的终极目标为：全面发展、人人成才；总体目标为：综合素质＋一技之长；基本目标为：学会为人、学会为事、学会为业；拓展目标为：学会管理、学会创

---

* 本文作者：苟建明，重庆工业职业技术学院教授；陈光洪，重庆工业职业技术学院人事处处长，副教授。

新、学会创业、学会发展;具体目标为:第一,培养良好的思想政治素质。第二,培养良好的道德品质。第三,培养良好的职业素质。第四,培养健全的人格、健康的心智。第五,培养良好的审美情趣。第六,培养精益求精的工匠精神。第七,培养可持续发展能力。

二、实现一个融合——人文素质教育与专业技能教育融为一体

学校通过人文素质教育和专业技能培养目标的融合、教育内容的融合、教学过程的融合、校园生活的融合、实践活动的融合、评价标准的融合,实现了人文素质教育和专业技能教育融为一体,使培养学生的人文素质、科学素质、职业素养和创新精神与培养学生的专业能力、方法能力、社会能力和创业能力相互融合,有力地促进了学生综合素质的提高。

三、探索一项改革——人文素质教育"分年级"培育模式

学校通过对不同行业企业和不同类别高职院校学生的调研和科学分析,形成企业所需人才核心素质和高职学生职业素质现状调查报告。根据高职各年级学生的素质基础和身心特点,把人文素质教育课程分年级设计,分别以"为人、为事、为业"为培育重点,校企共同制订和实施《分阶段育人纲要》。"三为"育人理念的基本内涵,包括引导学生踏实为人、用心为事、积极为业三个方面。其中,一年级重在"为人"教育,二年级重在"为事"教育,三年级重在"为业"教育。

四、构建"三化"体系——课程系统化+活动多元化+文化特色化

(一)课程系统化

重构模块式、分层式、渐进式人才培养课程新体系。成立由行业企业共同参与的素质教育委员会和教学指导委员会,准确定位人才培养目标,科学分析学生人文素质和专业技能的构成要素,系统设计人文素质和专业技能课程。将培养学生人文素质融入专业技能教育中,使培养学生专业能力为主线与培养学生人文素质为主线的两大课程体系相互交融,从人才培养的顶层设计上解决了人文素质教育与专业技能教育"两张皮"和人文素质教育课程体系不系统问题。实现了人文素质教育与专业技能教育结合、校内教育教学与校外社会实践结合、工作与学习结合,全面提高了学生综合素质。学校人才培养课程新体系包括四大课程模块:

(1)职业素养课程模块:除思想政治理论、大学语文、高等数学等文化基础课

外,还包括企业认知、职业伦理与职业道德等课程。重点加强学生政治素养、思想素养、道德素养、心理素养、文化素养、行为素养的培养和敬业精神、合作态度教育,学时约占总学时的30%。

(2)职业知识课程模块:除专业基础课程外,还包括就业指导、职场安全与企业文化等课程,主要为学生形成专业能力,增强就业能力打下坚实基础,其学时约占总学时的25%。

(3)职业能力课程模块:除专业核心课程外,还包括集中阶段性实习实训、顶岗实习及系列就业、创业实践类课程,重点培养学生专业能力,提升创业能力,其学时约占总学时的35%。

(4)职业拓展课程模块:包括学生社团、科技创新、社会实践、人文与科学素质选修课,重点培养学生可持续发展能力和综合素质,学时约占总学时的10%。其中学生素质拓展课须修满15学分,社会实践须达到6学分以上,才能毕业。

新体系以第一课堂为重点,第二课堂为延伸,第三课堂为补充,将三者有机融合,以社会实践为载体贯通三大课堂教学内容。顶岗实习等不仅成为职业技能训练环节,也成为培养职业素养的重要途径。尤其是社会实践课程采用实践单位和学校指导教师"双导师制",共同给出鉴定和学分;学校和实践单位共建管理平台,构建了社会实践课"师资共派、学分共认、资源共助、平台共享"四大运行机制。

(二)活动多元化

学校把第二、三课堂作为第一课堂教学实践的重要载体,投入专项经费500余万元,以项目化运作模式,系统设计实施校园文化和社会实践活动项目100余项,延伸和补充了第一课堂教育教学活动。

1. 全力打造丰富多彩的校园活动品牌

学校以青年先锋工程、科学人文素质工程、身体健康工程、心理阳光工程为统揽,以科技文化节、职业技能大赛、校园文化艺术节为龙头,以励志教育、诚信教育、感恩教育为教育重点,设计开展了旨在培养学生思想政治、科学人文、身体和心理素质等人文素质的系列校园文化活动,校园文化活动企业兼职导师深度参与,企业文化元素深度融入,推进学校文化与企业文化融合的"无界化"校园文化建设,打造具有高职特色的校园文化,形成了一大批针对性强、参与度高、各具特色的校园文化活动品牌,有力地促进了学生思想道德素质、文化素质、专业素质、心理素质和身体素质的全面协调发展。

2. 创新大学生社会实践活动新途径、新机制

积极开展大学生社会实践活动,学生参与人数达 100%。创新途径,派学生赴美国、日本等带薪实习。实现了学生参与面大、社会影响大、成果收效大和社会实践课程化、项目化、学分化、基地化、常态化的"三大""五化"总目标,形成了实践机制"三结合"(社会实践与专业技能结合、校内教育教学与校外实践锻炼结合、工作与学习结合),基地建设"两合作"(校企合作、校地合作)和活动指导"分年级、分类别、分项目"的大学生社会实践工作特色,社会实践成了学生人文素质培养的重要环节。

(三)文化特色化

一是中华优秀传统文化和革命文化、社会主义先进文化入脑入心。将传统文化融入校园人文景观建设,引入课程建设,渗入学生行为养成。组织"民间工艺大师进校园"系列文化活动,举办传统文化教育论坛与专题讲座 108 场,面向全体学生开展礼仪培训,广泛组织书法、绘画、剪纸、摄影比赛等各种社团活动 1100 多场,参观历史遗迹、博物馆等传统文化载体,让学生身临其境,感受传统文化魅力。加强革命文化和社会主义先进文化教育,充分利用重庆丰富的革命传统教育资源,深化中国共产党史、中华人民共和国史、改革开放史和社会主义发展史学习教育,引导师生继承革命传统,传承红色基因。充分利用改革发展的伟大成就、重大历史事件纪念活动、爱国主义教育基地等组织开展主题教育,弘扬以爱国主义为核心的民族精神和以改革创新为核心的时代精神。

二是工业文化进校园。将工业、高职教育两大要素的文化内涵转化为文化符号融入环境,提炼机械制造、模具、汽车、机电等特色专业的共性,凸显"宽、正、和"的校园建设理念,校园景观设施突显人文精神与工业文化。将学校景观以抽象的"链条"形式表现出来,形成了"一轴、二带、三脉、四区"校园景观结构体系和"绿网"景观绿化结构。倾力打造"工业文化"博物园,深入挖掘办学历史,让工业文化随处可见。学校精选第三机床厂不同时期制造和使用过的 67 台工业机器,安放在校园,配之以名称、产地、性能、生产历史、对学校发展的贡献等文字介绍,把校园变成了一座展示学校历史发展的"工业文化"博物园,让学生时刻感受工业文化,对中国制造充满信心。

三是企业文化进课堂。建立校企合作育人的工作机制。校企共同制定人才培养方案、共同搭建学生社会实践锻炼平台、共同培育基于企业文化的育人环境。立足校企文化对接,分两大领域(硬件配套、软文化)、六大版块(校园环境、实训基

地、课程体系、专业建设、管理模式、服务机制)、五个阶段(大学第1-5学期)进行重点建设,实现校企文化对接的"四个全面"(企业文化的全面引入、准企业管理模式的全面推行、学生职业素养与道德的全面提升、学生角色的全面转换)。

四是大学文化彰显精益求精的工匠精神。凝练以工匠精神为核心的大学文化。在学校发展中提炼工匠精神,编纂校史,启动校史馆建设,着力塑造和传承"一丝不苟、精益求精、团结拼搏、开拓创新"的重工"工匠"精神。在全校征集校风、校训、教风、学风、校徽、校旗、校歌等,践行"工成于思,业精于勤"的校训文化,使之成为全校师生员工广泛认同的行为准则和精神品质,并内化为全校师生员工的共同文化心理。通过抓教风、学风、校风建设,学校形成了团结、诚信、笃行、创新的校风,技高为师、德高为范、爱岗敬业、严谨笃学的教风,志存高远、勤奋学习、自强不息、追求真理、全面发展的学风,通过教育工作者的言传身教和师生员工的身体力行,在管理和服务过程中,传递和弘扬浓郁的重工工匠精神。

学校实施人文素质教育新模式以来,学生综合素质明显提高,涌现出一大批以市级道德模范谢张同学为先进典型的优秀学生群体;学生先后荣获全国、市级各类竞赛奖200余项;毕业生屈景春跻身中国大学创业富豪榜排名第9名。近五年,学校毕业生就业率始终保持在98%以上,用人单位称赞我校"为企业培养了大批'用得上、留得住、可发展'的高素质、高技能人才,为企业产品开发、员工培训提供了强有力的支持"。

基于工匠精神培养的高职物流管理
专业人才培养模式改革*

摘　要：国务院总理李克强在《政府工作报告》中指出，鼓励企业开展个性化定制、柔性化生产，培育精益求精的"工匠精神"，增品种、提品质、创品牌。工匠精神体现的是企业一线操作人员对产品的"精益求精"，对工作"严谨、敬业、耐心"的态度。作为以培养企业高端技能型人才为目标的高职院校，更应该将工匠精神的要求纳入人才培养模式，培养学生的工匠精神可为物流管理专业人才培养模式改革发展提供强有力的支撑。

关键词：工匠精神；物流管理；人才培养；改革

一、现代工匠精神的内涵及要求

很多人认为工匠是一种机械重复的工作者，其实工匠有着更深远的意思。它代表着一个时代的气质，坚定、踏实、精益求精。工匠不一定都能成为企业家，但大多数成功企业家身上都有这种工匠精神。

所谓工匠精神，主要体现在以下几个方面：

（一）严谨、一丝不苟

不投机取巧，对产品采取严格的检测标准，不达要求绝不轻易交货。

（二）耐心、专注、坚持

不断提升产品和服务，因为真正的工匠在专业领域上绝对不会停止追求进步。

---

* 本文作者：邓莉，重庆工业职业技术学院管理与航空服务学院物流管理教研室主任，讲师。

（三）专业、敬业

工匠精神的目标是打造本行业最优质的产品，其他同行无法匹敌的卓越产品。

工匠精神本质上是一种价值观，是一种对事业乐在其中的坚守；工匠精神是一种精益求精、敢为人先的态度，追求产品的质量和个性的统一。这些都启发我们要从根本上认清教育的价值并快乐地坚守这份价值，我们的教育要敢于创新，追求质量和个性的统一。工匠精神在中国生根发芽、开花结果，需要包括教育制度在内的全方位的制度建构。

二、制造业升级对物流业的影响

当"工业4.0"红遍中国大江南北之时，一波接一波学习工业4.0和智能制造的热潮不息。有人却想着，有了工业4.0，我是不是就可以偷懒了？工厂老板等不及工程师匠艺精神的开花结果，社会也等不得工厂匠艺精神的精雕细做。这意味着，在这个"快速"的时代，没有时间给工匠们去精益求精，从而忽略了产品的品质。

物流业作为制造业发展的重要基础，保证其原材料的采购、运输，成品、半成品的运输仓储等，工业4.0的制造业升级的10年规划，不仅是对中国制造业在自主创新能力、资源利用效率、产业结构水平、信息化程度等方面提出了要求，同样对作为其辅助支撑行业的物流业，提出了相应的要求。例如，产品的个性化定制，不仅会促进个性化的设计方案的制定，还会促使个性化的零部件生产及配送，以及定制成品的配送；精准的供应链方案，设计精准的采购、生产、销售，因而会要求制定和实施精准的物流服务方案；提高产品的生命周期，包括分销、仓储、配送等物流环节，对产品全生命周期进行管理，需要物流环节的数据支持；一个产品的制造设计种类繁多的零部件、原材料，因而要求多条业务流程的协同运作，这将会涉及整体性的物流服务协同等。

根据人社部的一项最新数据统计：目前，我国技工劳动者约为1.5亿人，占就业人员总量不到19%；其中，高级技能人才仅为3762.4万人，仅占技能劳动者总数的25.2%，占就业人员总量不到5%。这一统计数据表明，文化素质高、技术精湛的优秀工程师和技术技能型人才的短缺，是目前制造业升级面临的最严峻问题，同样物流业也面临技能型人才短缺的困扰。

经济学原理告诉我们，无论技术发展到什么水平，都离不开人这一最核心的生产要素。即便是制造工艺水平非常发达的波音公司和空客公司,也都需要靠一些技能水平相当高的人员从事这些手工劳动。

三、物流业"工匠精神"人才的要求

经济学家马光远认为,中国的物流产业实现改革,首先就是要发展集约化、规模化。

据统计,2015 年我国道路运输经营业户达 810 万户,其中,以个体运输业为主的中小型物流企业占比超过了 90% ,不仅很难形成行业集约作用,让产业很难在具体业务上实现规模化、标准化、高效化。

中国物流核心竞争力差主要体现在两个方面。第一,作为运输主体的中小企业,大部分都只能从事简单、单一的运输工作,并不能实现规模化、现代化,对于实体的制作业的依赖很强,很容易受到经济波动的影响。第二,中小企业的眼光不够长远,注重眼前的经济利益,竞争力也主要集中在价格、数量等原始竞争层面上,缺乏创新,不能提供高附加值的创新和定制服务。

随着"互联网 + 物流"的提出,既是物流业发展的机会也是瓶颈,同时,个性化物流、智能物流和绿色物流也变成行业不可逆转的趋势,而很多企业进入物流行业,只因为这个概念火了,可以投资赚钱,其实并不懂物流业。不论是传统的第三方物流还是依赖于现代科技的智能物流,物流业始终属于服务型行业,且是跨行业的、实际操作能力要求很高的服务型行业。

物流业务尤其是国际物流业务,产业链很长,从原材料的采购到最终的产成品递送到消费者手中,从供应商的选择、议价、签订合约,到物流信息的跟踪、车辆安排、报关报检,以及产品的包装、货品的堆码高度和层数,这些都有严格的要求,都需要一线的从业人员累计丰富的实际操作经验,才能高效地完成每一次物流业务。而且,物流业务操作的重复性很高,从业人员长期从事会有倦怠感,我们需要在整个行业培养"现代工匠精神"提出的精益求精、严谨、耐心的精神和工作态度。现代科技进步、制造业也迎来了发展的"10 年规划"的好时机,作为辅助的物流型行业,更需要培养出具备"现代工匠精神"的一线操作人员,才能为各行业提供最有力的后勤保障。

四、高职物流管理专业的人才培养模式创新

作为培养与社会经济发展相适应的高素质技术技能型人才的高职院校,应该

与时俱进的调整专业人才培养模式,与社会经济发展步调一致,培养出企业真正需要的人才,这才是我们人才培养的重心。"现代工匠精神"对于物流管理专业的高职学生,提出的要求有两个:一个是学生的"职业精神",这种精神是无论哪个专业的学生都应该具备的,这是一种从事任一行业的"沉淀感",愿意做一颗螺丝钉的精神,对自己的职业生涯有一个充分的认识和规划。另一个便是物流的实际操作技能,不能仅仅停留在书本上的理论,而需要落实到实际操作中,真正做到与企业的"无缝衔接"。针对这两个要求,笔者进行了对高职物流管理专业的人才培养模式的改革探索。

(一)课程设置方面:增加职业素养类课程

目前我们开设的这类课程包括职场交流和职业生涯规划两门理论课程,还有一些专业课的实训课程。职场交流课程主要教授面试、着装、职场专业术语和礼仪等内容;而职业生涯规划则是采用大课的形式,且授课教师通常都是些没有实际工作经验的年轻老师在讲授,授课方式以理论讲授为主,对于学生的职业生涯规划实际并没有多大作用。

理论课程方面,职业生涯规划调整授课教师为物流企业资深的一线从业人员和校内有实际工作经验的物流专业教师共同指导,采用"双导师制",从入学时便指定好,采用讲座、班会、网络等多种形式,给物流专业学生进行一对多、一对一的关于职业生涯规划的指导。学生定期写出自己关于职业生涯规划的计划书,由企业导师和校内导师共同指导,解答疑惑,提出专业性指导。同时,增加职场体验类实训课程,进入物流企业,各工作岗位进行轮岗,体验式学习,由各岗位的"专家"分享自己的从业经历。

实训课程方面,所有专业核心课程,调整为理实一体课程或增加相应的实训课程,切实做到理论联系实际,不能仅仅流于书本。在现有的职业技能实训课程的基础上适当增加实训时间,让学生在做中学,而不是学中做,尽量在实操中进行理论知识的讲解。

(二)师资培养方面:不断提升教师的实际专业技能

一方面,为了实现理论课程改革,专业教师需要到企业相关工作岗位进行3个月的工作"实战",尤其是没有企业实际工作经验的教师。教师需要先具备了"工匠精神"才能教授给学生。教师到企业实践,可以是企业指定的实际岗位的工作,也可以是与企业的项目式合作,学习最先进的物流理论和行业发展的动态,转化为案例或学生实训的项目带回课堂,提升自身的专业能力的同时,也提升了学生就业的职业技能。

另一方面,所有的专业老师都要带一门实训课程,和学生一起参加技能大赛,要学会将企业的实际操作转化为课堂教学,与学生一起在实训中追求"精益求精",耐心、严谨的完成每一个实训项目,不断地提升自己的业务能力。同时,多参加企业、行业的专业会议和培训,了解行业动态;时刻与企业保持联系,积极参与企业的项目合作,成为企业资源库"专家"。

(三)校企合作方面:采用项目式合作形式

结合制造业升级对于物流行业影响等诸多因素,职业院校应转换校企合作的出发点,从企业和学校共同盈利出发。"项目式"校企合作,正是以合作双方互惠互利的共赢为合作基础,将学校"企业化",通过企业所熟知的"项目"的形式与企业合作,签订项目合作书,明确各方职责,制定项目计划,到期验收项目成果,进行项目评估,按照真实企业项目合作流程操作。"项目式"校企合作是学校和企业保持一种长期的、不间断的合作。

首先,在时间上,以企业的工作时间来安排项目,有利于企业合理安排。为了保持与企业长期的、不间断合作,我们将合作的项目分为"大项目"和"小项目"。"大项目"是学生在第三学年第二学期和寒暑假到企业参与的毕业项目,项目开展的地点是企业;而"小项目"是学生在学期内完成的,项目开展地点是在学校。这样"大小项目"交叉式的合作可以保证一年中学校与企业的合作是"无空档、链条式"的,既与企业生产经营时间匹配,也保障了学校项目合作的质和量。

其次,在职责分工上,应先成立项目小组,项目组成员由教师、企业人员和学生组成,双方共同签订项目合作书,制定项目计划、预期完成目标,明确双方职责和项目评估方式。学校负责校内项目组织、实施和学生管理,企业负责项目成果检验和专业指导。

校企合作开展项目,既可以满足学生职业体验的要求,感受企业真实工作环境,学习实际操作技能,也能培养学生的职业精神,将工匠精神注入学生的整个学习生涯。

参考文献:

1. 王胜琨:《浅谈职业院校如何做好"工匠精神"的培养》,载《读书文摘》,2016 年第 13 期。

2. 伍玲瑶:《新时代"工匠精神"对高职教育的重要性》,载《时代报告》,2016年第 28 期。

3. 李冰漪:《用工匠精神做物流产业链——专访天地汇创始人、董事长徐水波》,载《中国储运》,2016 年第 11 期。

教学工厂在高职电气自动化技术专业
建设中的再思考与应用*

摘　要："教学工厂"理念在职业教育中具有重要的引领作用,对我国高职教育影响很深。借鉴新加坡南洋理工学院(NYP)"教学工厂"教学理念,针对高职电气自动化技术专业建设提出了自己的建议。

关键词:教学工厂;NYP;电气自动化;教学理念

新加坡的现代职业教育理念久负盛名,是理论教学与实践教学有机结合的典型范例,融合德国双元制的教育特色,能很好地培养学生的动手能力和职业素养,经过多年的发展与探索,新加坡南洋理工学院(NYP)创建了自己独特的职业教育理念和学院文化,其理念及文化的典型代表是"教学工厂"。重庆工业职业技术学院电气自动化技术专业借鉴学习这一先进的教学理念,并结合教学实际,吸收转化为"项目教学法"。但随着社会的进步和工业的发展,这种理念和方法也需要改进,我们有必要对"教学工厂"的教学理念进行再解读、再思考、再认识。

一、"教学工厂"教学理念模式的起源和内涵

新加坡南洋理工学院的"教学工厂"教学理念来源于医学领域的"教学医院"教学理念,是"教学医院"在工程领域的拓展和变形,目的是在教学环境中创造一个企业性质的实践环境,并且以项目作为二者联系的桥梁。其核心是将学生的实践环境由原来的单纯模仿变为一种模拟的企业环境,将所学知识融合成实际的经验和技能,应用于多元化多层次的工作环境中。概括起来,可以总结如下:

---

* 本文作者:王俊洲,重庆工业职业技术学院自动化学院专任教师,讲师。

（一）"教学工厂"是立足学校，而不是立足企业

"教学工厂"是在现有的教学系统（包括理论课、辅导课、实验和项目安排）的基础上设立的，学生的学习任务不单纯是项目制作，也不能简单地认为是纯粹企业实习，它还包括企业文化的学习。

（二）"教学工厂"将实际的企业环境引入教学环境之中，并将两者综合在一起

"教学工厂"经历了从模拟到模仿再到融合的过程。企业项目和研发项目（开发）是"教学工厂"不可缺少的重要组成（环节）。它使学生将所学知识和技能应用于多元化、多层次的工作环境里。

（三）"教学工厂"之目的是为学生提供一个更完善和更有效的学习环境和过程

鼓励学生的自信心，开发学生的创新能力和团队精神以及提高他们解决实际问题能力；确保有关培训课程与企业需求挂钩，与时俱进；提高学院教职员工的实践能力，增强企业经验；促进学院和企业的紧密联系。

二、"教学工厂"理念在高职电气自动化技术专业建设中的启示

实践证明，"教学工厂"是一种有效的教学理念，是一种卓越的办学手段，它不是一个固定模式，它是一个发展模式，不是一层不变的。学院基础能力的强化将促进"教学工厂"模式的提升，并加深教学与企业环境之相结合。高职电气自动化技术专业建设涉及多个方面，在深刻解读"教学工厂"教学理念后，我们从教学设施设备引进、师资队伍建设、课程体系改革、教学项目选择、无界化校园建设等方面进行改进或改革。

（一）教学设施设备与企业接轨

目前，重庆工业职业技术学院自动化学院拥有的自动化生产线设备模拟真实的工厂设备，如自动化生产线（MPS）和自动化柔性生产线（FAS），让学生去看、去操作、去理解。但随着技术的进步，学院要引进新的教学设备，如目前我们学院正在建设的智能制造工厂和工业机器人实训基地。为学生研发项目、体验工作提供了一个真实的平台，培养了学生的职业意识、职业习惯，提高了学生的职业技能和创新能力，缩短了教学与就业岗位之间的距离，使学生毕业后即能胜任岗位工作。

（二）加强师资队伍的企业锻炼，增强企业经验

教材、师资和教学项目是"教学工厂"的关键要素。具有较高理论水平和较强

企业经验的教师,是"教学工厂"教学理念顺利实施的重要保障。教师要定期到企业锻炼和学习,这样不仅能开阔视野,提升实践能力,还能学习企业经验,甚至带来企业的人事关系,带来企业项目。确立终身学习理念,建立教职员工技能转型计划,派教师到国内外知名学府进修学习,参与企业项目研发等。通过锻炼培训,实现了教师能力的多元化发展,使我们的教师能够适应新形势的发展需要,适应新领域及多岗位的工作需求,实现教师职业能力的可持续发展。

(三)课程体系与企业接轨

课程是"教学工厂"的血液与灵魂,没有与市场相衔接的课程,"教学工厂"将无法运转。首先,要立足本地的经济发展需要,紧紧围绕国家经济发展需求,依据经济发展及对未来经济发展的规划开发专业、设置课程;其次,要满足企业用人单位的需要,了解企业对人才的需求情况,然后成立有企业人员参与的课程开发小组,实施课程开发;最后,在课程实施中,还要定期研讨,随时根据技术发展情况进行修正。

(四)教学项目的选取原则

教学项目是"教学工厂"的关键因素,是整个教学过程的载体。教学项目必须来源于工业实际,真正提高学生的解决问题的能力。在教学项目选择的过程中,注重学生建立自信和自学能力,因而,我们不能陷入教学项目越难越好的误区。在新加坡南洋理工学院考察中,我们注意到所选教学项目大部分学生能独立完成。针对学生实际,可以把教学项目分成三个等级:第一个等级的项目是纯粹的工业项目,这些项目是校企合作项目也可以是企业的委托项目等;第二个等级的项目是校办工厂的项目;第三个等级的项目是经过指导老师根据工作要求修改后的教学项目。这三个等级的教学项目分别对应学习成绩优秀的学生、学习成绩良好的学生和学习成绩中等及较差的学生。

(五)尝试建立无界化校园的"教学工厂"

目前在国内的高职校园内,承担的工业项目大部分是以二级学院为单位的,但许多工业项目是综合项目,以一个二级学院或一个专业的师生的能力是无法顺利完成的,可能需要不同专业领域的师生共同合作,才能够完成。在完成项目的合作过程中,参与项目的学生可以互相学习、共同进步,实现学生团队协作能力的培养。

三、结论

"教学工厂"是以学校为本位,而不是以企业为本位,它是一种不断发展的教学理念,巩固学生的理论知识、提升学生的实践能力和解决问题的能力,注重企业文化的学习。总而言之,"教学工厂"教学理念要结合自己学校的实际,不断发展和改进,进而促进教学的可持续发展。

参考文献:

[1]简祖平:《向新加坡教学工厂学什么——从教学工厂的概念谈起》,载《中国职业技术教育》,2010 年第 19 期。

[2]俞位增、张鹏飞、董彦:《基于"教学工厂"的产学研合作模式实践研究》,载《职教论坛》,2012 年第 12 期。

现代学徒制在室内艺术设计专业中的实践与思考*

摘　要：在室内艺术设计专业产教融合、校企合作、工学结合、双师育人实践探索的基础上，主要从人才培养目标的转变、室内课程体系的改变、专业教学模式的改变、师资队伍的建设和评价模式的改革方面进行思考，提出以学校为主导、行业指导，校企为主体、学生积极参加的现代学徒制人才培养模式。

关键词：现代学徒制；室内艺术设计专业；实践

2014 年 2 月 26 日，在李克强总理主持召开的国务院常务会议上，提出了"开展校企联合招生、联合培养的现代学徒制试点②"。推行现代学徒制是对现代职业教育发展、深化校企合作提出的重要举措。目前我国的职业教育在办学水平与发展方式上还存在明显不足，如不能满足产业升级、社会转型、科技创新的时代要求；校企合作不够深入，流于形式，企业并没有参与发挥育人的积极能动性，职业院校大部分单兵作战，闭门造车，导致学生毕业后难适应社会的需求。现代学徒制把职业技能、实践知识教育与专业理论教育相结合，根据企业的需求量身打造未来工作岗位必备的技能。基于此，笔者从室内艺术设计专业（以下简称"室内设计专业"）实际教学出发，探讨如何在专业内有所改革和突破，更好地进行专业建设，使学生学有所长。

一、现代学徒制的定义及内涵

现代学徒制是传统学徒培训与现代职业教育相结合，学校与企业联合招生招

＊ 本文作者：姚雪儒，重庆工业职业技术学院建筑工程与艺术设计学院教师，讲师。

② 《李克强主持国务院常务分议》，人民风、中国共产党新闻网，2014 年 2 月 27 日。

工,教师与师傅联合传授知识技能,工学交替、实岗育人,校企联合培养行业企业需要的高素质技术技能型人才的一种职业教育制度。

现代学徒制是产教融合的基本制度载体和有效实现形式,也是国际上职业教育发展的基本趋势和主导模式。开展现代学徒制,旨在推动校企共同育人,培养行业企业需要的高素质技术技能型人才。

二、室内设计专业人才目标的转变

企业室内设计专业人才不仅需要具备丰富的理论知识,还需要具备较强的实践能力,需要具有适应性、创新性、接受挑战性工作能力、知识更新能力、终身学习能力等综合能力。同时具备室内设计表现技能、室内设计实践能力;具备室内装饰材料运用与施工工艺流程、三维建模及模型制作、装饰预算与招投标等基础知识;具备综合应用专业知识对室内设计行业社会和消费者需求的调研、分析并提出解决问题的方案的能力,能够参与室内设计全案策划、设计、运行和维护的能力;熟悉室内设计相关法律法规、宣传政策、施工规范和标准;具有较强的信息获取和适合职业发展的学习能力,关注室内设计发展趋势和理论前沿并进行学习运用的能力;具有一定的设计管理能力、较好的不同学科专业间的交流沟通能力、团队合作能力和应对学科交叉的复杂设计项目的初步能力;具有一定的国际设计视野和跨文化环境下的交流、竞争与合作的初步能力。每年有大量的毕业生涌入市场,但是大部分地区出现了企业"用工荒"和毕业生"就业难"并存的局面,这一现象的本质是人才结构性失调,其根源是人才培养模式与市场存在脱节,有待于重新修订与改进。专业的设置应该与市场需求、劳动就业紧密相结合,按照市场需求与就业状况动态调整专业设置,优化专业结构,以适应经济社会发展的人才需求。通过对企业用人单位人才需求调研,明确室内设计人才培养的市场需求、岗位和岗位群的工作流程与技能,确定专业人才培养目标。

三、室内课程体系的改革

专业改革的核心是课程体系的改革。室内设计专业在培养学生专业能力的同时,应培养学生基本的职业素养和适应工作需求的专业技能。重庆工业职业技术学院室内设计专业已经形成了理论知识与专业技能相结合,公共基础课、专业理论课、专业核心课、专业选修课、校外社会实践课和顶岗实习为一体的系统化专业课程体系。在具体课程的设置上,理论与实践相结合,增加实践和实训课程的教学比重。我们根据未来工作岗位发展能力的要求,以室内设计工作过程为导向,分解学生应具备的单项能力及综合能力,整合教学内容,构成新的课程体系。按照室内设计岗位需求的知识和技能,建立专业核心课程,并组织专业教师开发专业核心课程的课程标准、授课计划、实训教材、在线精品课程等。

同时,建立健全实践课程体系,增加实训课程的教学比重,加大校企合作的力度,引进企业优秀的一线工作人员进行实践教学,与企业联合建立实训基地,达到双赢。对现在的实训课程进行系统化,总结和分析现有实训课程的经验与教训,完善课程的教学方法,编制实训指导大纲和实训课程标准,编制实训课程的实习报告,形成制度化和体系化,规范实训课程的教学活动。根据学院统一安排,推进相关课程的教案、讲稿、教材的编写工作以及实训课程教学资料的完善工作。

四、室内设计专业教学模式改革

室内设计专业的教学环境不应仅仅局限于课堂中,而更应该走出去,扩大课堂教学的外延。室内设计专业课程教学模式由原来的学校两年半集中教学,半年集中实习的方式,转变为每完成一个阶段的学校教学,紧接着到企业进行相应的实习。甚至在某些专业核心课程中都采取前一阶段学校集中学习,后一阶段企业顶岗实习相结合的方式。在学校和企业学习并取得相应的学分后,考取相应的资格和技术等级考试,再进行下一阶段的学习。具体的学习流程应该是学校(学分)——企业(学分)——考试(资格、等级证书)——下一阶段学习,由简单知识到高难度知识逐步递升,采取阶梯式的学习模式更加有利于学生的职业规划。

充分利用各种节假日,鼓励学生尽可能多地获得实战训练的机会,让学生走进大型室内设计公司,体验设计师的工作环境与工作流程,只有充分进入职业环境,体验未来要从事的岗位,才能有充分的准备去应对工作。在教学中,专业任课教师应灵活地应用案例教学、角色扮演、换位讲解、企业模拟、场景模拟等教学手段来丰富课堂教学内容,加强教学互动,提高学生积极性与主动性,形成教学做一体化,增强课程的教学效果和教学质量。

五、师资队伍建设及评价模式改革

室内设计专业现代学徒制人才培养体系中要求学校教师具有双师资格,教师到企业顶岗实践,实际参与企业生产,提高实践能力。前往大型室内设计公司进行调研,深入了解企业的岗位工作职责,工作流程和运行机制。回校后,根据企业的需求,召开教学会议,讨论专业教学计划和教学目标,更改教学方向。教师实行导师制,从学生在校学习过程到企业顶岗实习全程参与教学和管理,指导解决学生在学习中遇到的问题,保证学生学习和实践的顺利进行。同时积极聘请行业企业的专家和有丰富工作经验的专业人士参与校内专业课程,特别是实践技能型课程的教学。行业专家更能够了解把握行业的实际需求,在教学中能够起到很好的指导作用,也为学校带来最新的行业资讯,为教学活动注入新鲜的血液。目前学校艺术设计专业已聘请了重庆汇傲室内设计有限公司、重庆维爵装饰设计有限公司等多家公司的优秀设计师为外聘教师,负责重要的专业实践课程和顶岗实习的教学工作。

以校企合作配套的考核体系保证学生理论教学与实践教学相对接,打破传统单一考核制度。校内理论教学部分的考核,由校内主讲教师以形成性鉴定与终结性鉴定相结合的方式进行考核,侧重过程考核,包含考勤、课堂纪律、课堂互动等内容;课外实训部分的考核,由顶岗实习导师和企业师傅评价组成,以实际操作成绩作为最终考评结果。学校与重庆巴卡装饰设计有限公司、重庆维爵装饰设计有限公司等建立长期校企合作,学生在设计公司中实行师傅负责制,企业根据学生的专长,安排不同的岗位、不同专长的师傅指导学生实习,师傅负责学生在企业的专业技能培训,并根据企业的实际情况,调整学生的实习内容,并根据教学目标给出相应的实践成绩评定。

参考文献:

[1]苏红丽:《"现代学徒制"人才培养模式实践探索》,载《产业与科技论坛》,2015年第5期。

[2]符秀丽:《现代学徒制人才培养模式的思考与探索》,载《现代交际》,2015年第7期。

基于西南职教集团背景下的校园文化建设*

摘　要:校园文化建设是高职院校可持续发展的重要保证,但目前高职校园文化建设缺少平台和载体,难以形成长效合作机制,合作缺乏广度和深度。重庆工业职业技术学院牵头组建了西南职教集团,充分利用职教集团优势,使校园文化建设得到进一步升华和发展。

关键词:职教集团;校园文化

高等职业教育以培养高素质技术技能型人才为目标,为实现这一目标,高等职业教育与社会、与行业企业开展了密切协作,逐步形成了学校与企业共同参与人才培养过程,利用学校和企业两种不同的教育资源与环境,培养应用型人才的"校企合作"办学模式。校企双方经过合作育人、合作发展,使企业文化和校园文化相互渗透,相互融合,促进了高职院校校园文化的进一步发展。进入21世纪以后,在国家大力发展职业教育的背景下,国务院"推动公办职业学校资源整合和重组,走规模化、集团化、连锁化办学的路子",为推动职教集团的蓬勃发展奠定了制度保证。职教集团的成立,集团化办学模式的路径为校企合作注入了更多的资源,提供了更大的平台,注入了更多的活力。

一、高职校园文化建设的现状

(一)缺少平台和载体,"专业教育"和"文化教育"发展失衡

在高职院校专业建设依托校企合作得到发展的同时,"文化合作"的对接机会

---

　*　本文作者:钟立,重庆工业职业技术学院产教融合发展研究中心、科研与合作发展处干事,讲师。

较少,校企合作过程中凸显专业、课程合作而忽略了校企文化的合作。此外,"专业建设"和"文化建设"之间缺乏共同搭建的桥梁,学生无法参与更多的"文化"活动,拓展多种素质;学校对学生"文化素质"评价标准相对单一,导致学生参与"文化建设"积极性不高。

(二)校企合作缺乏集团化资源支撑,长效合作机制难以持续

目前部分企业、行业参与高职院校的教育教学管理、专业设置和课程建设仍不充分,由于缺乏集团化资源支撑,校企合作办学的长效机制和规范欠缺。校企双方的责权利缺乏明确的制度保障、有效的合作模式、畅通的沟通交流平台,校企双方利益诉求难以实现;传统的职业院校管理体制、运行机制、投入政策等因素都不同程度地影响了校企之间的合作。

(三)校企合作缺乏广度和深度,未能覆盖人才培养全过程

高职院校的学生、教师、科研人员和企业管理人员虽然对校企合作的认知程度逐渐提高,但在具体实践层面却反映出较弱的行为动机和行为效果。笔者通过分析发现,其原因在于企业和高职院校尚未形成长期伙伴关系,企业文化融入校园文化的广度和深度不够,企业参与校园文化建设的主动性和积极性不强,更多的高职院校在合作的方式上过于受限,目前更多的合作只停留在现金赞助,未能有效覆盖人才培养的全过程中。

二、西南职教集团为校企合作提供了更大的合作平台,促进了校园文化的发展

2016年12月,由全国机械职业教育教学指导委员会、机械工业教育发展中心主导,由重庆工业职业技术学院牵头组建机械行业智能装备制造(西南)职业教育集团,该集团由来自重庆、四川、贵州、云南、西藏5省市的43家开设机械、机电、装备制造、机器人、信息技术等相关专业的职业院校和12家相关产业的知名企业组成。该职教集团,目的是服务西南地区(重庆、四川、贵州、云南、西藏)智能装备制造发展和需求,凝聚成员单位智力优势,整合校企资源,开展智能装备制造人才培养,优化适应发展需求的装备制造类专业,搭建智能装备制造科研平台,建立起产业链与职业教育链之间的纽带,提高人才培养质量,实现优势互补、互惠共赢、共同发展。

该职教集团是一个跨区域、多行业、多产业的集团,为校企合作提供了更大的平台,创造了更多的合作机会;多元素的碰撞和激荡为校园文化建设注入更多的创新和发展机遇;专业近似、类似的特色文化为进一步提升校园文化奠定了坚实

的基础。

三、基于职教集团背景下的校园文化建设举措

（一）利用职教集团平台，加强专业建设，全面提高人才培养质量

职教集团以提高技术技能型人才培养质量为核心，以深化产教融合、校企合作为手段，创新技术技能型人才培养机制，通过集团成员间的合作，优化资源配置，加强学科建设、师资队伍建设、课程体系和教材建设，实现人才培养与产业、职业岗位对接，专业课程内容与职业标准对接，教学过程与生产过程对接，学历证书与职业资格证书对接，职业教育与终身学习对接，从而全面提高人才培养质量。

（二）利用职教集团的资源与优势，加强校园物质文化建设

一是利用职教集团资金优势，打造生态化、数字化、现代化的独具山水园林的绿色校园。学院可以通过认捐、冠名、共建的方式，吸引集团成员单位在资金上支持校园文化建设，学校将工业文化、职业文化、大学文化、传统文化、自然文化五大要素的文化内涵转化为文化符号融入到校园环境中，构建融合了企业文化和自然文化的景观结构，与校园文化有机共生，从而提升企业的影响力，达到校企双赢的目的。

二是利用职教集团优秀成员企业自身的设备优势，共建校内外实训中心、产品体验中心等，将企业文化植入到校园文化建设之中。一方面要实现校园环境的企业化，提升学校的职业氛围，按照企业的管理模式组织实训教学；另一方面要把企业作为校外实训基地，学生作为职业人去参与企业生产。学校不仅注意对学生职业能力的培养，而且有意识地引导他们从一开始就树立正确的职业意识与职业道德，在实践中受到现代工业精神的熏陶和严格的职业素质教育，从而提升职业教育的培养质量。

三是借助职教集团成员企业的人才优势，将有丰富学识能力的高层技术人员及管理人员派到高职院校担任兼职教师和管理人员，带去企业的理念和价值观，与高职文化互相渗透和融合，从而提升和创新高职校园文化的内涵。高职院校要把企业文化教育纳入高职教育的整体规划，通过多种方式传播和实践企业文化，使企业文化成为每一位高职学生知识结构的一部分，要通过开设相关课程，邀请企业精英来校举办讲座，组织实训实习，使培养的人才在价值观念和行为规范上更符合企业的需求。

（三）利用职教集团的资源与优势，加强校园制度文化建设

利用职教集团成员企业的专业优势，组建专业建设指导委员会，建立企业和学校共同进行专业建设和课程开发的保障制度。职业教育要始终以市场需求和毕业生就业为导向，适时调整和更新专业结构和课程结构，使专业设置和课程开发与企业和社会实现零距离配合。这需要成员企业的专家和学校教师共同参与，根据行业、企业提出的岗位培养目标，设置专业和培训项目，搞好课程开发，按照行业、企业的要求组织教学活动。

利用与职教集团成员企业的合作优势，建立顶岗实习教学制度。大学生的社会适应性来自于对社会的体验，社会实践的制度推动社会实践活动的开展，保证高职学生融入社会的良好愿望变为现实。

利用职教集团成员企业对职业的熟知以及学生必备的职业能力，建立职业规划普及制度。以制度保障学生做好职业发展规划，强化行为的目的性和目标的科学性。

（四）发挥职教集团的资源与优势，加强校园精神文化建设

校园精神文化建设要采取"走出去、请进来"的方式，吸纳企业文化的元素，丰富校园文化的内涵。以"企业家进校园""企业文化进校园"和"企业进校园"为载体开展一系列活动，对学生进行企业文化熏陶、企业岗位练兵、创业就业教育等，培育学生创业、诚信和担当等企业家的优秀品质，激发学生的成就动力，培养学生的职业兴趣和职业素质。

坚持以校园文化艺术节为龙头，全面推动校园精神文化建设。通过声乐比赛、舞蹈比赛、摄影书画展、宿舍文化系列活动、交谊舞比赛、戏剧表演、交响乐演出等形式，提高大学生的综合素质。坚持以重大节假日、纪念日为契机，积极开展多元化的教育活动，营造健康向上的校园文化氛围。坚持以学生社团为引导，积极创造条件，不断规范管理，稳步增加社团数量，提高大学生自我教育和自我管理水平。坚持以校园学术报告为平台，邀请国内名家、大家来校讲学。利用职教集团成员企业的智力资源，邀请知名专家讲学，拓宽大学生文化视野。坚持以校园读书活动为载体，开展大学生经典阅读活动，提高大学生的文化品位。

参考文献：

[1]雷久相:《加强高职校园文化与企业文化对接的思考》,载《职成教育研究》,2006年第12期。

［2］陈丛耘：《高职校园文化与企业文化衔接、融合的途径与对策》，载《科技资讯》，2008 年第 11 期。

［3］吴亚红：《打造渗透企业文化的校园文化》，载《科技创新导报》，2008 年第 12 期。

［4］高维峰：《融合企业文化、推动高职校园文化创新发展研究》，载《黄河水利职业技术学院学报》，2013 年第 1 期。

［5］徐畅：《基于职业特色的高职校园文化建设实践与探索》，载《职业教育研究》，2013 年第 4 期。

04

活动案例篇

重庆工业职院青年志愿服务工程与地方社会服务的创新融合[*]

摘　要：重庆工业职业技术学院青年志愿服务工程是"以志愿服务项目为准、以社会服务为支撑、以志愿项目服务为载体"的大学生志愿服务活动。学校依托所在地域优势，紧密结合渝北区的经济发展和社会需求，将青年志愿服务工程与地方社会服务创新融合，打造青年志愿服务品牌，提升社会服务能力。

关键词：青年志愿服务工程；社会服务；创新融合

一、青年志愿服务工程的现实意义

随着我国改革开放的深入发展以及城市化进程的加快，传统的经济模式逐渐转化为社会主义市场经济体制，中国社会也直接由"熟人社会"向"陌生人社会"转型。构建社会主义和谐社会是我党提出的一项重大战略任务，青年志愿服务作为一道和谐的风景线也嵌入了这个大环境中，成为我国构建和谐社会的重要部分，其倡导的志愿、奉献精神，不仅开辟出一条新的育人途径，更为文明修身工程建设提供了新的载体，尤其是高校青年志愿者通过广泛、多样的青年志愿服务活动，为理论与实际相结合提供了有利条件，促进了社会主义精神文明建设，并成为新时期传统美德教育和共产主义理想教育的新载体。

二、重庆工业职院青年志愿服务协会简介

重庆工业职院青年志愿者协会成立于 1995 年 11 月，是由学校广大志愿从事

---

　* 本文作者：傅田，重庆工业职业技术学院团委书记兼党委学生工作部副部长、学生处副处长；杨婧娴，重庆工业职业技术学院团委干事。

社会公益的青年学生组成的校级学生组织。校青年志愿者协会是以志愿服务为基础的公益实践类学生组织,主要以开展志愿者服务活动为主,一直履行志愿服务承诺,遵守志愿者章程,自觉维护学校大学生志愿者的形象。协会本着"奉献、友爱、互助、进步"的准则为社会和广大学生团体提供志愿服务,积极响应团市委的服务理念,推动了社会主义精神文明的建设,促进了社会主义的建设和完善。

青年志愿者协会以"有困难请找志愿者,有热情请做志愿者"为口号,以"服务社会,帮助他人,完善自己,弘扬新风"为指导,不断拓宽志愿服务活动所涵盖的领域。广泛开展以"爱心献社会,真情暖人心"为主题的社会公益活动宣传,积极投身社区精神文明建设服务、慰问敬老院孤儿院、社区"四点半课堂"、"益心益易"回收旧衣物、为大型赛事提供志愿服务等一系列志愿活动。协会通过扶贫济困、帮孤助残、环境保护等活动,让学生更多接触社会,也通过这些志愿活动使青年志愿者协会得到了社会各界的广泛认可,也得到许多受益人的一致好评。

三、青年志愿服务工程与地方社会服务的创新融合

随着青年志愿服务组织的日趋完善,青年志愿者人数的持续增加,青年志愿的服务范围和规模明显扩大,青年志愿服务对社会的影响力显著增强。青年志愿服务更加凸显了其"社会性"和"公共性"的特征,从最初的重视"个体性"感受和"局部性"活动发展为更加关注社会整体,更加关注志愿服务对于调整社会关系结构的具体效用。同时,随着时代的变迁,中国的国际化程度越来越高,青年群体对志愿活动的理解也变得更加深刻和完整。志愿服务在青年眼中不再局限于对某一对象的一时一地的帮助,也不再仅仅局限于追求个人愉悦的道德体验。他们开始更加关注社会问题,关注救助对象所处的社会位置,开始从社会的整体性层面思考志愿服务的工作重点和发展走向。

志愿服务本身就是"一种自愿的、不追求经济效益的,而且意在实现公共利益的行为",青年志愿服务与社会公共服务之间是相互交融并互相促进的,两者都致力于为社会提供某种公共性服务,以满足社会发展的要求,推动社会进步。虽然青年志愿服务并不能囊括所有的公共服务,但却是社会公共服务中最具活力的组成部分。公共性始终是青年志愿服务的本质特性。可以说,追求社会效益理应是青年志愿服务发展的题中要义。随着青年志愿服务的蓬勃发展,青年志愿服务在扶危救困、社区服务、环境保护、促进就业、抢险救灾等方面取得了良好的社会效益,获得了社会各个阶层的广泛认可。

四、青年志愿服务工程与地方社会服务创新融合的措施及方案

(一)将青年志愿服务工程与社会特殊群体关爱服务相融合

重庆工业职业技术学院开展以"关爱行动"为主的志愿服务项目,该项目初创于 2010 年,主要面向重庆市渝北区各社区村镇的农民工子女、孤寡老人、留守儿童,累积直接受益人数 2500 余人次。

活动时间:每年的三月(雷锋月)、五月(母亲节)、十月(国庆节)、十二月(暖冬行动)

活动实施方案:

1. 由重庆工业职业技术学院青年志愿者协会向渝北区双凤桥街道各社区了解村镇家庭基本情况,从中选取需要到访的家庭,全程录制走访过程;

2. 展开走访工作详细了解其家庭基本情况,开展亲情通话活动。通过青年志愿者的手机进行 QQ 或微信视频,让孤寡老人和留守儿童和在外务工的亲人进行电话联系和视频交流;

3. 定期展开"尊老敬老,筑爱夕阳"敬老院慰问活动,为敬老院的老人们送去生活慰问品,开展文艺表演活动,以及一对一谈心交流;

4. 制作活动宣传视频,在网络平台大力进行推广,呼吁社会关爱农民工子女、孤寡老人和留守儿童。

通过举办一系列关爱活动,帮扶农民工子女、孤寡老人以及留守儿童,关爱他们的心理健康,缓解了孤寡老人和留守儿童内心的孤独感。将青年志愿服务工程与社会特殊群体关爱服务有机地融合,既弘扬了志愿者精神,增强了广大志愿者的社会责任感,又让社会的特殊群体感受到了最温情的关爱。

(二)将青年志愿服务工程与社区居民生活服务相融合

重庆工业职业技术学院通过开展"家用电器义务维修"活动,服务于社区、城乡和村镇居民,为居民的生活提供便利。如今家用电器种类繁多,出现小的故障司空见惯,原本只是保险、电源线、二极管等一些小配件的损坏,只需换下这些小部件后即可正常使用,但往往大多数人都是把整个电器换掉。面对该现状,学校青年志愿者协会启动了"家用电器义务维修"项目,既服务了广大人民群众,也减少了电子产品对环境的污染,更节约了资源。

活动时间:每月一次进社区、暑期三下乡社会实践

活动实施方案:

1. 开展电器维修宣传活动,鼓励社区居民把家里坏的闲置的电器给青年志愿者们维修;

2. 开展家用电器保养知识和常见故障宣传;

3. 电器维修协会的志愿者们为居民维修电器。

青年志愿者协会坚持每一个月都深入到各个社区为居民开展电器维修活动,实施地域以学校附近社区为主,并辐射周围社区和一些区县社区及乡镇。将青年志愿服务工程与社区居民生活服务相融合,既促进了高职院校学生的技能提升,又为当地居民提供了切实的生活服务,开拓了校地共建共赢的新局面。

(三)将青年志愿服务工程与社区儿童教育相融合

重庆工业职业技术学院通过开展"四点半课堂"项目,为周边社区的小朋友提供课外指导和兴趣辅导课程。"四点半课堂"项目的开展,让早早放学的小朋友有可以玩耍和学习的地方,而且还有志愿者们的悉心指导和陪伴,解决了社区大多数双职工家长的后顾之忧。

活动时间:每周一、三、五下午4:30

活动实施方案:

1. 对孩子们进行课业辅导和心理辅导,更好地帮助孩子们快乐地学习,认真完成课后作业,提升小朋友们的学习能力;

2. 开展绘画、声乐、手工等课外兴趣活动,通过一些趣味活动增进小朋友们的动手能力和团队协作;

3. 开展"爱在路上公益护行"活动,护送孩子们安全过马路。青年志愿者们为仁睦滩小学的同学们献出一份力量,送去一份平安,最终让他们"开开心心上学、平平安安回家"。

将青年志愿服务工程与社区儿童教育相融合,让有爱心的大学生志愿者们去关心、呵护、教育和指导社区的小朋友,既是爱心的传递和接力,也为社区的儿童教育贡献了力量。

五、青年志愿服务工程与地方社会服务创新融合的经验与成效

(一)增强了大学生的责任感和使命感

志愿服务活动可以培养大学生"仁、义、礼、智、信"等优良品德,对大学生个人道德修养的提高有着积极的作用。同时调动他们进行自我教育的积极性和创造性,因为在志愿服务、奉献爱心的过程中,可以使大学生深入接触到社会实际和人民群众,唤醒他们的道德情感和行动,促使他们自觉地承担起社会责任。青年志愿服务工程顺应了大学生加强社会交流与融合的需要,一方面可以丰富他们的生活阅历,另一方面也锻炼了他们各方面的能力,有利于促进专业知识与实践运用的有机结合。我们积极鼓励和引导学生参加志愿服务,有效拓展志愿服务领域,充分发挥大学生求真务实、吃苦耐劳的精神和服务社会的作用,建立健全大学生志愿服务长效机制。同时也让同学们通过志愿服务活动走进社会,融入社会,在服务中学习,在服务中成长。

(二)提高了学校在地方的声誉和认可度

认真组织大学生开展青年志愿服务活动,充分发挥了学校在人才和科技方面的优势,为渝北区的经济、教育、社会发展服务,从而真正体现了大学生社会实践在服务地方经济社会发展中起到的作用。进一步加强了学校和地方的合作和友好关系的建立,通过青年志愿服务工程为地方社会服务贡献力量,也更多地得到地方对学校的肯定、支持和帮助。

(三)促进社会和谐与进步

青年志愿者行动能够增进人与人之间,不同社会群体、社会阶层之间的了解和沟通,缓解由于社会群体分化所带来的矛盾。青年志愿者行动对于预防或补救某些社会问题的发生和恶化,能够发挥积极作用。青年志愿者行动不仅直接提供社会服务,也是国家、政府与民众相互沟通的媒介,可以起到"上情下达"与"下情上传"的作用。

参考文献:

[1]王婕:《中国青年志愿服务项目的现状与对策研究》,载《青年工作》,2016年第6期。

[2]张林:《从"道德体验"到"社会效益":青年志愿服务发展的逻辑演变》,载《当代青年研究》,2016年第5期。

[3]查吉德:《地方高职院校社会服务功能的实现策略》,载《成人教育》,2006年第8期。

"青马工程"在高职学生实践育人中的策略研究[*]

——以重庆工业职院"青马工程"为例

摘　要:"青马工程"是以马克思主义中国化的最新成果培养和造就社会主义建设者和合格接班人的一项重点战略工程。高职院校作为引导和服务青年的重要阵地,在"青马工程"的实施过程中还存在一些问题,重庆工业职业技术学院针对"青马工程"在高职学生实践育人中出现的问题探索出了一些新模式。

关键词:高职教育;"青马工程";实践育人

一、"青马工程"的发展背景

党的十八大报告提出"推进马克思主义中国化时代化大众化,坚持不懈用中国特色社会主义理论体系武装全党、教育人民,深入实施马克思主义理论研究和建设工程,建立哲学社会科学创新体系,推动社会主义理论体系教材进课堂、进头脑。①"将青年大学生培养成坚定的马克思主义者和中国特色社会主义事业的合格建设者、可靠接班人对于全面建设小康社会、构建社会主义和谐社会具有重大的现实意义和深远的历史意义。"青马工程"旨在广大青年中着力培养造就一批用马克思主义中国化的最新成果武装的马克思主义者。自实施八年以来,各高职院校积极响应,踊跃参与,开展了一系列工作,并取得了显著成效,在高职院校的师生中产生了广泛且不可忽视的影响,甚至已经成为共青团在各大高职院校中进行思想政治教育工作的重要形式和载体。加强学生骨干队伍建设的"青马工程"

---

　*　本文作者:杨婧娴,重庆工业职业技术学院校团委干事;傅田,重庆工业职业技术学院团委书记兼党委学生工作部副部长、学生处副处长。

　①　胡锦涛:《胡锦涛在中国共产党第十八次全国代表大会上的报告》,《人民日报》,2012年11月18日。

在高职院校的实施过程中也存在着不少问题,针对高职院校"青马工程"存在的问题,重庆工业职业技术学院已经探索出一些新模式。

二、创新选拔机制

"青年马克思主义者培养工程"的重点培养对象是大学生骨干、共青团干部和青年知识分子。大学生骨干主要包括各级各类学生干部、学生社团干部、学生党员和入党积极分子、理论学习骨干及在学术科技、文化体育等方面成绩突出的优秀学生;共青团干部主要指各级共青团组织的专职干部;青年知识分子主要指在人文社会科学和自然科学领域从事科学研究、技术开发应用、教学推广等工作的青年高级知识分子。重庆工业职业技术学院实行学生自愿申报与院级班团组织推荐相结合的选拔制度,将校学生干部中思想积极、政治进步、成绩优秀的学生骨干作为青年马克思主义者的首选对象,选取了在院系中具有较高威信、务实肯干的学员,特别要求班级团支部书记、班长等基层干部参与其中,从而更好地在团支部宣传先进思想,也将入党积极分子、预备党员等思想觉悟高的青年纳入其中,使其思想得到更进一步的升华,将各主要学生组织干部加入到这个体制中来,通过举办不同活动来感化更多的人,除了学生干部之外,优秀的青年教师也是"青马工程"的另一股清流,更好的锻炼了青年教师的专业技能,在教书育人中,弘扬主旋律,传播正能量。

三、创新育人形式

在"青马工程"培训期间,让学员面对团旗重温入团誓词,通过视频的形式在校内传播,引起全校师生的关注,通过校团委官方微信公众号、微博等新媒体网络渠道开设"青马工程"团干部培训专栏,并对每次授课开设话题,让每一位学员都积极参与其中,通过这种育人形式,每一次授课,学员都受益匪浅,说出了他们的心声。每次授课后,学员们都会撰写简报,对所学内容进行回馈,在撰写简报的同时,提高了他们的应用文写作能力。组织观看《湄公河行动》,以热血沸腾的故事激发了大家的爱国情感,引发普遍共鸣,学员们自发的撰写了观后感,以身作则,向身边的人讲述如何爱国。

四、创新培育过程

每年组织大学生骨干进行不少于两周的基层实践锻炼。深入到基层一线开展活动,增加大学生骨干对国情和社会的了解,增进与人民群众的感情,提高社会适应能力。在新的市场经济形势下,人才不再根据单一的"三好"标准(学习成绩好、毕业高校好、工作单位好)来定义,特别是高职院校对人才的培养计划,更需要结合"青马工程"的机制,开展素质拓展训练。重庆工业职业技术学院注重理论学习与实践锻炼相结合,组织学员前往渣滓洞、白公馆、红岩陈列馆等红色革命教育基地开展素质拓展活动,学员们还运用所学专业知识服务广大群众,通过实践来践行马克思主义精神。学员们缅怀先烈,重温那段血腥的历史,继承先烈们的精神,并发扬光大。各二级学院也积极响应校团委的号召,自发组织了形式多样的素质拓展活动,锻炼了团队协作能力,同时也引起了学员们对自身价值的思考。

五、创新课程体系

在"青马工程"课程方面,不再沿用传统的学生干部培训班或是集中授课、报告会、讲座、专题学习会、讨论会等死板的培训形式。在培训内容上,许多高职院校十分重视在理论学习等方面的培养,却忽略了在实践锻炼、对外交流、志愿活动、能力培养等方面的强化,而这些内容恰恰是当前青年迫切需要的,是使高职青年骨干优于一般学生、更具竞争力的重要因素,同时也是对高职青年骨干培养针对性和创新性的具体体现。重庆工业职业技术学院党政主要领导以"话说马克思主义"为题,结合自己对马克思主义哲学、马克思主义政治经济学和科学社会主义的系统研究,用丰富的事例和生动的语言,注重做一个思想成熟的人,从马克思主义的历史与现实,马克思主义的内涵与本质,马克思主义的当代魅力与价值等方面为学员们讲授了学习马克思主义的当代意义。对学员们的提问引出了我们如何做一个思想成熟的人,我国为什么选择了马克思主义和马克思主义的原理以及当代价值,用幽默风趣的授课方式给学员们带来了不一样的马克思主义知识,使学员们更好地去学习马克思主义。通过教育培训和实践锻炼等行之有效的方式,不断提高青年群体的思想政治素质、政策理论水平、创新能力、实践能力和组织协调能力,使他们进一步坚定跟党走中国特色社会主义道路的信念,成长为中国特色社会主义事业的合格建设者和可靠接班人。

重庆工业职院"青马工程"培训暨 2016 年共青团干部培训课程

课程序号	培训内容
1	《马克思主义理论体系》
2	《如何做一名坚定的马克思主义者》

续表

课程序号	培训内容
3	《马克思主义中国化》
4	《学生干部队伍的建设》
5	《团员干部的语言艺术与沟通能力》
6	《团员干部的责任与担当》
7	《高校共青团工作的困局与突围》
8	《如何做好高校学生工作》
9	《学生组织管理能力提升》
10	《团干玩转新媒体　青春传递正能量》
11	《网络时期如何做一名爱国者》
12	《妙笔如何才能生花——新闻采写漫谈》
13	《如何让你感觉更幸福》
14	《重工的发展历程》

(一)组织开展理论学习教育活动,增强对团员干部教育的针对性和实效性

对全校新上任的各级团员干部进行团务知识培训,及时增强广大团干的理论基础和工作能力,全面掌握服务同学的基本工作能力,深刻领悟团员干部工作性质和工作目标。结合当前实际,先后开展"马克思主义理论体系""学生组织管理能力提升""高校共青团工作的困局与突围""网络时期如何做一名爱国者""学生干部队伍的建设""妙笔如何才能生花—新闻采写漫谈""团员干部的语言艺术与沟通能力""团员干部的责任与担当""团干玩转新媒体　青春传递正能量"等培训课。

(二)加强团学干部素质,为广大学员的工作夯实基础

"青马工程"培训以各二级学院为单位开展了素质拓展活动。各学院的素质拓展活动,办出了水平、彰显了特色,更让学员们在思想上、政治上、理论上、工作上都有很大的收获。

(三)观看红色革命影片,增强广大学员的爱国情怀

加强学生深入学习实践科学发展观活动的宣传引导,进一步巩固高等示范院校的良好学风校风,不断加强学风建设,广泛开展形式多样化的校园文化活动,提高学生的综合素质。组织开展了红色革命电影观摩活动。

2016 年,培训学员有来自校学生会成员代表、各二级学院两委会组织部部长、新生班级班长团支书等,共计 450 余人,共计收录心得体会、笔记 802 篇,红色电影观后感 380 篇,青春重工微信上墙 921 条。各学员顺利完成培训课程 12 节,观看红色电影 1 场。"青马工程"在校内以及社会产生了广泛的影响。

大学生正处在体力和智力快速成长的时期,是社会创新和变革的潜在力量。"青马工程"是一项面向未来的战略性长期系统工程,让青年学生在校期间系统地了解中国特色社会主义理论体系,用马克思主义中国化的最新理论成果武装头脑,融入行为,成为真学、真懂、真信的青年马克思主义者,高校必须创新实施"青马工程"的有效模式。通过邀请专家、学者等为学员举办专题研讨会,引导培养学员对马克思主义经典著作进行分类研读;邀请党政领导、专家学者就党的创新理论、重要战略思想、重大政策以及社会思潮、社会热点问题进行讲解;编发简明理论学习读本和资料等,以此来提高大学生骨干的理论素养和辨析能力;开设以马克思主义最新理论学习专题网站、开设"青马工程"培训班微信和 QQ 群,更新思想政治教育微博话题等;组织培养对象参加各种专业化的能力训练、素质拓展,开展相应的活动进行情景模拟体验,帮助青年大学生提高以社会化能力为核心的组织能力、协调能力、沟通能力、分析判断能力等综合素质,学习掌握适应现代社会和未来发展需要的实用知识和技能;成立马克思主义读书会,建立马克思主义活动室,让学员在其中探讨学习先进思想以及新理念、新方法。

05

人物榜样篇

屈景春：创业需要创新，创新永不止步

屈景春，2000年毕业于重庆工业职业技术学院计算机控制专业。毕业后，创办重庆行安电子科技有限公司，从事安防系统研发与生产业务。2010年，国内知名网站中国校友会网和《21世纪人才报》发布2010中国大学创业富豪榜，屈景春以同年高达1.3亿的个人财富跻身2010中国大学创业富豪榜排名第9名。

屈景春，因曾在一家从事安防系统软件设计的科技公司实习，大学毕业后，果敢杀入安防系统软件设计行业，自筹7000元资金创业，仅用8年时间就变身为一名企业资产上亿的老板。

脚踏实地，兴趣是最好的老师

屈景春1997年进入重庆工业职业技术学院，学习计算机控制专业。求学期间，他一直对由计算机技术支撑的安防系统很感兴趣，并长期在从事安防系统相关设计的科技公司实习。

2000年,屈景春大学毕业。时值一些金融机构的安防系统换档升级,屈景春从中看到了潜在的市场需求。他借来7000元钱,在重庆石桥铺,租了一间20多平方米的房子作办公室,工作人员加上他总共才两个人,另外还有他的两名同学作为兼职,时不时过来帮忙。当时,很多从事安防系统设计和安装的公司都将软件开发业务外包。屈景春他们则具有自主开发能力,相比之下,客户更倾向于选择这类"软硬兼备"的合作伙伴。

2001年,屈景春签下了江北区石马河货运市场的安防系统订单,负责帮对方设计安装安防、监控系统以及有针对性地开发计算机管理软件。对屈景春来说,2001年具有重要意义,因为挣得了第一桶金;成立了"行安"电子科技公司。"行安"公司迅速在业内脱颖而出。2002年以来,他们先后拿下了"长安之星"八万辆焊接生产线监控系统、香港和记黄埔珊瑚水岸小区以及白市驿海兰云天别墅群的安保系统等项目。

创新引领发展,科技赢得未来

看着公司接手的项目一个接一个地增长,屈景春想,要是自己能够生产从其他公司采购来的设备该多好。2005年,他专门成立另一家公司,从事银行安防产品、防盗报警系统、防弹玻璃的生产。2012年,在市场中摸爬滚打的屈景春和掌握了前沿技术的海归博士合伙人联手创办重庆凯泽科技有限公司,屈景春任重庆凯泽科技有限公司董事长。这家公司不仅迅速杀入银行、教育、公安领域的人脸识别市场,而且与日本软银合作,参与了新一代机器人Pepper的识别功能开发。凯泽开发的智能眼镜具有人脸识别、语音通话、视频传输、GPS定位功能,目前已被江苏警方采用。

2015年,重庆凯泽科技有限公司的人脸识别系统销售额为2400万元,而目前利润差不多能保持在40%。屈景春说,凯泽在科研的投入占到了一半以上的利润,除了在外面去寻求订单,最核心的工作是引进科技人才。

谈及母校,曲景春说,感谢母校长期以来对他的关注,还有那些一路上对他关怀备至的老师。感恩母校的培养,2016年,在母校60华诞之际,屈景春向母校捐赠价值20万元的考生身份认证系统。

丁香乐：不抛弃，不放弃，谦卑前行

丁香乐在上海世博会采访

丁香乐，重庆工业职业技术学院 1998 届模具设计与制造专业学生，现任副高级记者，都市热报社编委、采访中心主任、社区报系总编辑，西南政法大学全球新闻与传播学院硕士生导师。共有 26 件作品获重庆新闻奖一等奖以上奖励，独立调查报道《大足三驱法庭集体编假案》，获第十四届中国新闻奖文字消息类二等奖，随后入选中国人民大学新闻专业教材，迄今为重庆市获得最高国家等级奖的新闻作品。2010 年，获重庆市民族团结进步模范个人称号；2011 年，主持完成重庆市委宣传部《追寻党的新闻历程》一书的编著出版；2011 年，创办重庆首份免费报《都市热报》；2012～2013 年，先后赴广州中山大学、香港中文大学、浸会大学做访问学者；2014 年，创办重庆第一份区域性社区报《大石化社区报》。在重庆工业职业技术学院 2016 级新生开学之际,丁香乐怀着对母校深深的感恩和对学弟学妹们的殷切期望,提笔撰文和大家一起分享他的成长经历。

回首母校,带给我了什么?

至今年,入学已 22 年,毕业已 18 载。人近不惑,虽已淌过千山万水,我一路都在思考,我的母校——重庆工业职业技术学院,到底带给我了什么?

1994 年 9 月 5 日,我走进重工,抑制不住嘴角的笑。

迄今为止,我认为这一天是自己人生中最美丽的一幅画面。

那天清晨 4 点 30 分,我的父亲陪着我,从镇上搭长途汽车,颠簸 7 个半小时,来到重庆工业职业技术学院。我站在校门口,眼眶湿润了。我知道,我的命运即将改变了。

走在校园那条几乎望不到头的林荫道上,右手边是篮球场。人声鼎沸,球砸在地上和篮筐上的嘭嘭声,让我抑制不住嘴角的笑。

记得初二时一个下午,我在我们乡中学校的煤渣地上玩篮球。我的班主任老师把我招过去问:"你喜欢打篮球?"我点头。他说:"那你就认真读书,考上大学了,天天打篮球都可以,而且是水泥地。"其实,当时我家很穷,考上大学跳出农门,几乎是唯一的出路。我不想一辈子当农民。

自此,我开始亡命般一头扎进书堆,顺利考入重工,进入当时大家公认的最好的专业,模具设计与制造专业。

进了重工,我仿佛一条从溪沟游入江河的鱼儿,无拘无束的空间感让我迷醉,感觉眼、手、腿完全不够用了。很快,我选择加入学校文学社。因为天赋,因为热爱,也因为经济困难,从二年级开始,我就写稿子挣钱,到三年级,基本已不需要家里寄生活费,并认识了很多新闻圈的人。

当时我没想到,我人生的另一扇门已开始打开。

选择重庆晚报,默默耕耘

1998 年 6 月 26 日,我惶惑不安地走进一间办公室。

"唉,小丁,来啦?坐!"望着面前那个矮壮的中年男人,我侧着身子,将半边屁股落在凳子上。那位男性是我的部门主任,那天是我到位于渝中区解放西路 66 号的重庆日报社上班报道的第一天。

毕业后,我放弃了学校的统一分配,考入重庆晚报,随即,又被送入重庆师范大学中文系深造。

起点低，无背景，能力谈不上很强，很多同事背后窃窃私语。入职前几年，我没有安全感。当时我搬家到哪，都带着专业书籍。我怕我适应不了，还得回去干我所学的模具设计。

我当时需要早晨4点30分到办公室，但我每天提前半个小时到，把办公室地板擦得铮亮，二三十张桌椅收拾整齐，窗台上的花都浇灌一遍。每天下班了，我都不敢走，埋头钻研业务。很多次，办公室主任来查看，都催促离开。

读重师期间，我是委培带薪，单位也没明确要求我去上班，但我总是一有时间就回去帮忙。我把每一次工作任务都看作是一次机会。我担心干不好这个工作任务，就失去了一次机会。

2001年初做记者时，实习期满，带我的老师苦着脸说，带了我两个月，他都懒得不会写稿子了。当时每个月我能跑70多条新闻报道，无意间在报社创造了新的纪录。

能完成这些，是因为有一条无形的鞭子总在抽打我。这也是重工带给我的独特的精神财富。

哪里有新闻，哪里就有我的身影

2004年7月28日，新华社播发了我的一篇关于《大足三驱法庭集体编假案》新闻的新闻。当天新华社播报，第十四届中国新闻奖揭晓，本文获二等奖，也是迄今重庆所获最高等级奖的新闻作品，随后入选中国人民大学新闻教材。

那些年，我的座右铭是：仗剑天涯，快意恩仇，江湖一夜听风雨。使命感驱使，让我成为当时重庆乃至中国新闻界最努力的一批调查记者之一，引起全国甚至世界关注的报道，隔三岔五就出来一条。记得大足法院弊案调查公布的当天，时任重庆市委副书记邢元敏、市高院院长张轩亲自打来电话表示慰问，表态查处。

那些年，我像一只陀螺一样难以停息。长城内外，大江南北，雪山大漠，以至中亚战地阿富汗，哪里有新闻，哪里就有我的身影。套用一句时髦的话形容当时状态——当你看见我的时候，我和我的新闻在纸上；当你看不见我的时候，我和我的新闻在路上。

那些年，我先后拒绝了数以百万元计的经济诱惑，一次险些把命丢在秦岭，一次险些把命丢在汶川地震。曾经因为采访，从头年12月底出差，一直到次年6月才回到家。重庆晚报记者单月发稿记录最高是15万字，那就是我在2011年6月所创。

截至2012年,我有上百件新闻作品获取各类奖项,光重庆新闻奖一等奖,就有26件。2010年,因对少数民族地区发展的持续关注,荣获重庆市民族团结进步模范个人荣誉称号。

这一切,都使我思考,这与自己在重工的学习有什么关系?现在我悟到了答案,那就是一种信仰和习惯的养成——职业上的忠诚,工作中的勤奋,思考时的严密逻辑性。

生命不息,挑战不止

2011年,我离开重庆晚报,到重报集团新创建的都市热报社任编委、采访中心主任、社区报系总编辑。那一年开始,我的工作重心也逐步转向团队管理和学术研究。

2012年,应华媒基金邀请,我先后到广州中山大学、香港中文大学、香港浸会大学做访问学者。

2014年我应约出任西南政法大学硕士研究生导师。

艰难的时候,总要回首母校的那些年。不抛弃,不放弃,谦卑前行,这就是她教给我的人生信条,并将永伴我前行。

李云：追梦永不止步

　　拥有"全国青年岗位能手"称号，数次在全国职业院校技能大赛、重庆市技能大赛、四川省青工赛等多项比赛中荣获大奖，被同事们称为解决问题的技术"能人"和"多面手"，他就是重庆工业职业技术学院2010年毕业生李云。

相信选择，努力学习

　　李云出生于重庆市璧山县，靠政府减免书本费才勉强完成初中学业的他，毅然选择继续读书。最终，通过高考，收到了重庆工业职业技术学院的录取通知书。家境的贫寒并未消磨他的意志，反而将其磨炼成生活的强者。

　　"看到学校的光荣墙上全是杰出的学长学姐们。我当时想，总有一天，我也要出现在这面光荣墙上！"李云说。

　　后来，李云凭借扎实的专业知识和专业技能崭露头角，在重庆市高职院校技能大赛中荣获一等奖。在2009年和2010年全国职业院校技能大赛中脱颖而出，取得了佳绩。

时刻准备,决不放弃

2010 年毕业在即,学校希望李云能留校担任老师。但他毅然选择了中国工程物理研究院材料研究所,扎根三线城市,献身国防事业。

刚到工作单位时,李云被分配的工作岗位是维修电工,并非其所学和擅长的机电设备维修与管理专业。"只有时刻准备着,当机会来临的时候才不至于让它溜走。"李云并没有对岗位有所抱怨,而是在工作中积极主动,及时完成了从学生到职工的角色转变。仅仅 1 年的时间,李云成功跨越了专业界限,参加四川省 2011 年青工技能大赛维修电工组的角逐,荣获"四川省青年岗位能手"称号。

敢于担当,扎根国防

2013 年,李云加入到"短波长 X 射线体应力无损分析仪"国家重大科学仪器专项项目组中,作为电气设计和安装调试的负责人,负责自动控制系统的设计开发、调试运行工作。

作为该团队中年纪最小、学历最低的李云,与一群硕士、博士的科技人员一起工作,他确实感受到了巨大的压力。

但李云经过半年多的非凡努力,终于设计开发出设备所需的数控系统。"只要敢想敢做,就一定能取得成果。"李云敢于担当,将自己的人生理想融入了国防事业中。通过不懈努力,2014 年,李云荣获"全国青年岗位能手"称号。

刘庆鑫：无奋斗不青春

创出我天地，拼搏在异乡

2009 年从重庆工业职业技术学院自动化电子专业毕业的刘庆鑫，绝对是学弟学妹们学习的最佳榜样。毕业时成绩优异的他，经过多年的努力已经成为中国汽车工程研究院股份有限公司团委书记、党支部书记、重庆市国资委团工委委员、中国汽车工业协会委员会团工委委员。

迎难而上，不断奋斗

刘庆鑫在校期间，对各门专业课程充满浓厚的兴趣，在学习上善于总结经验，不断改进学习方法，勤奋刻苦。刘庆鑫通过自身不懈的努力，取得了优异的成绩。

毕业之初，刘庆鑫应聘工作单位时，同样面对着巨大的压力。在同行竞争者中,有本科生、研究生,对于专科毕业的刘庆鑫而言,找一份好工作何其困难。但是他并没有退缩,依然保持一贯踏实认真、刻苦好学的态度,不断积累工作经验和人生感悟,独自一人在异乡奋斗。

不做闲人,尽职工作

在工作中,刘庆鑫多次被评为中国汽车工程研究院股份有限公司优秀党员、中国通用技术集团优秀共青团干部,并被评选为中国共青团重庆市第四次代表大会国企代表。

在事业取得成功时,回想一路的艰辛,刘庆鑫认为,所有吃过的苦都是对他最好的鞭策。刘庆鑫说:"工作不养闲人,团队不养懒人,先学着让自己值钱,赚不到钱赚知识,赚不到知识赚经历,赚不到经历赚阅历,只有先改变自己的态度,才能改变人生的高度。"

周琦：技能照亮人生

　　周琦，重庆工业职业技术学院车辆工程学院2011级汽车技术服务与营销专业学生，经过自己努力和学校三年培养，成了名副其实的汽车销售"双冠王"：一个是有冕之冠——2013年6月，周琦与李晓倩组队，代表重庆参加2013年的全国技能大赛汽车技术服务与营销项目，获得了全国冠军；一个是无冕之冠——成为中汽西南下属福星（长安福特）4S店最新的销售冠军。

选择高职院校，对未来充满信心

　　2011年9月，周琦收拾好行囊，带着对高考失利的忧伤和对未来的惆怅，只身一人坐上火车，从河北一路往西南来到重庆，前往全国首批示范高职院校重庆工业职业技术学院顺利地报到。

　　在进学校大门的那一刹那，周琦有一种担心，自己家庭经济比较困难，父母为了自己能上大学,向亲戚朋友借钱凑足学费,而自己所来到的这所职业院校是否能像心中理想的大学那样让自己实现梦想,以回报父母？然而大学的第一堂入学教育课,班主任老师就给班上的每一位同学发了一个"玩具"——魔方。魔方在大家的手中变成了各种各样的图案,班主任告诉大家:"选择高职,只要你肯动手,你就会有色彩斑斓的生活和美好的未来。"周琦突然有了一种醍醐灌顶的感觉,用他自己的话说,自己突然顿悟了,选择高职,只要肯动手,勤学习,能吃苦,一定会有美好的未来。

高职教育模式,让自己成为社会需要的人才

周琦说,和高中的同学相比,自己非常幸运。这所学校有着丰富的校企合作资源,如长安、博世、东风南方、力帆等校企合作项目。校企合作、工学结合的教学模式,让他更早地接触到了实际工作岗位的知识和技能,更好地认识了企业文化,知道了社会对人才的需求,明确了学习的方向。

说到自己所学的专业,周琦坦言,就是销售和售后。除了要学营销技巧,还要学习汽车方面的知识,如汽车构造、汽车零部件、轮胎、发动机等,要全面了解汽车,才能在接待客户时,面对一些深层次的问题,有更为专业的解答,为客户提供更有效的建议。

当问到周琦是否能够胜任汽车销售顾问这个岗位时,他满怀自信地说:"绝对没问题！大学三年,学校开设的职场礼仪、汽车销售实务、销售心理学、汽车市场调研等专业课程都是采取'理论实践一体化'的教学模式,让我们'做中学、学中练',使我们在毕业前就能够达到企业的岗位需求。"

学校通过与企业合作,还搭建了一系列素质拓展平台,如"创业杯"技能大赛汽车营销大赛、"艺抒年华"校园文化艺术节车模暨主持人大赛和汽车销售网络助销服务创新创业实践项目等,这些平台为周琦等学子打造了良好地锻炼自己、展示自我的实践机会,也让学生懂得"说千遍不如做一遍"的真正内涵。

选择重庆工业职院,我不后悔

在老师的指导下,周琦通过自己的刻苦努力取得了良好成绩。荣获国家励志奖学金、全国技能大赛汽车营销大赛一等奖、重庆市第六届技能大赛汽车技术服务与营销大赛一等奖、重庆市优秀学生干部、重庆市优秀毕业生、重庆市"说学"活动优秀选手和论文二等奖。

更幸运的是,在周琦离毕业还有一年的时候,他已经接到了多家4S店抛出的橄榄枝。经过权衡,最终他选择了中汽西南福星(长安福特)4S店。开始工作后,第一个月销售6台车,第二个月7台车,第三个月就冲到了15台。而收入也从第一个月的6000元,到第二个月的8000元,第三个月就涨到了12000元。面对如此骄人的成绩,周琦说,没有学校独特的育人模式和成长环境就没有自己的今天,选择重庆工业职业技术学院,我不后悔!

向宾霖:圆梦大学,独腿女孩跳着追梦

重庆工业职业技术学院军训场边,有位90后女孩一条腿跳着助跑,一条腿助力腾空,一步、两步……随即如流星般坠落,掉入沙坑。圆梦大学,独腿女孩向宾霖继续追逐着自己的梦想。

一条腿没了,我还是要成为全国田径锦标赛冠军

1990年,向宾霖出生在石柱县大歇镇大歇村,5岁时,一场车祸,右腿就这样没了。木匠做好拐杖,她用不惯,"还不如我跳起方便"。向宾霖丢了拐杖,直到18岁前,她都靠独腿跳着前行,上学、放学、跳绳、爬树……19岁时,她装上假肢,第一次双"脚"触地,正常行走。1.62米的个头,清秀的面容,哪怕是牛仔裤、T恤的简单搭配,也能让她走在街上不失回头率。车祸让她没了右腿,但留下了左腿。"现实已经这样,我必须面对。"

坚强的向宾霖没有放弃,而是"跳"向了运动员之路。回忆起当初"面试"的

经历,向宾霖又一次笑了。那天,她穿着帆布鞋,教练让她跟一个同样残疾的老运动员比赛跑 30 米,"那位运动员在残疾人全运会上拿过铜牌,不过,我把她'跑'赢了。"向宾霖说,赢了就算通过初试,不过,教练当时并没明确她能不能当运动员,"只是让我试练看看。"向宾霖说。此后,除了节假日和星期天,向宾霖每天都会准时到达训练场地,参加训练。助跑、起跳、腾空、落地,练来练去,"除了跳还是跳。"向宾霖说,每天至少 3 小时,重复 N 次相同的动作,虽然枯燥,但时间久了,她不但没厌倦反而喜欢上了这项运动。

2011 年,向宾霖代表重庆到浙江参加第八届全国残疾人运动会,获得跳远、T42 级女子 100 米两项比赛铜牌,她也成为重庆代表团中首位在该届残运会上获得两枚奖牌的运动员。2013 年,在福建举行的"2013 年全国残疾人(25 岁以下)田径锦标赛"中,向宾霖夺得女子 F42 级跳远和铅球项目两枚金牌。

我要夺金牌,我还要上大学

回想起刚练体育那会儿,宾霖有两个梦想:一个是夺金牌,一个是上大学。"教练告诉我说,运动场上,我就是老大!"向宾霖说完,捂着嘴巴哈哈大笑,歇了口气,继续说,"教练让我下届残运会'保银争金'!"这当然不是教练夸海口,而是看准向宾霖有实力去竞争。教练的话说中了向宾霖的其中一个梦想——在全国残疾人运动会上夺取金牌。

如今,另一个梦想她已经实现了。2014 年,通过高考的她顺利地进入了大学——重庆工业职业技术学院!"你还记得当时进入高考考场时的感受吗? 考完出来之后你又是怎样的心情呢?"记者问道。"记得,当然记得,那是我完成我梦想的时刻,怎么会忘记。今年高考题目挺简单,比较贴近重庆本土,不出意外,作为体育生,我得到了一个理想的成绩。我非常高兴重庆工业职业技术学院录取了我。"她激动地说。

追梦继续,笑对人生

与记者交谈时,一说到高兴的事,向宾霖都会笑得很开心,生活的艰辛和磨难,并没有打垮她,反而让她学会坚强,笑对人生。向宾霖现在就读于重庆工业技术学院财经学院会计班。她说:"我很喜欢学校的这个专业,学校的环境我也非常喜欢,树木葱绿,桂香扑鼻,给人感觉很清新。特别是图书馆旁的静思湖,清幽、静雅,很有吸引力。在学习上,因为一直没有接触过这个专业,有很多都不懂,不过在老师和同学的帮助下,我相信我一定会实现自己的下一个目标。"

　　向宾霖的下一个目标是拿到会计的从业资格证,她说,哪怕只有一条腿,自己也要拥有完整的人生。未来,这条腿会继续向前迈进,跳着追梦,实现梦想。

袁明记：机遇永远垂青有准备的人

袁明记，出身于四川省仪陇县赛金镇的一个贫困农村家庭，父亲为五级伤残军人，从小家庭困难，有时候学费都缴不起。袁明记深知父母养育自己不容易，从小立志要通过自己的努力来改变一切。

2011年，袁明记通过自己的努力考入重庆工业职业技术学院数控设备运用与维护专业。离开父母，独自求学，这让袁明记更加珍惜来之不易的学习机会。为了在专业上干出一番名堂，袁明记知道自己要付出百倍的努力才能实现。因此，袁明记充分利用课余时间，在图书馆进行充电，享受着知识带来的愉悦。为了充分理解所学知识，把理论运用到实际操作中，袁明记经常给自己加班，在实训室里，总能看到他孤单的身影。在遇到困惑的时候，袁明记又积极地向老师请教，反复的琢磨专业技能。正因为这些日复一日的坚持，袁明记的专业成绩总是名列前茅，多次获得学院一等奖学金、国家励志奖学金、国家奖学金、三好学生荣誉称号等等。

　　经过层层筛选,2013 年,袁明记获得了代表重庆市参加全国技能大赛的机会。袁明记知道机会只有一次,因此,他给自己制定了魔鬼训练计划,仔细研究比赛规则,没日没夜的泡在实训室,只为降低机床操作的误差比例,翻烂了英语词典,只为熟悉每一个指令。功夫不负有心人,他在比赛中以"数控机床装配、调试与维修"组第一名的身份荣获全国技能大赛一等奖。

　　2014 年 6 月,学校学生袁明记以自立自强、勤奋学习、踏实专研、乐于助人、无私奉献的励志优秀品质感动了重庆市第三届"感动校园十大人物"评委,入选了重庆市"感动校园十大人物",他用强烈的社会责任感和激昂的青春热情彰显了榜样的力量,成为学校众多优秀学子中一颗闪亮的星。

袁明记颁奖词

小小锉刀是他的马良神笔　数控机床是他的绿茵赛场
技越钻越高　术越练越巧　台下三年苦工　台上一举成名
他用勤奋与执着告诉我们　机遇永远垂青有准备的人

　　幸运总是垂青有准备的人,也正因为袁明记的精彩表现,他被中国工程物理研究院看中,成为第一个被国家计划单列的唯一核武器研制生产单位免试录取的高职生。